INHALT

ÜBER DAS VORLIEGENDE BUCH

Zehntausende von Menschen auf der ganzen Welt sind durch die Schriften und Lehrvorträge von Dr. Bruce Thompson gesegnet worden. Die Vorträge, in denen Dr. Thompson von den Wunden und Verletzungen spricht, die wir alle empfangen, und in denen er aufzeigt, wie diese unsere Persönlichkeit beeinflussen, haben vielen Christen, unter ihnen auch vielen Leitern, Befreiung, Heilung und Hilfe gebracht. Durch sein neues Buch „Wiederherstellung der Persönlichkeit" können seine wertvollen Erkenntnisse nun noch einem weitaus größeren Kreis von Menschen zum Segen werden.

JEDER CHRISTLICHE LEITER sollte sich mit den Erkenntnissen beschäftigen, die Gott Bruce gegeben hat. Dies wird ihm helfen, die Menschen zu verstehen, mit denen er zusammenarbeitet. JEDEM CHRISTEN, der den Wunsch hat, dem Herrn zu dienen, wird dieses Buch helfen, sich selbst, seine Enttäuschungen, seine Schwächen, seinen Ehrgeiz besser zu verstehen und zu lernen, wie er Gott effektiver dienen kann.

GEMEINDEN UND BIBELSCHULEN werden dieses Buch als Arbeitsmaterial für Klassen und Kurse zum Wachstum im Glauben benutzen. Der Gewinn, den dieses Buch für die Praxis bringt, läßt sich gar nicht ermessen. Zudem ist die Lehre sehr biblisch. Ich kann es Ihnen wärmstens empfehlen.

Floyd McClung, Jr.
Internationaler Direktor von
„Jugend mit einer Mission"

VORWORT

Anfang der 70er Jahre lebten meine Frau Barbara und ich auf einer abgelegenen Missionsstation im nördlichen Ghana. Wir arbeiteten auf einer Leprastation und in einem kleinen Krankenhaus und bauten außerdem einen mobilen ärztlichen Hilfsdienst auf. Wir wohnten jede Woche mehrere Tage lang bei den Afrikanern in ihren Dörfern und wurden mit dem ländlichen afrikanischen Lebensstil sehr vertraut. Unsere medizinische Tätigkeit bekam eine ganz neue Perspektive. Wir behandelten nicht nur die Krankheiten, sondern stellten auch Überlegungen an, wie durch Veränderung des Lebensstils einige der Krankheiten vermieden werden konnten. Schon nach kurzer Zeit standen wir mitten in dem Abenteuer einer ganzheitlichen medizinischen Fürsorge, bei der wir uns nicht nur um die körperlichen Nöte kümmerten, sondern auch um die seelischen und geistlichen Belange.

Als wir 1973 nach Neuseeland zurückkehrten, führten wir dieses Projekt fort und bauten in Zusammenarbeit mit einer Gruppe von Geistlichen ein Zentrum für die Heilung des ganzen Menschen auf. Viele Menschen wurden von Gott angerührt und gesegnet. Später führte uns der Herr nach Kailua-Kona, Hawaii, wo wir einen Seelsorgedienst für „Jugend mit einer Mission" (JmeM) aufbauten, einer internationalen, überkonfessionellen Missionsorganisation. Seit 1976 hat sich dieser Dienst zu der „Schule für Seelsorge und Gesundheitspflege" entwickelt, einer von sieben Fakultäten an der „Universität der Nationen" von JmeM. Zweigschulen dieser Universität werden inzwischen an vielen Orten auf der ganzen Welt aufgebaut.

Die Konzepte, die in diesem Buch dargestellt sind und die in den Kursen am College gelehrt werden, sind den Erfahrungen entwachsen, die ich in Afrika, Neuseeland und Hawaii gemacht habe. Meine Lehrer waren die Patienten, die Menschen, die in die Seelsorge kamen, und die Studenten. Mein wichtigster Unterweiser war der Heilige Geist. Die Hauptquelle, auf die ich mich gestützt habe: die Heilige Schrift, von Gottes Atem durchdrungen und nützlich in allen Fragen des Lebens.

Sprüche 4,23 macht deutlich, daß unser Leben vor allem von unserem Herzen bestimmt wird. In gewissem Sinne weiß dies jeder, und darum bauen wir um unser Herz herum Verteidigungsmauern auf. Diese falschen Schutzmauern entwickeln sich oft zu Gefängnismauern, hinter denen unsere wahre Persönlichkeit eingeschlossen ist.

Am Ende unserer Studie werden wir uns ansehen, wie die heile, reife Persönlichkeit aussieht, die Gott nach den Aussagen der Bibel in jedem von uns heranwachsen lassen will. Ich bete, daß Sie selbst diese Veränderung erleben, daß Sie sich für die Wahrheit dieser Aussagen öffnen und danach streben, zur vollen Reife in Ihm zu gelangen.

Wenn Sie Hilfe brauchen, um die dargestellten Themen in Ihrem eigenen Leben aufzuarbeiten, so rate ich Ihnen, sich mit einem Pastor oder Seelsorger in Ihrer Nähe in Verbindung zu setzen.

Allen meinen Patienten und Freunden, die mich so viel gelehrt haben, möchte ich sagen: Sie dürfen sicher sein, daß ich alle hier geschilderten Fälle vertraulich behandelt habe. Namen und Situationen sind verändert worden, so daß niemand erkannt werden kann oder in Verlegenheit gebracht wird. Vielleicht glauben Sie, sich in einem der Beispiele wiederzufinden, doch denken Sie daran, daß viele Menschen die gleichen Nöte erleiden und dieselben Erfahrungen machen.

Ihnen, meine Patienten und Studenten, die Sie auf der Suche nach dem Leben und der Wahrheit die vorliegenden Erkenntnisse ans Licht gebracht haben, ist dieses Buch gewidmet.

„... Damit (wir erlangen mögen) die wahre Mannesreife – die vollkommene Persönlichkeit, die nichts anderes ist, als Christi eigene Vollkommenheit – das Maß der Fülle Christi und die Vollständigkeit, die in Ihm gefunden wird.“

Epheser 4,13
Übersetzung nach der
„Amplified Bible“
Bruce R. T. Thompson
1988

DANK

Zuerst möchte ich meinen beiden Söhnen Michael und Lionel danken, daß sie bereit waren, uns zu entbehren, sooft wir an diesem zeitraubenden Projekt gearbeitet haben. Als nächstes spreche ich meiner lieben Frau Barbara meinen tiefen Dank aus, die Hunderte von Stunden damit verbracht hat, am Computer den Text des Buches immer wieder neu zu schreiben und für den Druck fertig zu machen. In enger Zusammenarbeit mit Meredith Puff und deren wertvoller Hilfe hat sie außerdem ein fähiges Team von Lektoren und Kritikern zusammengestellt. Zu diesem Team gehören: Larry Carlson, Jane Crane, Mel Hanna Ph.D., Shawna Morgan, Ron Noll PhD., Janice Rogers, Iris Schreuder, Luelle Tate und Diane Wicker.

Gary Johnson, Don Traller und Alan Robbins haben uns durch ihre Computer-Sachkenntnis sehr hilfreich unterstützt. Steve Steckler von „Crown Ministries International“ hat wertvolle Ratschläge für die Textanordnung gegeben und außerdem Hunderte von Stunden als Lektor geholfen und am Computer den Text eingegeben. Dale Buehring, Direktor von „Crown Ministries International“, und seine Frau Evie haben uns ständig ermutigt und nicht zugelassen, daß wir zwischendurch aufgaben. Auch Dales Sachverstand, was Buchproduktion und Marketing betrifft, ist uns sehr zum Segen geworden.

Besonders danken wir Jean Darnell für den prophetischen Dienst, den sie in unserem Leben hat.

Unser Dank gilt den Mitarbeitern der „Schule für Seelsorge und Gesundheitspflege“, die nicht nur gebetet haben, sondern auch vielfach die „zweite Meile“ mit uns gegangen sind, um uns bei der Fertigstellung dieses Buches zu helfen.

Als letztes danken wir Loren und Darleen Cunningham und dem Beirat der „Pacific and Asia Christian University“ für ihre Ermutigung, die uns sehr kostbar ist, und für alles, was sie in unser Leben investiert haben. Daraus ist dieses Werk hervorgegangen.

Meine Eingeweide, meine Eingeweide!
Ich muß mich winden.
DIE WÄNDE MEINES HERZENS!
Es tobt in mir mein Herz.
Ich kann nicht schweigen.
Denn du, meine Seele, hörst den Schall des Horns,
Kriegsgeschrei.

Jeremia 4,19
(Elberfelder)

Kapitel 1

HERR, HILF!

Es war ein schwüler, heißer Aprilnachmittag. Schweißtropfen bildeten sich auf meiner Stirn, als ich über den Parkplatz eilte. Über den blauen Himmel jagten dunkle Wolken und kündigten den nächsten tropischen Sturm an.

„Zumindest wird der Regen die Luftfeuchtigkeit für eine Weile senken", dachte ich. Ich bemerkte, daß die für Hawaii so typische strahlende Helligkeit gedämpft war. Es herrschte Stille, alles schien nur darauf zu warten, daß der Sturm losbrach. Blumenduft erfüllte die Luft, ein betäubendes Aroma stieg mir in die Nase. Ich stieß die Tür zum Seelsorgeraum auf, betrat das wohltuend kühle Zimmer und blickte auf den Terminkalender, um festzustellen, welche Verpflichtungen ich heute noch hatte. Als erstes stand ein Gespräch mit einem Neuankömmling des Seelsorgezentrums auf dem Plan. Larry Coombs war sein Name.

Pünktlich um zwei Uhr traf er ein, groß und schlank mit dunklem, ordentlich gekämmtem Haar. Bei der Begrüßung fiel mir auf, wie er mit seinen langen, schmalen Fingern an der Kleidung herumnestelte. Außerdem hatte er die Angewohnheit, auf seinem Schnurrbart zu kauen, was mich etwas irritierte. Obwohl der Raum nur schwach beleuchtet war, machte er zu meiner Verwunderung keinerlei Anstalten, seine Sonnenbrille abzunehmen.

„Wie kann ich diese Zurückhaltung nur durchbrechen?" dachte ich. Was sollte ich sagen, damit dieser Mann sich ein wenig entspannte und einen Teil seiner Abwehr sinken ließ?

EINE SCHWIERIGE SITUATION

Seit einigen Wochen kam Larrys Frau regelmäßig zu mir. Sie war gläubig, befand sich jedoch am Rande des Zusammenbruchs. Larrys Lebensstil, sein Alkohol- und Drogenkonsum, brachten sie nicht nur an das Ende ihrer finanziellen Mittel, sondern waren auch dabei, ihre Beziehung zu zerstören. Zusammen beteten wir für Larry. Vor zwei Tagen hatte sie mich ganz aufgeregt angerufen und mir mitgeteilt, Larry sei zu einem Gespräch mit mir bereit.

Jetzt, als er dort auf einem der orangefarbenen Klappstühle zusammengesunken dasaß, den Kopf zur Seite gedreht, fragte ich mich, wie ich ihm helfen konnte. Ich begann damit, ihm einige forschende Fragen zu stellen.

„Larry, hatte Ihr Vater Zeit für Sie? Hat er Sie bestraft?"

Ich beugte mich vor, um seine leisen, fast wirren Worte zu verstehen. Mehrere Minuten vergingen, dann sprang er auf, als könne er es nicht mehr ertragen, still zu sitzen, und lief im Zimmer auf und ab. Ein wahrer Sturm von Worten brach aus ihm hervor.

„Vater! Pah! Er hat sich nie um mich gekümmert. Er hat mich geschlagen und zu Boden geworfen. Ich wußte nie, wann er seinen nächsten Zornausbruch bekommen würde." Er biß nervös auf seinen Schnurrbart. „Ich kann mich nicht daran erinnern, daß er mir jemals gesagt hätte, er habe mich lieb!"

Während er ruhelos in dem kleinen, engen Raum auf und ab ging, fuhr er fort: „Ich weiß noch, wie ich einmal etwas – hm, geklaut hatte. Nur etwas Kleines. Mein Vater war so zornig, daß er mich zur Polizei brachte und mich dort eine Woche lang einsperren ließ. Er sagte, er wolle mir eine Lektion erteilen. Da war es aus bei mir. Ich schwor mir, daß ich ihm nie wieder vertrauen würde!"

Larrys Gesicht war immer noch hinter der Sonnenbrille verborgen. Doch das wenige, was ich von ihm sehen konnte, reichte aus, um zu erkennen, daß seine Züge hart und kalt wie Marmor geworden waren.

„Larry, wie alt waren Sie, als das passierte?"

„Zwölf oder dreizehn."

Ich bemerkte, wie er die Faust zusammenballte, als er voller Grimm fortfuhr: „Er war so unfair, so ungerecht! Er hat immer nur an sich selbst gedacht. Sobald ich konnte, bin ich von zu Hause fortgelaufen."

Larry sank in seinen Stuhl zurück, wieder in Verteidigungsposition, und ich versuchte vergeblich, ihn zum Weitererzählen zu bewegen. Er war offensichtlich nicht bereit, mir weitere Informationen anzuvertrauen. Meine Sekretärin klopfte an die Tür, um mir anzudeuten, daß die Zeit um war und ein nächster Seelsorgetermin anstand.

„Für heute ist unsere Zeit vorbei, Larry."

Ich versuchte, meine Enttäuschung zu verbergen. Ein flüchtiger Ausdruck der Erleichterung huschte über sein Gesicht, er stand auf und griff nach der Türklinke.

„Larry, ich fände es gut, wenn Sie noch einmal kommen würden."

„In Ordnung", murmelte er und stürmte aus der Tür.

Als ich später allein im Raum saß, blickte ich mir die Notizen an, die ich mir gemacht hatte, während Larry sprach. Er war so vorsichtig gewesen bei dem, was er ausgesprochen hatte, daß ich ziemlich ratlos war. Wie sollte ich ihm helfen? Ich hatte einige Worte unterstrichen: unsicher, angstvoll und Demütigung. Irgend etwas an Larrys aufgestauter Angst brachte mir ein schmerzliches Erlebnis aus meinem eigenen Leben in Erinnerung. Ich war damals acht Jahre alt gewesen.

LEBENDIGE ERINNERUNGEN

Die Szene stand mir wieder lebhaft vor Augen. Ich hatte das Gefühl, als sei der Vorfall erst gestern gewesen. Ich sah meine Lehrerin (wir waren in der vierten Klasse), groß, verdrießlich, mit kurz gestutztem, ergrauendem Haar. Sie gehörte nicht gerade zu meinen besten Freunden. Eines Morgens forderte sie mich auf, in ein anderes Klassenzimmer zu gehen und dort nachzuschauen, wie spät es sei. Die Schuluhr war groß und rund und hatte lange, schwarze Zeiger, die man gut erkennen konnte. Daher schien es eine leichte Bitte zu sein. Doch als ich den breiten, mit Holz getäfelten Flur entlangeilte, traf es mich plötzlich wie ein Schlag – ich konnte die Uhr ja noch nicht lesen!

Während ich auf die große Schuluhr starrte, kämpfte ich gegen die immer größer werdende Angst an, die in mir aufstieg. Es war unmöglich, vor der ganzen Klasse die Wahrheit zuzugeben. Mehrere Minuten verstrichen, während ich da stand und mit mir rang. Schließlich hatte ich einen Einfall – vielleicht konnte ich die richtige Zeit ja erraten! Als ich das Klassenzimmer betrat, richteten sich alle Augen auf mich, alles wartete auf meine Antwort.

„Hm, äh, sechs Uhr“, murmelte ich.

Einen Moment lang sah mich die Lehrerin mit hochgezogenen Augenbrauen an. Plötzlich verzog sich ihr Gesicht zu einem Lachen, und auch meine Klassenkameraden, die zunächst nur gekichert hatten, fingen lauthals an zu lachen. Ich merkte, wie mein Gesicht rot wurde, meine Lippen begannen zu zittern. Ich wischte meine schweißnassen Hände an meinem Hemd ab, stürmte zu meinem Platz und versuchte, mich hinter den Büchern zu verstecken.

Die Sache wurde noch dadurch verschlimmert, daß die Lehrerin von jenem Zeitpunkt an meine Schwäche auch bei anderen Gelegenheiten dazu ausnutzte, um die Klasse zum Lachen zu bringen. Je öfter dies vorkam, desto ängstlicher und zurückgezogener wurde ich. Schließlich war es so schlimm, daß ich Magenkrämpfe bekam, wenn ich etwas sagen mußte. Immer, wenn ich einen Fehler machte, klopfte die Lehrerin mir mit einem Lineal auf die Finger. Meine Angst vor ihr wurde immer größer. Ich konnte ihr nicht einmal mehr ins Gesicht sehen.

GEMEINSAMKEITEN

Die Erinnerung an meinen eigenen Schmerz gab mir neue Einsicht in Larrys Schwierigkeiten. Ich konnte einige Parallelen zwischen unseren Geschichten erkennen. Wir hatten beide mit einer schroffen Autoritätsfigur zu kämpfen gehabt, wir hatten gehofft, Liebe und Verständnis zu finden, doch begegneten stattdessen nur Ungerechtigkeit und Verwundung. Ich hatte Jahre gebraucht, um die Gefühle zu bewältigen, die durch jenes Erlebnis ausgelöst worden waren, lange war ich mir wie ein zitternder Wackelpudding vorgekommen. Tief berührt legte ich meine Notizen beiseite und bereitete mich auf das nächste Gespräch vor, das auf dem Terminplan stand.

In der folgenden Woche war Larry wieder da. Schiefergraue, tiefhängende Wolken verhinderten, daß die Sonne den dunklen Raum mit ihren Strahlen erhellte, doch Larry versteckte sich hinter seiner Sonnenbrille. Wenigstens schien er nicht ganz so ängstlich und gereizt zu sein wie beim ersten Mal. Er setzte sich ungezwungen auf den Klappstuhl neben mich und fing an, offen zu reden. Zwar konnte ich beim Zuhören immer noch dieselbe innere Unruhe feststellen, aber wenigstens wanderte er nicht mehr wie ein Löwe im Käfig auf und ab.

Larry erzählte mir, daß er in jungen Teenagerjahren anfing, ein Hippieleben zu führen. Er verfiel in Unmoral und Drogenkonsum. Schon bald wurde er straffällig, weil er Geld für die Drogen brauchte. Außerdem zerbrach eine Beziehung nach der anderen. Schließlich heiratete er, hatte Frau und Kind. Er versuchte, den Menschen zu vertrauen. Doch sobald ihn jemand verletzte oder enttäuschte, konnte er voller Wut explodieren.

Ich beugte mich vor und fragte: „Wie fühlen Sie sich dabei?“

Er rutschte unruhig auf dem durchhängenden Stuhl herum und trommelte nervös mit den Fingern auf die hölzernen Armlehnen.

„Einsam. Ich bin sehr deprimiert. Ich habe auch Angst. Angst davor, daß ich meiner Frau und meinem Kind etwas antun könnte, wenn ich einen Wutanfall bekomme.“

Ich nickte, während er weitersprach. Am Ende der Sitzung waren wir beide entspannter. Ich schloß mit einem Gebet ab. Als ich zum Abschied seinen Arm drückte, sah ich den Ansatz eines Lächelns auf seinen Lippen. Er versprach, wiederzukommen.

Sobald er den Raum verlassen hatte, setzte ich mich in meinem Stuhl zurück und sann über das nach, was ich gehört hatte. Larrys Geschichte stellte mich vor die größte Herausforderung, der ich in meinem Seelsorgedienst bisher begegnet war. Es gab so viele zerbrochene Einzelteile in Larrys Leben. Würde es möglich sein, sie wieder zusammenzufügen?

„Herr, ich brauche dich!“ schrie ich. „Ich brauche dich, um die Tür dieses Lebens zu öffnen, bevor sie endgültig geschlossen ist.“ Ich wußte nicht, daß dies der Anfang einer großen Offenbarung und einer neuen Phase in meinem Dienst sein würde.

DIE ANTWORTEN FINDEN

Als Larry zum dritten Seelsorgegespräch kam, hatte ich ihm etwas Neues anzubieten. Seit unserer letzten Begegnung hatte ich den Herrn gesucht und hatte den Eindruck, daß es mehrere Schlüssel zu Larrys Problem gab, die Gott offenbaren wollte.

„Hallo! Wie geht's?“ sagte Larry, als er das Zimmer betrat. Er warf sich auf einen Stuhl und lehnte sich zurück. Dabei entwich seinen Lippen ein kleiner Seufzer.

„Danke, gut, Larry“, erwiderte ich, während ich mich sehr bemühte zu verbergen, wie erleichtert ich über seine gelöste Stimmung war. „Wie ist es Ihnen in dieser Woche ergangen?“

„Besser. Ich habe viel über das nachgedacht, worüber wir gesprochen haben“, antwortete er. „Über einige Sachen habe ich sogar mit meiner Frau geredet.“

Wir sprachen über Beziehungen, und ich fragte ihn, ob er jemals zuvor eine Liebesbeziehung erlebt hätte. Er schüttelte den Kopf.

„Nein, erst als ich meine Frau kennenlernte.“ Er erzählte, wie sie zu ihm gestanden und sich geweigert hätte, ihn zu verlassen, was immer auch geschehen war. Anstatt ihn zu kritisieren und zu verdammen, so wie andere Menschen dies zuvor getan hatten, spürte er zum ersten Mal, daß er einem anderen Menschen wirklich wichtig war.

„Es fällt mir schwer, das anzunehmen“, sagte er. „Ich habe, so weit ich zurückdenken kann, schon immer mit dem Gefühl gelebt, daß es keinen gibt, dem es wichtig wäre, wie es mir geht.“ Wir fuhren fort, über die Liebe seiner Frau zu sprechen und was ihm dies bedeutete. Da hob er langsam und zögernd seinen Arm und nahm die Sonnenbrille ab. Zum ersten Mal innerhalb dieser drei Wochen sah ich seine Augen, sie waren dunkelbraun, fast schwarz. Tränen standen darin, und eine große Leere sprach aus ihnen.

Der Durchbruch! Am liebsten wäre ich aufgesprungen und hätte vor Freude gejubelt, doch stattdessen sagte ich still ein Dankgebet. Während er von der zerbrochenen Beziehung zu seinen Eltern und von Schwierigkeiten mit seiner Frau erzählte, stand ich auf und ging zu der Tafel, die in dem Raum hing.

Welche Macht hatte doch der elterliche Einfluß in Larrys Leben. Ich nahm ein Stück Kreide und zeichnete einige Striche, ohne noch recht zu wissen, was ich damit wollte. Plötzlich klärten sich meine Gedanken. Ich malte eine Linie im Winkel von 45 Grad, die die Ablehnung darstellen sollte, die Larry in seinem Leben erfahren hatte. Während wir gemeinsam die Verletzungen betrachteten, die Larry erlitten hatte, erkannte ich, daß Larrys Rebellion, seine Verwicklung in Drogen und Kriminalität, in Wirklichkeit eine Reaktion auf die erfahrene Ablehnung war. Von dem oberen Ende der Linie ausgehend zog ich eine zweite schräge Linie, so daß ein großes, umgekehrtes „V" entstand, dessen beiden Linien sich an der Spitze trafen. Die zweite Linie sollte Larrys Rebellion darstellen. (Siehe Bild auf Seite .)

Während wir uns über das Diagramm unterhielten, erkannte ich immer deutlicher, daß zwischen verschiedenen wichtigen Autoritätspersonen in Larrys Leben eine Verbindung bestand. Larry hatte von seinem Vater Ablehnung erfahren, und die Zeit im Gefängnis hatte seinen Geist verwundet. Er hatte sich geschworen, seinem Vater nie wieder zu vertrauen, und ich konnte sehen, welche Folgen dies in seinem Leben hatte. Jetzt konnte er überhaupt nicht mehr vertrauen. Er rebellierte, begann ein Leben der Unmoral, Kriminalität und Sucht zu führen und gab auf diese Weise der erfahrenen Ablehnung Ausdruck.

Larry beugte sich auf seinem Stuhl nach vorne. Seine Augen, die gebannt auf die Tafel blickten, spiegelten einen kleinen Hoffnungsschimmer wider.

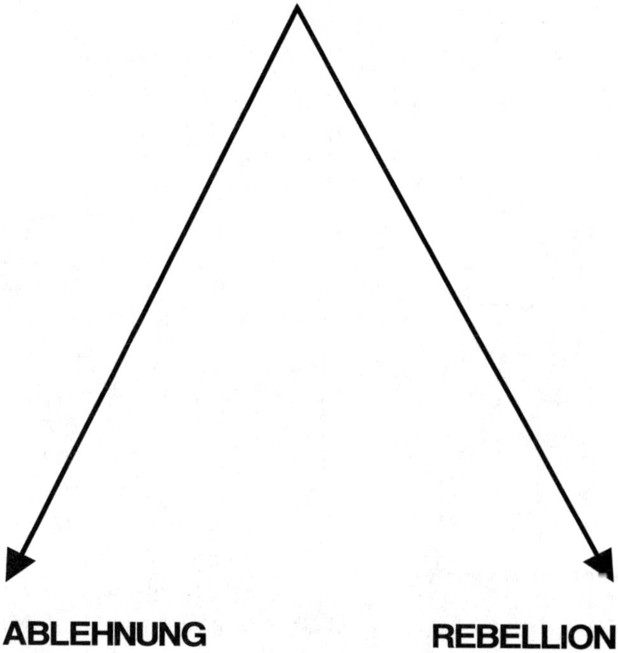

„Mensch! Das ergibt Sinn!" sagte er mit einem Anflug von Lächeln.

Ich blätterte in meiner Bibel, um Stellen zu finden, die das, was ich gesagt hatte, bestätigten. Meine Gedanken arbeiteten auf Hochtouren. Endlich war ich in der Lage, einige der fehlenden Puzzlestücke von Larrys und meinem eigenen Leben in das Bild einzufügen. Offensichtlich war ich auf eine wichtige Wahrheit gestoßen, auf die Bedeutung des Einflusses von Autoritätspersonen in unserem Leben. Als Larry später mein Büro verließ, sagte meine Sekretärin, er habe gelächelt und seine Augen hätten geleuchtet. Ich war in Hochstimmung!

DER HEILUNGSPROZESS

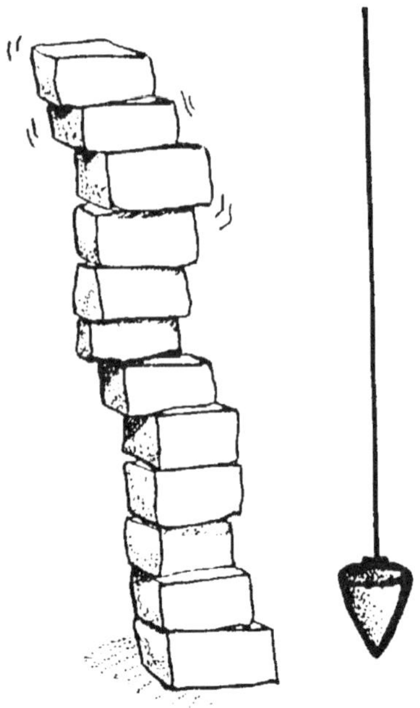

In den darauffolgenden Wochen kam Larry regelmäßig zu mir. Stück für Stück und sehr beharrlich stellte ich ihm Gottes Maßstab für unser Leben dar, so wie wir ihn in der Bibel finden. Larry fing an, sich zu ändern. Seine Augen wurden klarer, und die alte Ruhelosigkeit wurde von einem neuen Frieden ersetzt, der sein Wesen immer mehr durchdrang. Ich führte ihn auf den Weg zur Buße und half ihm zu erkennen, daß er für die Entscheidungen, die er gefällt hatte, selbst verantwortlich war – Entscheidungen, die ihn in die Tiefe der Verzweiflung gebracht hatten.

„Buße bedeutet, Verantwortung für das eigene Leben zu übernehmen", erklärte ich. „Es bedeutet, bewußt den Entschluß zu fassen, sich von selbstzerstörerischen Verhaltensweisen abzuwenden und nach guten, gesunden, göttlichen Verhaltensweisen zu streben."

Schließlich gab ich ihm den Rat, täglich in der Bibel zu lesen und zu beten, um das zu bewahren, was Gott ihm in seiner Barmherzigkeit geschenkt hatte. Als Larry zum letzten Mal zu mir kam, war er ein anderer Mensch. Ein Mensch, der in seinem Geist eine Berührung von Gott erlebt hatte und in dessen Leben Frieden an die Stelle von Qual getreten war.

EINE NEUE HERAUSFORDERUNG

Larrys Leben und das Leben anderer Menschen, die zu mir kamen, weil sie nach Hilfe suchten, stellten eine Herausforderung für mich dar. Wie konnte ich Larry und den anderen mit ähnlichen Problemen helfen? Welche Werkzeuge konnte ich gebrauchen? Von dieser Not getrieben, begann ich, die Schrift nach Antworten und weiterer Offenbarung zu durchsuchen. Eines Tages entdeckte ich eine aufregende Wahrheit, die mit dem Bild zu tun hatte, das ich damals an die Tafel gemalt hatte. Amos Kapitel sieben spricht davon, daß Israel einer Mauer gleicht, die nicht in Übereinstimmung mit Gottes Richtschnur ist. Ich schaute sowohl in einer Konkordanz als auch in einem Lexikon nach und fand heraus, daß das Lot ein Werkzeug der Bauleute ist. Sie gebrauchen es, um eine Mauer in vertikaler Richtung gerade ausrichten zu können.

Als ich diesem Gedanken nachging, erkannte ich, daß die Linie in meinem Bild, die das Symbol für die Ablehnung in Larrys Leben darstellte, eine falsche Richtschnur war. Dasselbe galt für die Linie, die Larrys Rebellion darstellte. Beide Linien stimmten nicht mit Gottes ursprünglichem Plan überein, Seiner Richtschnur, die irgendwo zwischen den beiden falschen, menschlichen Richtschnüren zu finden war.

Das war der Ort, nach dem Larry gesucht hatte, den er jedoch nie finden konnte. Stattdessen hatte er sein Leben immer nach einer der beiden falschen Richtschnüre (Ablehnung oder Rebellion) ausgerichtet, die durch den elterlichen Einfluß und andere Autoritätspersonen in sein Leben gekommen waren. Als Larry mein Büro betrat, schwankte sein Leben über ihm wie eine schief gebaute Mauer, die einzustürzen droht. Durch die Begegnung mit Larry machte ich den entscheidenden Schritt zu einer wichtigen Offenbarung. Die neue Erkenntnis war schon über viele Jahre hinweg in meinem Leben gereift, ohne daß ich dies gewußt hatte. Larrys Leben war wie ein Schalter, der in den dunklen Räumen meiner Vergangenheit ein Licht anzündete.

Das Meer glitzerte und funkelte und spiegelte unzählige Farben wider. Es war ein schöner, warmer Tag, der Himmel war blau und klar. Ich saß auf einem zerklüfteten Stück Lavagestein, ließ meine Füße in einen Teich baumeln, der von der Ebbe zurückgelassen war, und sog die heiße Sonne Hawaiis in mich auf.

Während meine Familie auf einem kleinen Stückchen Strand Sandburgen baute, waren meine Gedanken damit beschäftigt, die weiten Flure meines Lebens zu durchschreiten. Es war gerade erst einen Tag her, daß ich Larry gesagt hatte, er bräuchte nicht mehr zu kommen. Für ihn war dies nicht das Ende, sondern der Anfang, und ich erkannte, daß es auch für mich der Anfang auf meiner Suche nach größerer Offenbarung war. Larry hatte mich dazu angeregt, mit einem ganz neuen Blickwinkel in mein Leben zurückzuschauen. Während ich entspannt in der Sonne saß, ließ ich meine Gedanken und Erinnerungen frei in die Vergangenheit zurückschweifen.

HERR, WAS SOLL ICH MIT MEINEM LEBEN TUN?

Im Alter von 13 Jahren wurde ich durch den Dienst von „Boy's Brigade" Christ. Ein Jahr später, auf einer Bibelfreizeit der Baptisten im ländlichen Cambridge (Neuseeland), sagte Gott mir zum ersten Mal, daß ich Missionar werden solle. Ich quälte mich durch endlos lange Jahre des Lernens hindurch, so erschien es mir jedenfalls, bis ich schließlich die Aufnahmeprüfung für die Universität geschafft hatte. Nun stand ich vor der Frage: Was soll ich mit meinem Leben tun? Der Gedanke an ein Universitätsstudium machte mir überhaupt keine Freude, darum war ich ganz überrascht, als einer meiner Freunde mich fragte, ob ich schon einmal überlegt hätte, Medizin zu studieren.

„Medizin!" lachte ich. „Das ist zuviel. Das soll wohl ein Scherz sein! Ich bin die Schule leid."

Doch in den folgenden Wochen begleitete mich diese Bemerkung, wenn sie auch immer im Hintergrund blieb. Sie hatte Wurzeln geschlagen. Bestimmte Schriftworte sprangen mir aus den Seiten der Bibel ins Auge. Bemerkungen von anderen Leuten bestätigten meine innere Überzeugung. Dann entdeckte ich, daß die drei neuen Fächer, die ich ohne großes Nachdenken für die Aufnahmeprüfung zur Universität gewählt hatte – Biologie, Chemie und Physik – genau die Fächer waren, die ich an der medizinischen Fakultät brauchen würde. Gott bestätigte klar meinen Ruf zur Medizin, ganz entgegen meinen eigenen Vorstellungen. Anstatt ohne Ausbildung direkt aufs Missionsfeld zu gehen, würde ich nun Missionsarzt werden.

Ich begann mit den vormedizinischen Studien an der Universität und lernte fleißig vom frühen Morgen bis spät in die Nacht. Die Konkurrenz war groß, nur eine kleine Prozentzahl der Studenten, die sich für das Medizinstudium bewarben, wurde angenommen. Es überraschte mich nicht, als ich am Ende des Jahres die Prüfung nicht bestand. Ich akzeptierte dies als die Norm und war mehr denn je entschlossen, es zu schaffen.

Noch einmal stürzte ich mich in endlose Stunden des Lernens und bereitete mich auf die nächste Prüfung vor. Schließlich lag sie hinter mir, und ich wartete ungeduldig und ängstlich auf das Ergebnis. Was dann geschah, ist so lebhaft in mein Gedächtnis eingegraben, daß ich es nie vergessen werde. Voller Erwartung und Aufregung fuhr ich auf meinem italienischen Motorroller (150 ccm) durch die Stadt und gesellte mich zu einer Gruppe von Studenten, die vor dem Anschlagbrett stand und sich aufgeregt unterhielt. Schnell schweiften meine Augen über die alphabetisch geordnete Liste derer, die bestanden hatten. P – Q – R – S – Ttt – Thompson? Thompson! Wo war mein Name? Entsetzt begriff ich, daß mein Name nicht dabei war. Das konnte nur eins bedeuten. Ich war wieder durchgefallen!

DER SCHRECKLICHE SCHMERZ DER ABLEHNUNG

Ich war fassungslos und mußte sehr ringen, um nicht in Tränen auszubrechen. Meine Prüfung war bestimmt nicht schlecht ausgefallen, und trotzdem hatte ich es nicht geschafft, in die Gruppe der Auserwählten aufgenommen zu werden. Mit bleiernen Füßen und schwerem Herzen fuhr ich denselben Weg zurück, den ich gekommen war. In mir tobte ein Sturm.

„Ich bin ein Versager! Ich hab's schon immer gewußt. Ich bin dumm! Hoffnunglos!" Gedanken der Selbstverdammnis und des Selbstmitleids überfluteten mich. Ich würde diesen unsinnigen Weg verlassen und direkt aufs Missionsfeld gehen! Alle negativen Aussagen, die sich über die Jahre hinweg in mir angesammelt hatten, waren auf einmal wieder lebendig und verstärkten noch das Gefühl des Versagens und der Wertlosigkeit. Das ganze System erschien mir so falsch. Ich hatte so hart gearbeitet. Viel härter als viele meiner Studiengenossen, deren Name auf der Liste stand. Erst später erfuhr ich, daß auch ich das Examen bestanden hatte. Doch vorerst zermarterte ich mir den Kopf: „Warum haben sie mich nicht zugelassen?"

Ich warf mich auf die Wiese neben einen kleinen Fluß, der durch das Universitätsgelände floß, und ließ meinen angestauten Gefühlen freien Raum. Ich schrie zu Gott.

„Wo bist du, Gott? Ist es dir denn egal?" Vor lauter Enttäuschung trommelte ich mit den Fäusten auf die Erde und begann, Gott anzuklagen. „Schließlich bin ich nur hier, weil du mich hierher gerufen hast, und jetzt hast du mich im Stich gelassen."

Mehrere Wochen lang kämpfte ich und stellte Gott und Seinen Charakter in Frage. Wie Hiob verlangte ich eine Erklärung. Wenn ich keine bekäme, dann glaubte ich, damit die Erlaubnis zu haben, die ganze Sache aufzugeben und aufs Missionsfeld zu gehen. Genau, das war es! Ich hatte das Gefühl, Gott in die Ecke gedrängt zu haben, so daß Er keine Ausflucht mehr hatte. Ich beschloß, daß es das Richtige sein würde, mit dem Studium aufzuhören und den langen Jahren des mühsamen Studierens zu entfliehen.

Ich fühlte mich immer wohler bei meinen neuen Plänen, bis Gott eines Nachts Sein Schweigen brach und mich tief im Herzen überführte und erschütterte. Während ich betete, zeigte mir Gott, daß Er mich auf dem Missionsfeld kaum würde gebrauchen können, wenn mein Herz eine der wichtigsten Lektionen noch nicht gelernt hätte: „Gehorsam ist besser als Opfer.“

GOTTES WILLEN HINGEGEBEN

Langsam begann ich zu erkennen, daß Gott meine geistliche Entwicklung wichtiger war als meine akademische Ausbildung. Er hieß mich, zu gehorchen. Schweren Herzens kehrte ich zum Medizinstudium zurück.

In den nächsten sechs Jahren schwitzte ich über meinen Büchern und war entschlossen, mit Erfolg abzuschließen, ganz gleich, was es mich kosten würde. Es war ein Triumphtag, als ich im Alter von 28 meinen Doktor der Medizin erhielt. Nach langen Jahren des mühevollen Studiums hatte ich endlich mein Ziel erreicht. Nun konnte ich Missionsarzt werden.

Ein Jahr lang reiste ich mit dem überkonfessionellen Dienst von „Jugend mit einer Mission“ (JmeM) durch verschiedene Länder der Welt, in denen wir evangelisierten. Schließlich landete ich in Ghana (Westafrika). Hier stand die Tür weit offen; ich konnte dort mit „Worldwide Evangelistic Crusade“ (WEC) arbeiten. Sowohl WEC als auch JmeM haben zum Ziel, die bisher nicht evangelisierten Teile der Welt zu erreichen. Zusammen mit meiner Frau Barbara entwickelte ich einen mobilen medizinischen Hilfsdienst. Täglich standen wir der Herausforderung gegenüber, Menschen aus primitiven Stämmen das Evangelium weiterzusagen, Menschen, die täglich neu vor der Aufgabe standen, genügend Nahrung und Wasser zum Überleben zu finden. Bei unserem Bemühen, ihnen das Evangelium zu vermitteln, entdeckten wir, daß wir durch die Medizin einen Weg zu ihrem Herzen finden konnten. Wir erlebten, wie an Orten, wo es vorher keine Gemeinden gab, mehrere Gemeinden entstanden und wuchsen.

Vier Jahre später kehrten wir nach Neuseeland zurück, um ein Jahr Pause zu machen – das glaubten wir jedenfalls. Doch schon nach kurzer Zeit arbeitete ich in einer überlaufenen Praxis für Allgemeinmedizin, wo ein Patient dem anderen die Klinke in die Hand gab. Wenn ich angesichts der körperlichen Beschwerden der Patienten mit meiner Weisheit am Ende war – was oft geschah –, betete ich im Stillen und bat Jesus, mir zu helfen, die richtige Diagnose zu stellen und die richtige Behandlung anzuordnen. Doch je länger ich dort arbeitete, desto mehr erkannte ich, daß mich die meisten Patienten ohne eine Veränderung ihres Lebensstiles früher oder später wieder mit denselben Beschwerden aufsuchen würden. Diese Erkenntnis frustrierte mich sehr.

Eines Tages hatte ich die Gelegenheit, den Ältesten unserer Gemeinde von meiner Frustration zu erzählen. Sie boten uns nicht nur Gemeinderäume an, sondern waren auch bereit, Mitarbeiter der Gemeinde bereitzustellen, um meiner Frau und mir dabei zu helfen, ein Seelsorge- und Gesundheitszentrum aufzubauen. Es dauerte nicht lange, da erforderte die viele Arbeit in dem neuen Zentrum, daß ich meine Tätigkeit in der privaten Praxis aufgab, um vollzeitlich für den neuen medizinischen Dienst zur Verfügung zu stehen. Wir standen mitten in einer Arbeit, die uns sehr erfüllte, als Gott uns in den Weg trat. Dabei hatten wir geglaubt, wir würden bis zu unserem Lebensende in diesem Dienst stehen. Doch Gott rief uns nach Hawaii! Unsere schweigsamen Ältesten bestätigten diesen Ruf, und 18 Monate, nachdem wir unsere Arbeit in Neuseeland begonnen hatten, saßen wir in einem Jumbojet der „Air New Zealand" und flogen nach Honolulu.

NEUE HORIZONTE

„Willkommen in Kona!" Die lächelnde Stewardess verstellte mehrere Hebel, um die Türen zu öffnen, während aus dem Lautsprecher fröhliche polynesische Musik ertönte.

„Kona, Hawaii", murmelte ich vor mich hin. „Das kann doch nicht Kona sein. Es sieht ja aus, als seien wir auf dem Mond gelandet!" Ich starrte aus dem kleinen Flugzeugfenster nach draußen und blickte verwundert über eine weite Ebene schwarzen Lavagesteins. Die Hitze flimmerte über der Landebahn. In der Ferne zeichnete sich ein Berg ab, und zu unserer Rechten schlugen die warmen Wellen des Pazifiks an die zerklüftete Küste. Meine Frau Barbara mußte mit ihren Gefühlen kämpfen, und ebenso erging es Michael, unserem dreijährigen Sohn, einem Energiebündel, der uns bei jeder seiner Bewegungen vor neue Herausforderungen stellte. Ich nahm Lionel auf den Arm, unseren 15 Monate alten pummeligen Jüngsten, und ging nach draußen.

Keiner, der uns an jenem Tag im Januar 1976 aus dem Flugzeug steigen sah, hätte je geglaubt, daß wir zehn Jahre und mehr in Hawaii bleiben würden – wir selbst am allerwenigsten! Unsere Gemeinde in Palmerston North, Neuseeland, hatte uns für drei Jahre freigegeben. Wir sollten ein medizinisches Programm für „Jugend mit einer Mission" aufbauen.

Wir standen vor der Aufgabe, eine mobile medizinische Hilfseinheit aufzubauen, die leicht auf ein Schiff aufgeladen und an jeden beliebigen Ort in der Welt transportiert werden konnte. Ich sollte jedoch schon bald herausfinden, daß Gott einen anderen Plan für mein Leben hatte. Nach den ersten vergeblichen Bemühungen, eine solche Arbeit aufzubauen, erhielt ich einen Brief von den Behörden, in dem mir mitgeteilt wurde, daß ich erst bestimmte Bedingungen erfüllen müsse, um als praktizierender Arzt in Hawaii zugelassen zu werden. Ich müsse zunächst eine dreijährige Praktikantenzeit in einem staatlich anerkannten Krankenhaus absolvieren und außerdem noch einmal das Abschlußexamen wiederholen!

Ich war bestürzt und verwirrt. Hier stand ich nun, mit einer Frau und zwei Kindern, viele Kilometer von der Heimat entfernt, in der Gewißheit, von Gott hierher geführt worden zu sein, und nun wurde mir auf einmal die Tür vor der Nase zugeschlagen! Barbara war sowieso davon überzeugt, daß ich diesmal Gott vorausgeeilt sei. Das machte die ganze Sache noch schlimmer. Sie verpaßte keine Gelegenheit, mir dies immer wieder zu sagen. Als sie von der Neuigkeit hörte, schrie sie vor Verzweiflung auf.

„Gut!“ rief sie. „Jetzt können wir unsere Koffer packen und wieder zurückfahren.“

Für sie war Hawaii alles andere als ein Paradies, und wenn sie auf „Jugend mit einer Mission“ blickte, die damals in der Pionierphase standen und noch um ihr Bestehen kämpften, so bestärkte dies nur noch ihre Überzeugung, daß wir einen Fehler gemacht hatten, als wir unseren erfüllenden und zutiefst befriedigenden Dienst in Neuseeland verließen.

NICHT AUFGEBEN

Ich schwankte hin und her, mein Herz war geteilt. Hatte ich wirklich Gottes Stimme gehört, oder war es nur Einbildung gewesen? Sollten wir in die Heimat zurückkehren, oder hatte Gott einen anderen Plan? Als der Kampf immer stärker wurde, hielt ich mir noch einmal vor Augen, wie Gott mich geführt hatte, und betrachtete die jetzigen Umstände. Doch inmitten all der Stimmen, die um meine Aufmerksamkeit rangen, blieb eine innere Überzeugung, die ich nicht abschütteln konnte und die mich still ermutigte. Schließlich kämpfte ich mich zu der Entscheidung durch, zu bleiben und das Ende des Sturms abzuwarten, in der Hoffnung, daß Markierungen in Sicht kommen würde, um uns den Weg zu weisen.

Es dauerte lange, bis jene Markierungen in Sicht kamen, und in der Zwischenzeit „schien“ es so, als hätten wir alles verloren, was wir in der Heimat besessen hatten. Wir standen weder in einem Dienst, noch hatten wir eine Arztpraxis. In Neuseeland hingegen hatten wir einen erfüllenden Dienst gehabt. Hinzu kam noch, daß unser Sohn Michael nur um Haaresbreite dem Tod entging. Während er mit Freunden spielte, stürzte er durch ein morsches Geländer und fiel sechs Meter tief auf einen Asphaltweg. Wir brachten ihn so schnell wir konnten ins Krankenhaus und fürchteten das Schlimmste. Man stellte eine feine Bruchlinie im Schädel fest. Außerdem bildete sich ein Bluterguß, der so groß war, daß sein rechtes Auges zuschwoll. Viele von unseren neuen Freunden in Hawaii und viele Freunde in der Heimat beteten für Michael.

Wir waren sehr erleichtert, als seine Genesung rasch voranschritt und keine weiteren Folgen blieben.

In der Zwischenzeit hatten wir uns angeboten, bei allen anfallenden Arbeiten des wachsenden Dienstes von JmeM in Kona zu helfen. Schließlich kamen die ersten Wegweiser in Sicht. Wir begannen zu erkennen, mit welchem Ziel uns Gott nach Hawaii gerufen hatte.

Eines Tages, als wir uns mit Loren und Darlene Cunningham unterhielten, dem internationalen Direktor von JmeM und seiner Frau, erzählten wir von dem blühenden Seelsorgedienst, den wir in Neuseeland gehabt hatten. Als wir Loren erklärten, Gott habe uns klar gezeigt, daß die Seelsorge zwar der Hauptdienst sei, daß dieser jedoch von medizinischer Hilfe ergänzt werden solle, schlug er vor, gemeinsam zu beten. Jeder einzelne von uns empfing ganz stark den Eindruck, daß Gott uns auf einen neuen Dienst innerhalb von JmeM hinwies. Sowohl Barbara als auch Darlene wurden zu Jesaja 54,2-3 geführt, einer Stelle, die uns dazu aufforderte, den Raum unseres Dienstes zu erweitern: „Spann deine Seile lang und stecke deine Pflöcke fest!“ Gott schien zu sagen, daß der Dienst alle unsere Erwartungen übertreffen würde.

Nachdem wir mehrere Seelsorgezentren in den Vereinigten Staaten besucht und zwei Menschen gefunden hatten, die bereit waren, uns zu helfen, eröffneten wir im Januar 1977 unser erstes Seelsorgezentrum in Kona. Dort lernten wir Larry und andere Menschen mit ähnlichen Problemen kennen, und Gott öffnete uns Stück für Stück die Augen für Wahrheiten, durch die wir einen Schlüssel in der Hand hatten, um die verborgenen Türen im Leben dieser Menschen aufzuschließen. Nicht lange nach der Eröffnung des Zentrums zeigte uns Gott, daß wir Seelsorgeseminare durchführen sollten, um andere Menschen zu schulen und dadurch die Botschaft auf der ganzen Welt zu verbreiten. Die Teilnehmerzahl der Seminare wuchs, und nach einigen Jahren wurden diese Seminare in das Studienprogramm der „Pacific and Asia Christian University“ von „Jugend mit einer Mission“ in Kona, Hawaii, aufgenommen. Später wurden diese Seminare auch durch Zweigstellen der Universität in anderen Ländern durchgeführt.

In diesem Buch will ich den biblischen Weg zur Heilung des ganzen Menschen darstellen, den ich in den Jahren meines Studiums und Dienstes gelernt habe. Machen Sie sich mit mir auf diesen Weg und entdecken Sie Ihr wahres Ich im Lichte der verläßlichsten Aussagen über das Leben, die wir haben – der GÖTTLICHEN RICHTSCHNUR.

Kapitel 2

DIE SCHIEFE MAUER

Im 8. Jahrhundert v. Chr., unter der Herrschaft Usias, des Königs von Juda, erlebte das Volk Israel eine Zeit des Reichtums und des Friedens. Doch Hand in Hand mit dem zunehmenden Wohlstand setzte ein rapider Verfall der Moral ein, der das Fundament der Gesellschaft aushöhlte. Eine dunkle Wolke der sozialen Ungerechtigkeit trübte Israels Sicht, und es wich von dem Weg ab, den Gott ihm gewiesen hatte.

Auf diesen spannungsgeladenen Schauplatz berief Gott Amos, einen Hirten und Baumzüchter. Er sollte als Anwalt für Gottes Sache eintreten. Amos' Auftrag bestand darin, die soziale und religiöse Korruption anzuprangern und vor dem drohenden göttlichen Gericht zu warnen. Selbst der Name „Amos" hatte eine Bedeutung. Er leitet sich von einem hebräischen Verb ab, das „Lasten tragen" heißt (Anm.1). Mit Mose berief sich Gott einen Stab, der Seine Wahrheit und Seine Werte zeigen sollte. Doch mit Amos berief Er sich eine Richtschnur (Amos 7,7-8).

GOTTES MASSSTAB

Eine Richtschnur, ein Lot, in einfachster Ausführung, ist ein kleiner umgekehrter Bleikegel, der mit einer Schnur an einem zylinderförmigen Holzstück mit gleichem Durchmesser befestigt ist. Es wird von Bauleuten verwandt, um bei der Errichtung einer Mauer die präzise senkrechte Richtung zu ermitteln. Das beschwerte Ende weist immer auf den Erdmittelpunkt hin, da es auf die an sich unsichtbare, sogenannte Schwerkraft reagiert (siehe Bild 1). Für Bauleute hat dieses einfache, aber wichtige Instrument einen unschätzbaren Wert. Wenn das Gebäude stabil sein soll, müssen die Wände in einer Linie mit der Richtschnur gebaut werden. Wenn dies nicht der Fall ist, besteht Einsturzgefahr.

Unter der Oberfläche von Israels Wohlstand befand sich moralischer Verfall. Gott vergleicht die Nation mit einer

EINE RICHTSCHNUR

Bild 1

Mauer, die schief ist und kurz vor dem Zusammenbruch steht. Um das Ausmaß der Instabilität zu beweisen, hält Gott die Richtschnur Seines Gesetzes an sein Volk. Er zeigt dem Volk, daß es täglich in Gefahr steht, so wie Steine einer Mauer zusammenzustürzen und von seinen Feinden vertrieben zu werden. Gott hat nie aufgehört, die Richtschnur Seines Wortes an das Leben der Menschen zu halten, die Er zu Seinem Volk berufen hat. Auch an uns, den Menschen dieses Jahrhunderts, hält Er Seine Richtschnur damit wir die Wahrheit erkennen und den Weg zu einem stabilen, sicheren Leben finden.

DIE GRUNDFRAGE

Wir leben in einer Zeit, wo viele Menschen nichts mehr über die Richtschnur von Gottes Wort wissen oder nicht mehr darüber nachdenken. Doch gleichzeitig ist dies eine Zeit, wo die Frage immer größer wird: „Was ist das Leben und wie sollen wir leben?" Das Interesse an dieser Frage zeigt sich an der großen Anzahl von Studenten, die in die Vorlesungen und Seminare über Psychologie strömen, und an der wachsenden Gruppe von Menschen, die sich mit Existentialismus, neuem Bewußtsein, Drogen, Okkultismus und anderen Formen entstellter Wirklichkeit beschäftigen. Die genannte Grundfrage kann in vier Unterfragen aufgeteilt werden. Die erste ist die fundamentale Frage der ONTOLOGIE: „WER BIN ICH?" Um zu einer Antwort auf diese Frage zu kommen und eine Definition zu geben, wollen wir uns verschiedene Persönlichkeiten und ihre Wesensmerkmale ansehen.

DIE PASSIVE REAKTION

Hier sehen wir einen Menschen, der von einer „Persönlichkeits-Rüstung" umgeben ist. Welche Gedanken kommen uns, wenn wir dieses Bild anschauen? Es folgt eine Liste von Eindrücken, die Menschen bei der Betrachtung der Zeichnung auf Bild 2 geäußert haben.

defensiv	wehrlos
furchtsam	passiv

Bild 2

blind	taub und stumm
einsam	niedergedrückt
hilflos	hoffnungslos

Der Mensch, der sich mit dieser Rüstung umgeben hat, befindet sich in einer Identitätskrise. Er weicht der Frage: „Wer bin ich?“ aus. Wahrscheinlich hat er früher einmal versucht, sich mit dieser Frage auseinanderzusetzen, doch ohne Erfolg. Anstatt sich nun erneut der Frage zu stellen und sich dem Schmerz auszusetzen, den diese mit sich bringt, versteckt sich der Mann hinter seiner Rüstung und zieht sich von allem zurück, was seine Identität bedrohen könnte.

DIE AGGRESSIVE REAKTION

Andere Menschen kämpfen mit derselben Frage, haben jedoch eine ganz andere Persönlichkeit. Diese sind in dem Bild der Frau mit Pfeil und Bogen dargestellt. Betrachten Sie diese Skizze und denken Sie über die Wesenszüge nach, die Ihnen dabei einfallen:

aggressiv	kritisch
negativ	defensiv
ärgerlich	unsicher
einsam	furchtsam

Diese Frau, die Pfeil und Bogen griffbereit in den Händen hält, zeigt, daß man mit einer Identitätskrise auch ganz anders umgehen kann. Anstatt der PASSIVEN, defensiven Einstellung nimmt sie eine eher AGGRESSIVE Haltung ein. Sie warnt die Menschen, die sich ihr nähern, und rät ihnen, Abstand zu halten, um nicht von ihr verwundet zu werden. Die Tatsache, daß der Pfeil nicht an den Bogen angelegt ist, deutet darauf hin, daß sie im Grunde nicht aggressiv reagieren möchte, jedoch nicht davor zurückschreckt, wenn dies nötig ist.

Wenn wir diese beiden Figuren zusammenstellen, sehen wir, daß sie in gewisser Weise zusammenpassen. Die Frau könnte ihren Pfeil abschießen, wann immer sie wollte, dem Mann würde nichts geschehen. Er wiederum würde höchstens wissen, daß jemand in der Nähe ist. Dies würde ihn in seiner

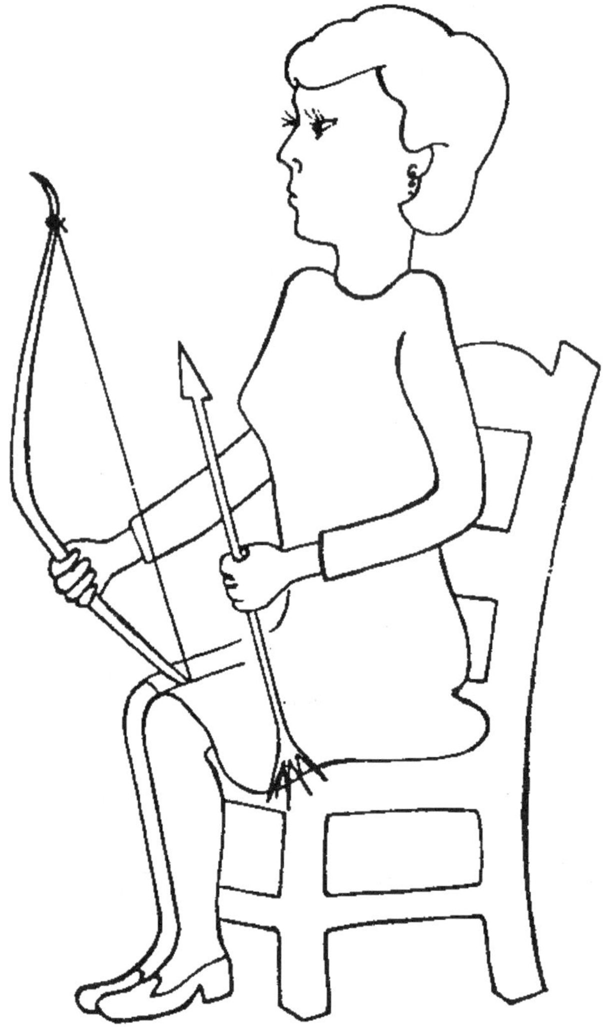

Bild 3

Einsamkeit etwas trösten. Die Kommunikation der beiden bestünde in dem Klicken, das der Aufprall des Pfeiles auf der Rüstung auslöst, eine Kommunikation, bei der keiner von beiden verletzt würde! Leider geschieht es viel zu oft, daß die Kommunikation in einer Ehe oder in einer Beziehung auf diese Ebene herabsinkt.

WO IDENTITÄT BEGINNT

Diese beiden Skizzen stellen beispielhaft Menschen dar, die nie eine Antwort auf die Frage gefunden haben, wer sie sind. Welche Hilfen gibt es bei dem Versuch, diese wichtige Frage zu beantworten? Um unsere eigene Ontologie zu erforschen und die Frage „Wer bin ich?" zu beantworten, müssen wir zu unserem Ursprung zurückkehren. Die biblische These über den Ursprung besagt: „Im Anfang ... GOTT ..." (1. Mose 1,1). Die Bibel offenbart uns noch mehr über die Frage des Ursprungs. Als Mose Gott bittet, ihm um des Volkes Israels willen zu offenbaren, wie sein Name lautet, antwortet Gott folgendermaßen: „ICH BIN, DER ICH BIN" und „ICH WERDE SEIN, DER ICH SEIN WERDE" (2. Mose 3,13-14).

Im Neuen Testament macht JESUS, der Sohn Gottes, weitere Aussagen zur Frage der Identität. In Bezug auf sich und die Rolle, die Er für uns hat, sagt Er:

> *„Ich bin der Weg, die Wahrheit und das Leben, niemand kommt zum Vater außer durch mich." (Joh. 14,6)*

Wir wollen untersuchen, welche Bedeutung diese beiden Aussagen haben. Erstens erklärt Gott, daß alle Identität in Ihm beginnt. Wenn wir verstehen wollen, wer wir sind, müssen wir uns als erstes darum bemühen, zu verstehen, wer Er ist. Er ist der Anfang jedes Menschen, und unser ganzes Wesen dürstet danach, wieder mit Gott in Verbindung zu kommen (Ps. 42,1-2).

Zweitens beschreibt Jesus sich selbst als den Weg, um Gott kennenzulernen. Er ist Gottes Botschafter, und darum ist Er in der Lage, uns zu Seinem Vater zu führen. Hier beginnt die Antwort auf die fundamentale Lebensfrage „WER BIN ICH?“

DIE BESTANDTEILE DER IDENTITÄT

Um die Frage „Was ist das Leben und wie leben wir?“ angemessen zu beantworten, müssen wir uns mit drei Unterfragen beschäftigen, die in Bild 4 dargestellt sind. Die ersten beiden lauten:

1. Woher kommen wir?

2. Wohin gehen wir?

Diese beiden Fragen befassen sich mit unserer Geschichte und unserer Bestimmung und fallen unter den Begriff TELEOLOGIE. Die Teleologie spricht von dem angeborenen Verlangen aller Menschen, ein Ziel oder einen Sinn in ihrem Leben zu haben. Wenn wir auf nichts zielen, erreichen wir gewöhnlich genau dies – nämlich nichts! Die Bibel sagt es so: „Wo keine Offenbarung (Vision) da ist, verwildert das Volk“ (Spr. 29,18). Die Wohlfahrts-Gesinnung innerhalb unserer Gesellschaft heute hat ihren Ursprung zum großen Teil darin, daß Menschen keine zufriedenstellende Antwort auf diese beiden Fragen gefunden haben und darum nicht wissen, welche Rolle sie haben und was ihr Lebensziel ist.

3. Was hat für mich Wert?

Diese Frage fällt unter den Begriff AXIOLOGIE. Damit ist die wichtige Auseinandersetzung mit unseren Werten gemeint. Jeder Mensch hat ein sogenanntes „Wertesystem“, das sich aus all dem zusammensetzt, wofür er sein Leben, seine Kraft, seine Zeit und sein Geld einsetzt. Es gibt Dinge, die wir für so wertvoll halten, die wir so hoch schätzen, daß wir bereit sind, etwas dafür einzusetzen. Oft besteht eine Kluft zwischen dem Wertesystem unseres Kopfes oder des Intel-

DIE FUNDAMENTALEN FRAGEN DES LEBENS STELLEN

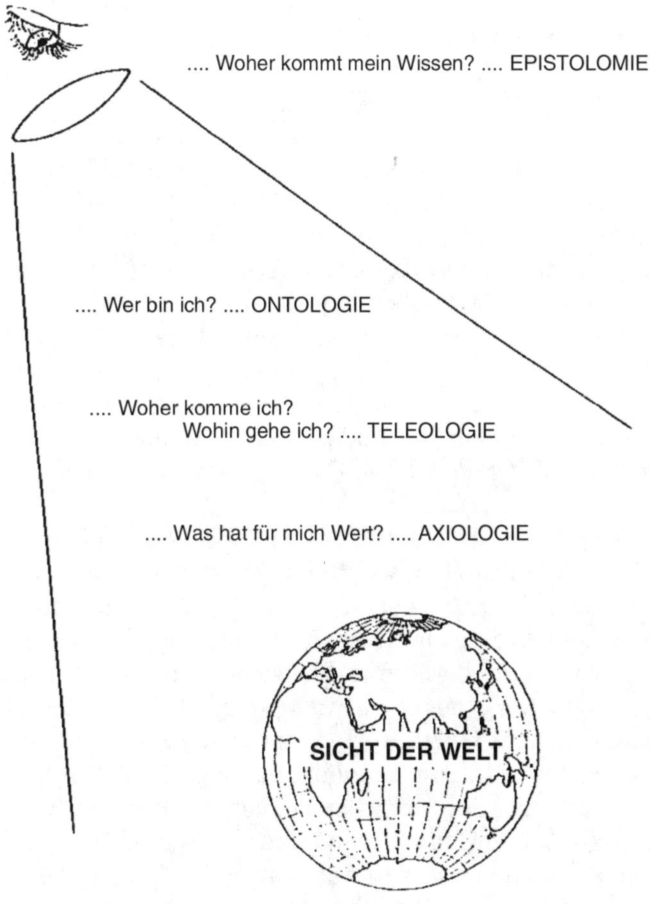

Bild 4

lekts und dem Wertesystem unseres Herzens oder der Persönlichkeit. Das erste drückt sich in dem aus, was wir sagen, während sich das zweite in dem ausdrückt, was wir tun. Unsere Einstellung und unser Verständnis werden maßgeblich von unserem Herzen bestimmt.

WOHER KOMMT UNSER WISSEN?

Zur Beantwortung der ersten drei Fragen ist eine weitere Frage von großer Bedeutung: „Woher kommt unser Wissen?" Durch welche Linse betrachten wir unsere Welt? Wir möchten wissen, woran wir messen können, ob unsere Erkenntnis richtig ist oder falsch – dies ist die Frage der EPISTEMOLOGIE. Als Christen glauben wir, daß Gott uns die Wahrheit offenbart hat. Wie bereits erwähnt, erklärt Jesus in Johannes 14,6 von sich selbst, daß Er die Wahrheit ist. Die Antwort auf alle Fragen des Lebens müssen wir in der Offenbarung suchen, die Gott uns in Seinem Wort und in Seinem Sohn Jesus über sich selbst gegeben hat. Das ist Gottes Richtschnur.

UNSERE SICHT DER WELT ENTDECKEN

Unser Leben stellt uns viele Fragen. Wenn wir anfangen, einige der Antworten darauf zu verstehen, entdecken wir dadurch gleichzeitig unsere eigene SICHT DER WELT. Jeder von uns hat eine bestimmte Weltsicht. Vereinfacht ausgedrückt besteht sie aus dem, was wir glauben und aus den Gründen unseres Glaubens. Eine umfassendere Darstellung müßte auch Ausführungen zum Ursprung, dem Wesen und der Bestimmung des Menschen enthalten, außerdem Aussagen zur Rolle des Menschen und seiner Aufgabe im Kosmos.

Die Antworten auf diese fundamentalen Fragen des Lebens sind sehr vielfältig, selbst in der formalen Philosophie. Es hängt alles von der epistomologischen Linse ab, durch die wir die Welt betrachten. Im Folgenden stellen wir eine kurze Zusammenfassung einiger Weltanschauungen dar, die die Philosophie im Laufe der Entwicklung von Jahrhunderten vertreten hat. Beispiele für die einzelnen Weltanschauungen lassen sich leicht in unserer heutigen Welt finden.

MONOTHEISMUS:	Ein Gott und Vater für alle Menschen.
POLYTHEISMUS:	Viele Götter, denen verschiedene Zuständigkeits- und Machtbereiche übertragen sind.
ATHEISMUS:	Es gibt überhaupt keine Götter. Sie sind pure Einbildung des Menschen.
ATHEISTISCHER HUMANISMUS:	Wenn es einen Gott geben sollte, dann muß dies der Mensch sein. Der Mensch ist Gott.
ATHEISTISCHER RATIONALISMUS:	Der Mensch handelt aus seiner Göttlichkeit heraus und erhebt seinen Verstand zum einzigen Mittel, um Wahrheit zu erkennen.
ATHEISTISCHER EXISTENTIALISMUS:	Ein un-rationalistischer Sprung in die Bereiche außerhalb des Verstandes, um die Bedeutung des eigenen Lebens zu verstehen. Dies ist, von der rationalistischen Sichtweise aus gesehen, ein indirektes Eingeständnis, daß es dem Menschen nicht gelungen ist, Gott zu sein.
OKKULTISMUS:	Bei dem Sprung in die unsichtbare, nicht mit den Sinnen wahrzunehmende Welt, steht der Mensch, der auf der Suche nach seiner Identität ist, einem anderen Gott gegenüber, der sich „der Fürst dieser Welt“

(Joh.12,31) oder Satan nennt. Dieser ist allerdings so voller List, daß viele seiner Untergebenen nicht einmal an ihn glauben und ihm trotzdem dienen.

Alle diese Sichtweisen der Welt, mit Ausnahme der ersten – dem MONOTHEISMUS –, beschreiben die Identitätsuche des Menschen, der sich von dem „ICH BIN" entfernt hat. Im POLYTHEISMUS spricht der Menschen geschaffenen Dingen, die sein Leben beeinflussen, Göttlichkeit zu, z.B. der Sonne, den Bäumen, dem Wind. Im ATHEISMUS sagt der Mensch zu dem „ICH BIN": „Du bist nicht!" Mit dem nächsten Atemzug muß er sagen: „Der einzige ICH BIN ist ohne Frage ICH selbst", womit er den Menschen meint. Damit ist Gott aus dem Bild verschwunden, und wir sehen, wie in der Sichtweise des atheistischen HUMANISMUS und des atheistischen RATIONALISMUS der Mensch versucht, selbst Gott zu sein.

Im EXISTENTIALISMUS wendet sich der Mensch vom Rationalismus ab, da ihn dieser von den Kernfragen des Lebens abgeschnitten hat. Er hält nach einem anderen Weg Ausschau, der seinem Leben Wert geben könnte. Auf der Suche nach Selbst-Bestätigung kommt er an das Ende seiner eigenen inneren Quellen und ist nur noch einen Schritt weit davon entfernt, mit der Geisterwelt in Berührung zu treten und andere Mächte und Einflüsse kennenzulernen. Ohne daß der Mensch es merkt, bringt ihn dies in den Machtbereich des „Gottes dieser Welt" (2.Kor. 4,4), und er gerät unaufhaltsam in den OKKULTISMUS hinein.

Dieser ganze Kreis ist dazu angelegt, den Menschen zu verführen, sich von der zärtlichen Hand eines liebenden Gottes abzuwenden, in Knechtschaft zu geraten und ein Sklave Satans zu werden. In jedem Menschenherzen gibt es einen von Gott geschaffenen leeren Raum. Diesen muß der Mensch irgendwie ausfüllen, sonst lebt er in einem geistlichen Vakuum.

GOTTES PLAN

Anhand dieses kurzen Überblicks wird deutlich, warum sich so viele Menschen in einer Identitätskrise befinden und Mühe haben, Antworten auf die grundlegenden Fragens des Lebens zu finden. In dem Moment, wo wir den „ICH BIN" beiseite drängen, entziehen wir uns der Quelle der Wahrheit und können keine Antwort auf die Frage „WER BIN ICH?" finden. Genau dies erfuhr Israel zur Zeit des Propheten Amos. Als sich das Volk von Gott, der Quelle des Lebens, abwandte, rief Gott Amos auf den Plan. Durch ihn wollte Er die Israeliten dahin zurückbringen, daß sie wieder JAHWE als ihren GOTT anerkannten und Seine Wahrheit als ihre Richtschnur bejahten.

Das Volk Israel hatte sich so weit von Gott entfernt, daß Er sie mit einer wankenden, schiefen Mauer verglich, die drohte, jeden Moment einzustürzen (siehe Bild 5).

Dieses Bild von der schwankenden Mauer und der Richtschnur, die senkrecht nach unten hängt, zeigt auf eindrucksvolle Weise den Unterschied zwischen einer Weltanschauung, in der Gott der Mittelpunkt ist, und einer Weltanschauung, in der Gott nicht der Mittelpunkt ist. Wir wollen einige der Unterschiede nennen:

absolute Aussagen gegenüber relativen Aussagen
Gesetz gegenüber Meinung
Ordnung gegenüber Chaos
Freiheit gegenüber Sklaverei

Ohne Gott als festem Anhaltspunkt haben wir keinen Zugang zum Leben und allem, was das Leben bedeuten kann.

DIE RICHTIGE SICHT BEWAHREN

Vor einigen Jahren, als ich als Gastredner in Polen war, lernte ich eine wertvolle Lektion darüber, wie wichtig es ist, einen festen Anhaltspunkt im Blick zu behalten. Gegenüber von dem Haus, wo ich untergebracht war, lag ein Wald. Und da ich die Natur liebe, verlockte es mich schon bald, einen Gebetsspaziergang zu machen. Ich brach in der herrlichen Frische des Frühsommertages auf und seufzte vor Wohlbeha-

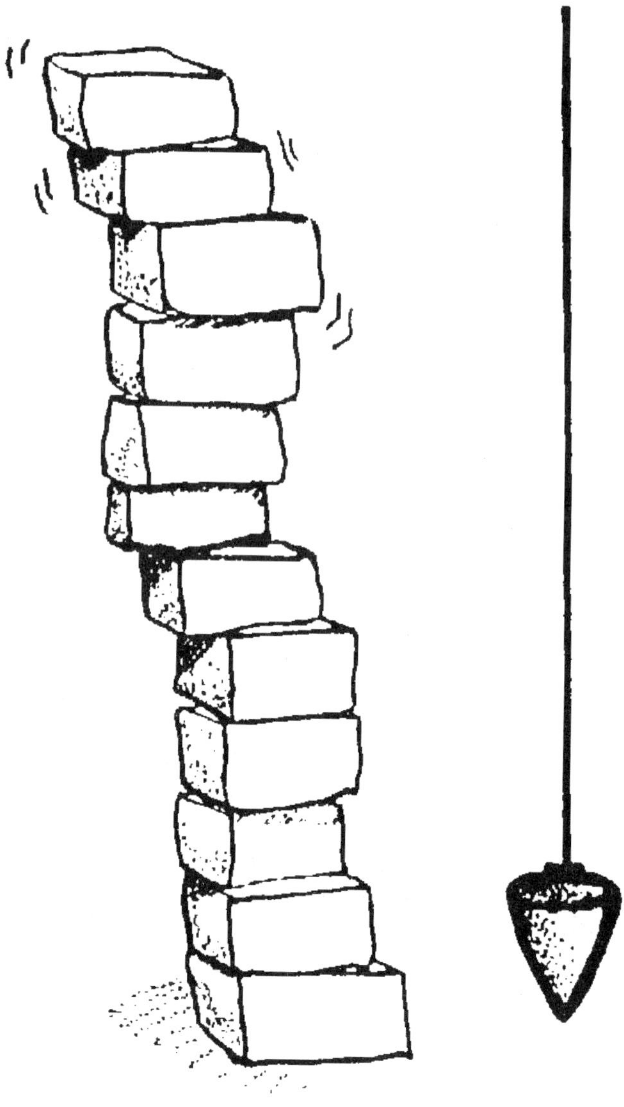

Bild 5

gen, als mein Blick auf die Sonnenstrahlen fiel, die in Bündeln durch das Dach der Laubbäume hindurchdrangen.

Während ich Schritt für Schritt vorwärts ging, unterhielt ich mich mit Gott und war ganz gefangen von der Schönheit der Umgebung und der Herrlichkeit dessen, der dies alles geschaffen hatte. Natürlich gab ich nur wenig acht auf so irdische Dinge wie den Weg und die Richtung, aus der ich gekommen war und in die ich ging.

Ich bog auf dem wirren Netz der Wege noch einige Male links und rechts ab, bis es mich plötzlich wie ein Schlag traf. Ich hatte mich verirrt! Ich kam mir recht dumm vor, doch verließ ich mich auf meine vagen Erinnerungen und wählte auf gut Glück die Wege, die mir vertraut vorkamen. Aber ich verirrte mich nur noch mehr und geriet immer tiefer in den Wald, der mir nun gar nicht mehr bekannt vorkam. Ein Gefühl der absoluten Hoffnungslosigkeit stieg in mir auf, und mir wurde immer deutlicher bewußt, daß ich mich vollkommen verirrt hatte.

Ich fand keinen einzigen bekannten Anhaltspunkt mehr, der mir aus meiner Notlage heraus geholfen hätte. Alle Bäume und Wege sahen gleich aus! Ich hatte keine verläßlichen, absoluten Richtungshinweise, denen ich hätte folgen können. Da ich nicht wußte, wo ich mich befand, konnte jeder Weg richtig oder falsch sein, alles war relativ. Ich hatte mich vollkommen verirrt, hoffnungslos!

Als ich in meiner Not voller Angst dastand, wurde mir klar, daß ich am Ende meiner eigenen Weisheit angelangt war. Ich blickte nach oben durch die hochragenden Bäume auf die kleinen Stückchen des bewölkten Himmels, die zu sehen waren. Da kam mir ein Gedanke. „Er kann doch sehen, wo ich bin – warum soll ich da nicht Ihn fragen!“ Die beste Informationsquelle kam mir erst zum Schluß in den Sinn!

Ich folgte den Impulsen, die Gott mir gab und marschierte los, schlug erst den einen Weg ein, dann den nächsten. Das Ganze entwickelte sich zu einem fröhlichen Spiel mit meinem himmlischen Vater, und ich wurde an den Rand des Waldes geführt, von wo aus ich in der Lage war, allein den

Weg zurück zu meiner Unterkunft zu finden. Während ich mit schnellem Schritt dem Hause zueilte, konnte ich nichts anderes tun, als dem Herrn für seine Treue zu danken.

Durch dieses Erlebnis fühle ich mich auf lebhafte und unvergeßliche Weise mit jenen Menschen verbunden, die mit dem Gefühl leben, sich verirrt zu haben und die nicht wissen, in welche Richtung sie gehen sollen. Angeregt durch diese Erfahrung habe ich darüber nachgedacht, wie absurd es ist, daß eine Unzahl von Menschen Gott erst am Ende ihres Lebens nach DEM Weg fragen oder sogar im „Wald der Verirrung“ sterben.

DIE MAUERN MEINES HERZENS

Gott vergleicht uns zwar mit einer Mauer, aber die Herausforderung besteht nicht in der Mauer. Die Herausforderung liegt darin, daß das Herz verändert werden muß, um das herum die Mauer errichtet wurde! Gott hält Seine Richtschnur an das Herz der Menschen, auch an das Herz einer Nation. In den Sprüchen werden wir ermahnt, unser Herz mit ganzem Fleiß zu behüten, weil in ihm die Quelle des Lebens entspringt (Spr. 4,23). Wir jedoch neigen oft dazu, unseren Verstand und Intellekt zu behüten, als ob die Quelle des Lebens in unserer Bildung läge. In den Sprüchen sehen wir deutlich, daß dem nicht so ist.

EINE DEFINITION DES „HERZENS“

Die Bibel gebraucht den Begriff HERZ mit unterschiedlicher Bedeutung. Im Hebräischen gibt es zwei Worte, die für Herz verwandt werden, „leb“ und „lebab“. Wenn man den Kontext betrachtet, in dem diese Worte in der Bibel gebraucht werden, können wir 204 Stellen finden, wo bei der Übersetzung der Aspekt des „Verstandes“ hervorgehoben wird. In 195 Fällen werden diese Worte mehr in Richtung „Willen“ übersetzt, während sie 166 Mal im Zusammenhang mit „Gefühlen“ gebraucht werden. Doch am häufigsten, 257 Mal, werden diese Worte verwandt, um damit auf den ganzen inneren Menschen, auf die „Persönlichkeit“, hinzuweisen. (Anm.2)

Das griechische Wort, das mit Herz übersetzt wird, lautet „kardia“, es findet sich noch heute im Sprachgebrauch der Medizin, z. B. Kardiologie. Aus unserer kurzen Studie können wir erkennen, daß die „Persönlichkeit“ mit dem ganzen inneren Menschen gleichzusetzen ist, Seele und Geist eingeschlossen. Gott hält Seine Richtschnur an die veränderbaren Aspekte des inneren Menschen oder der Persönlichkeit und fordert uns auf, Verantwortung zu übernehmen für die Haltungen, die wir im Laufe der Jahre entwickelt haben.

SCHLUSSFOLGERUNG

Soziologen haben die nach wie vor anhaltende Kontroverse „Vererbung oder Erziehung“ ausgelöst. Diejenigen, die bei dieser Auseinandersetzung die Bedeutung der Vererbung betonen, erklären, daß der Mensch zu großen Teilen von seiner Veranlagung abhängig ist und sich daher nicht ändern kann. Diejenigen, die den Einfluß der Erziehung hervorheben, sagen, daß unser Verhalten erlernt ist und daß das, was wir gelernt haben, verändert werden kann. Die meisten Menschen erkennen heute nicht nur an, daß wir uns verändern können, sondern daß wir uns in den meisten Fällen unbedingt verändern müssen, um LEBEN zu können. Eine Veränderung im Denken führt nicht unbedingt zu einem veränderten Leben, aber ein verändertes Herz führt unter Garantie dazu!

So wie ein Bauinspektor eine Richtschnur gebraucht, um zu überprüfen, ob ein Gebäude Stabilität hat, so gebraucht Gott Seine GÖTTLICHE RICHTSCHNUR, um das Gebäude unseres Lebens zu beurteilen. Je weniger unser Leben mit Gottes Maßstab übereinstimmt, desto größer ist die Unsicherheit, die Unstabilität und Schutzlosigkeit, die wir unter dem Druck und den Belastungen des Lebens spüren. Wenn wir anfangen, unser Leben erneut nach Gottes Richtschnur auszurichten, beginnt damit das aufregende Abenteuer, unser „ICH-BIN-SEIN“ zu entdecken!

Kapitel 3
VOM STURM GESCHÜTTELT

„Er ist ein Heuchler! Er erzählt eine Lüge nach der anderen", explodierte Anne.

Geduldig hörte ich zu, wie diese silberhaarige Großmutter, die seit mehr als 30 Jahren verheiratet war, ihren angestauten Gefühlen Ausdruck gab. Vor etwa 20 Jahren war ihr Ehemann untreu gewesen. Er hatte aufrichtige Buße getan und sich darum bemüht, alles in Ordnung zu bringen. Doch im Laufe der Jahre hatten sich im Herzen dieser Frau, wie ein langsam wachsendes Krebsgeschwür, Zweifel und Ängste festgesetzt. Jetzt war sie sicher: Er hatte erneut Ehebruch begangen. Schließlich umarmte er jede Frau, die ihm über den Weg lief.

„Er gibt manchen Frauen viel länger die Hand, als nötig wäre. Und ich habe ihn dabei ertappt, daß ihn selbst meine Unterwäsche zu Phantasien anregt."

Sie erzählte mir, wie er, als sie ihn mit ihrer Vermutung konfrontierte, verletzt und ärgerlich reagiert und erwidert habe, daß sie sich das alles nur ausgedacht habe. Aber sie wußte es – sie war sich ganz sicher, daß er eine Affäre hatte und sie belog.

Ich betete mit ihr und versprach ihr, zu helfen und ihre Eheprobleme zu untersuchen. Nachdem ich mit ihrem Mann und zwei der Frauen gesprochen hatte, mit denen er angeblich eine Beziehung haben sollte, kam die Wahrheit langsam ans Licht. Von jener Zeit an, als ihr Mann untreu gewesen war, hatte Anne Probleme, ihrem Mann zu vertrauen. Jetzt, wo die Kinder herangewachsen und von zu Hause fortgezogen waren, hatte sie viel Zeit. Dadurch konnte sie ihren Gedanken Raum geben, wurde paranoid und verdächtigte ihren Mann schon bei den unbedeutendsten Kontakten mit Personen des anderen Geschlechts.

Während ich mit ihr sprach, wurde deutlich, daß sie einer tiefen Täuschung erlegen war und daß die Angst vor einem weiteren Betrug ihr die Wahrnehmung der Wahrheit vernebelte. Diese große Selbsttäuschung bewirkte, daß sie nicht mehr erkennen konnte, welches Potential sowohl in ihr selbst, als auch in ihrer Ehe lag, wenn sie und ihr Mann beide ihre Identität oder ihr „ICH BIN – Sein“ entdecken würden. Annes „Selbstgespräche“, die Worte, denen sie in ihren Gedanken Raum gegeben hatte, waren zu einem falschen Propheten geworden, der sie noch tiefer in die Täuschung und die Verzweiflung hineintrieb. Nur wenn sie dies erkannte und ihr Leben nach Gottes Richtschnur ausrichtete, würde sie frei werden.

Wenn wir auf der Suche nach Werten sind, ist es ebenso von größter Wichtigkeit, daß wir uns in acht nehmen vor falschen Richtschnüren oder falschen Wegen, denen wir folgen könnten. Es ist erstaunlich, wie leicht wir verführt werden oder von dem Hauptweg abkommen können. Was man normalerweise menschliche Vernunft nennt, müßte oft wahrheitsgemäß eher menschliche Täuschung genannt werden, weil uns unser eigenes Denken so häufig in die falsche Richtung leitet.

FALSCHE PROPHETEN

Falsche Propheten, sowohl innere als auch äußere, sind eine ständige Bedrohung für das Volk Gottes. In Hesekiel (13,15-16) spricht Gott von seinem Zorn gegen jene Menschen, die voll Stolz Botschaften und Visionen weitergaben, die angeblich von Gott stammten, die Er ihnen jedoch nicht aufgetragen hatte. Aufgrund jener Lügen bauten die Israeliten ihr Leben mit schlechten, unstabilen Mauern und übertünchten sie mit Kalk. Die falschen Propheten lobten sie für ihre Bemühungen, aber Gott warnte sie und kündigte Stürme an, die den Kalk wegwaschen und die zerbrechlichen, falschen Mauern zum Einsturz bringen würden.

In dieser Symbolik verbirgt sich eine weitere Ausführung zu dem Thema Mauern, das wir bereits durch Amos kennengelernt haben (Amos 7,7-8). In Bild 6 sehen wir einen Menschen, der hinter einer vom Einsturz bedrohten Mauer der Angst steht, die er selbst errichtet hat, um sich zu schützen.

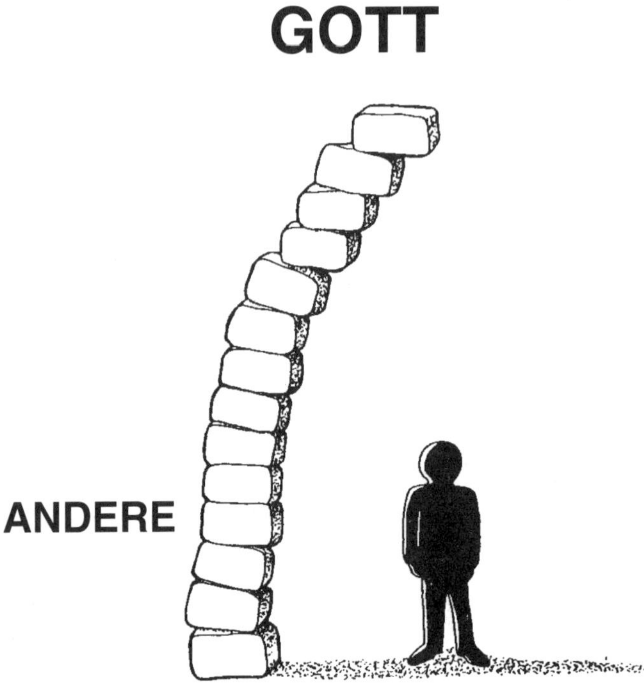

Bild 6

Diese Person hat offensichtlich innere Verwundungen erlitten und will nicht mehr ohne Schutz dastehen. Doch seit sie hinter ihrer Mauer lebt, kann sie keine tiefen Freundschaften mehr aufbauen, die ihr Wärme geben könnten. Oft ist sie einsam. Vielleicht erlebt sie (die Person) sogar Zeiten der Depression, die immer schlimmer werden, auch hegt sie tief in sich Gefühle des Grolls und der Bitterkeit, ja sogar des Hasses gegen jene Menschen, die sie verletzt haben.

Wie hat dieser Mensch gelernt, jene schwankenden Mauern zu bauen? Wer hat ihn darauf hingewiesen, daß sie nötig sind, und wer hat ihm jene Ziegelsteine von schlechter Qualität gezeigt? Unzählige Male habe ich festgestellt, daß es eine ganze Gruppe von falschen Propheten gibt, die unbesonnen und ohne Weisheit Worte aussprechen, die niemals aus Gottes Mund kommen würden. Indirekt und direkt, durch Vorbild und Beeinflussung haben diese Propheten ihre Zuhörer, manchmal sogar im Namen des „Allmächtigen", dazu aufgefordert, Mauern der Angst und des Mißtrauens zu errichten. Wer sind diese falschen Propheten und von welchem Podium aus sprechen sie zu uns, um uns zu betrügen?

ELTERN

Falsche Prophetie hören wir vielleicht zum ersten Mal in unserem Leben durch unsere Eltern. Wenn es Eltern nicht gelingt, in Gottes Sinn zu reden und auf Seinen Wegen zu gehen, dann spiegeln leider selbst die besten Eltern ein falsches Bild von Gott und Seiner Wahrheit wider. Angesichts der heutigen Not, daß Kinder vielfach nicht mehr in einem biblischen Rahmen aufgezogen werden, wird viel darüber gesprochen, Eltern zu einem neuen Verständnis ihrer Aufgabe zu verhelfen.

Julie zum Beispiel bekam als Kind häufig von ihrer Mutter zu hören: „Du bist ein böses Kind, ein schlechtes kleines Mädchen! Gott haßt dich!" Es ist kein Wunder, daß sie sich schon von früh auf selbst haßte und jahrelang unter großer Niedergeschlagenheit litt. Sie glaubte diese schreckliche Lüge über Gott und sich selbst, und ihre Mutter prägte ihr Leben, indem sie die Rolle eines falschen Propheten einnahm.

In einem anderen Fall versuchte ein Vater seinen Sohn beim Lernen dadurch anzutreiben, daß er ihn ständig beschimpfte. „Dummkopf!" „Idiot!" und „Hoffnungsloser Fall!" bekam Juda täglich zu hören. Als ich Juda zum ersten Mal begegnete, war er schon Anfang 30. Unter Schluchzen erzählte er mir, wie die Worte, mit denen sein Vater ihn betitelt hatte, zur Wirklichkeit geworden waren. Er hatte die Schule abgebrochen und sich Drogen und Alkohol zugewandt, um die Stimme, die ihn verdammte und in seinen Gedanken widerhallte, zum Schweigen zu bringen. Negative Worte hatten über Jahre hinweg sein Selbstvertrauen zerstört, obwohl sein IQ über dem Durchschnitt lag und er ohne Schwierigkeiten einen akademischen Abschluß hätte erlangen können.

Wenn jemand über die Fähigkeiten, das Aussehen oder die Zukunft eines Kindes Voraussagen macht, so nimmt das Kind diese Äußerungen wörtlich, besonders dann, wenn sie von seinen Eltern kommen, den wichtigsten Menschen in seinem Leben. Vielen Eltern ist nicht klar, daß sie für ihre kleinen Kinder wie Gott sind und daß die Kinder ihre Worte als unumstößlich und wahr annehmen. Lieblose und falsche Äußerungen können eine Störung in der seelischen Entwicklung des Kindes bewirken und zur Folge haben, daß es nicht in der Lage ist, ein normales Leben zu führen.

LEHRER

Durch falsche Beschuldigungen oder ungerechtes Verhalten können auch Lehrer einem Kind tiefe Verwundungen in seinem Geist zufügen. Als ich einmal auf einer großen Veranstaltung an einer Highschool über Moral und deren Bedeutung in unserem Leben sprach, bemerkte ich, daß meine Ausführungen bei einigen Lehrern offensichtliches Unbehagen auslösten. Später erfuhr ich, daß etliche Lehrer, einschließlich des Schulleiters, bestimmten Schülern und Schülerinnen gute Noten und Zeugnisse versprochen hatten, wenn diese sich dafür von ihnen sexuell gebrauchen ließen. Es versteht sich von selbst, daß ich von dieser Schule nicht noch einmal als Sprecher eingeladen wurde. Die Lehrer verführten die Schüler zur Unzucht und zeigten ihnen, daß dies der Weg war, um Erfolg im Leben zu haben.

Diese Lehrer, die ihre Schüler in der genannten Weise manipulierten, sprachen natürlich nicht darüber, welche Schwierigkeiten eine Schwangerschaft und Geschlechtskrankeiten mit sich bringen würden. Glücklicherweise wurden die Lehrer später vor Gericht gebracht, als eines der schwangeren Mädchen ihren Eltern die Wahrheit erzählte. Andere Schülerinnen gingen ebenfalls vor Gericht, und mehrere Lehrer wurden gezwungen, ihre Arbeit niederzulegen.

GLEICHALTRIGE

Wir leben in einer Zeit, wo durch das Streben nach Freiheit alle Gebote und Ordnungen weitgehend von einer liberalistischen Haltung untergraben werden. In keinem Bereich wird dies so deutlich wie in dem Bereich der Sexualität. Besonders Teenager stehen unter großem Druck durch Gleichaltrige, vor der Ehe sexuell aktiv zu werden. Die falschen Propheten aus der Gruppe der Gleichaltrigen behaupten, es sei gut und erlaubt, daß ein unverheiratetes Paar einen gemeinsam verbrachten Abend mit Sex beende; wer sagt, er liebe einen anderen, müsse dies auch durch sexuelle Intimität zeigen. Es wird immer üblicher und findet immer mehr Anerkennung in der Gesellschaft, von „Sex zur Entspannung" und „Gelegenheits-Sex" zu sprechen.

Die „National Academy of Sciences" (Anm.3) hat über die Folgen dieses prophetischen Dienstes der Gleichaltrigen berichtet. Sie zitiert Untersuchungen, denen zu Folge 64 % aller Jungen und 44 % aller Mädchen im Teenageralter in den USA vor dem 18. Lebensjahr sexuelle Erfahrungen machen.

Doch diese falschen Propheten geben nur einen Teil der Botschaft in Bezug auf Unmoral weiter. Sie sprechen nicht über die Verantwortung, die die Betreffenden vielleicht neun Monate später für ein eigenes Kind übernehmen müssen.

Auch sagen sie weder etwas von der Möglichkeit einer Herpesinfektion mit lebenslangen Schmerzen und Beschwerden, noch über Sterilität oder Unfruchtbarkeit, die durch eine Chlamydien-Infektion entstehen kann, ganz zu Schweigen von der ständig wachsenden Todesgefahr durch den AIDS-Virus.

Die neueste Statistik über diese sexuell übertragbaren Krankheiten in den Vereinigten Staaten lautete wie folgt (Anm.4):

	1986	1987	1988
Herpes	250-500.000	250-500.000	250-500.000
Chlamydia	4.000.000	4.500.000	4.500.000
AIDS	13.097	20.620	(bis 10.Okt.) 25.021

Entweder kennen die Teenager, die sexuell aktiv sind, diese „Spaß verderbenden" Tatsachen nicht, oder sie wollen sie nicht kennen! „Wenn es dir Spaß macht, dann tu es", lautet die Botschaft der Propheten. Es ist „in" zu sagen: „Jeder muß tun, was ihm Spaß macht! Los, sei doch kein Feigling!" Mit dieser Art von Druck wird ein großer Teil unserer Teenager in die Falle gelockt. Wir brauchen dringend echte Teenager-Propheten, die ihre Stimme erheben für das wahre Leben und die Fülle, die Gott schenken will.

REGIERUNG

Auch viele Regierungen nehmen die Rolle falscher Propheten ein, verkündigen ihrem Volk Unwahrheiten und greifen sogar manchmal zur Gewalt, um sich Gehör zu verschaffen. Überall, von Kapitalismus bis Kommunismus, von Demokratie bis Autokratie, erlassen Regierungen Gesetze und achten auf ihre Einhaltung, obwohl sich diese Gesetze nachteilig auf die Menschen ihres Landes auswirken. Sie verursachen dadurch oft, daß Menschen, die an der Wahrheit festhalten und keine Kompromisse schließen, zu Gesetzesbrechern werden.

Als sich Israel zu Samuels Zeiten gegen die Theokratie wehrte, öffnete es damit falschen Propheten Tor und Tür. Samuel warnte sie vor großen Problemen und Ungerechtigkeit, die das Volk erleben würde, wenn es jenen Propheten folgte.

> *„... Eure Söhne wird er nehmen, um sie für seinen Wagen und seine Gespanne einzusetzten, damit sie vor seinem Wagen herlaufen, und um (sie) sich zu Obersten über Tausend und zu Obersten über Fünfzig zu bestellen, damit sie seine Äcker pflügen und seine Ernte einbringen und damit sie seine Kriegsgeräte und seine Wagengeräte anfertigen. Und eure Töchter wird er zum Salbenmischen, zum Kochen und Backen nehmen. Und eure besten Felder, Weinberge und Olivengärten, die wird er nehmen und sie seinen Knechten geben ... und eure besten junge Männer und eure Esel wird er nehmen und sie in seinen Dienst stellen ... und ihr, ihr müßt seine Knechte sein" (1. Sam. 8,11-14.16-17).*

Doch das Volk weigerte sich zu hören und bestand darauf, so wie alle anderen Völker einen König zu haben. Gott erklärte Samuel, daß sie nicht ihn, Samuel, ablehnten, sondern Gott als ihren König. Es kam genau so, wie es Samuel in seiner Warnung vorausgesagt hatte. Falsche Propheten drangen ein und brachten das Volk in Not. Genauso wird es auch uns ergehen, wenn wir beschließen, auf Propheten zu hören, die nicht von Gott gesandt sind, und uns von ihnen führen lassen.

MEDIEN

Die Medien sind vielleicht die unheimlichsten und bösartigsten unter allen falschen Propheten, sie haben ihren Altar in fast jedem Haus in den Industrieländern errichtet. Die ganze Familie setzt sich täglich zu Füßen dieses Altars und betet an, während auf dem Bildschirm auf subtile, zugleich jedoch deutliche Art ein Lebensstil der Lust, Gewalt und Kriminalität verherrlicht wird. Dr. William Dietz (Anm.5) schätzt, daß amerikanische Kinder im Grundschulalter durchschnittlich 12.000 Gewaltakte pro Jahr im Fernsehen sehen und wöchentlich zwischen 11 und 26 Stunden vor der Röhre verbringen. Andere Untersuchungen sagen, daß in den Haupteinschaltzeiten durchschnittlich 13 gewalttätige Szenen pro Stunde gezeigt werden, bei Zeichentrickfilmen sogar noch mehr.

Traurigerweise sind die Schlagzeilen der Zeitungen oft nur ein Nachvollzug der Gewalt, die in den Fernseh- und Kinofilmen zu sehen ist.

Ein junger Mann, der mit dem Leben nicht klar kam und durch Ablehnung bereits tiefe Wunden erlitten hatte, trat auf die belebte Hauptstraße einer schwirrenden Großstadt. Er war wie ein Cowboy gekleidet, mit einem breiten Krempenhut, Lederstiefeln und Sporen, auf beiden Hüften trug er einen sechsschüssigen Revolver. Er trat an den Straßenrand, machte eine geschickte Bewegung mit dem Handgelenk, zog beide Revolver heraus und fing an, wahllos auf die Autos loszufeuern.

Chaos brach aus, Menschen rannten voll Panik hin und her und versuchten, Schutz zu finden. Einige hasteten von einem Auto zum andern, um außer Schußweite zu gelangen. Ein zufriedenes Grinsen breitete sich über das Gesicht des jungen „Cowboys", er genoß das Gefühl der Macht, aus seinen Revolvern Blei in die Menge feuern zu können.

Diese Szene ist nicht einem Film entnommen, sondern hat sich vor ein paar Jahren in einer Großstadt tatsächlich ereignet. Die Polizei kam, umringte den Cowboy, überredete ihn, seine Waffen zu Boden zu werfen, und nahm ihn in Gewahrsam. Später wurde er zu lebenslanger Haft verurteilt.

Die Leute, die die Medien machen, wissen nicht, wie stark sie die Gesellschaft mit ihren düsteren Geschichten beeinflussen, wie aus ihren Phantasien Tragödien im wirklichen Leben werden.

Auch in schriftstellerischen Erzeugnissen äußern sich prophetische Botschaften. Verkündigt wird die Gottheit des

Menschen und eine Myriade anderer Lügen, die nie auf Gottes Lippen gefunden wurden.

Viele Videogeschäfte und Klubs umgehen inzwischen die Gesetze des Landes und erlauben jedem Zugang, der nur bereit ist, sich von den falschen Propheten der Medien passiv programmieren zu lassen.

DIE GEMEINDE JESU UND IHRE LEITER

Wenn uns die Kirchengeschichte etwas lehrt, dann das eine: daß wir sehr wenig aus ihr gelernt haben. In jeder Generation scheinen sich die gleichen Ereignisse zu wiederholen. Leiter steigen zu Ruhm auf, nur um dann in Schande zu fallen. Dies wiederholt sich immer wieder. Auch die Gemeinde Jesu hat ohne Frage ihren Anteil an falschen Propheten geliefert.

Die Bibel berichtet uns viele Beispiele von falschen Propheten, die die Israeliten in die Irre führten. Hesekiel spricht von den törichten Propheten, die ihrem eigenen Geist nachgehen, Nichtiges und Lügenwahrsagungen verkünden und sagen: „›Ausspruch des Herrn‹, obwohl der Herr sie nicht gesandt hat“ (Hes. 13,3.6). Die Gemeinde Jesu in unserer Zeit verkündet so breitgefächerte Aussagen zur Wahrheit, daß es einem Außenseiter leicht gemacht wird, sich nicht darauf einzulassen.

Einige „Christen“ haben sich auf einem Berg versammelt, um dort darauf zu warten, daß Jesus sie an einem bestimmten Tag entrückt. Sie werden jedoch eine Enttäuschung erleben. Andere „Christen“ sind in völliger Verblendung ihrem Leiter in einen gemeinsamen Selbstmord gefolgt. Wieder andere haben der Lehre über Glauben an Heilung vertraut und sind dann an einer Krankheit gestorben, die von der modernen Medizin hätte behandelt werden können.

In den letzten Jahren ist aufgedeckt worden, daß Fernseh-Evangelisten, die öffentlich gegen die Sünde und jede Art von Unmoral gesprochen haben, selbst darin verwickelt waren.

Die Gemeinde Jesu als Ganze hat der Welt eine so gemischte Botschaft weitergegeben, daß es nicht verwunderlich ist, wenn viele Menschen ihr kein Gehör mehr schenken, selbst dann nicht, wenn wahre Propheten die Wahrheit Gottes verkündigen.

DAS HERZ

Im Buche Jeremia (Jer. 17,9-10) wird uns einer der mächtigsten Übermittler falscher Prophetie genannt – einer, der oft übersehen wird. Dabei werden viele Menschen von seiner „leisen Stimme“ in die Irre geleitet. Viele glauben, unser HERZ sei wahrhaftig und verläßlich, aber die Bibel sagt uns, daß es trügerisch ist. Unser Herz kann unaufrichtig sein und in die falsche Richtung führen, und oft merken wir dies nicht einmal. Manche Menschen sagen sogar: „Wenn du es nicht in deinem Herzen spürst, dann glaube es nicht.“ Diese falsche Vorstellung gibt dem Herzen eine gefährliche Machtstellung, und dadurch werden viele betrogen.

Die genannten falschen Propheten, sowie weitere ungenannte, fordern uns in den meisten Fällen zum Mauerbau auf. Sie unterstützen diesen Prozeß und sagen uns, daß Mauern das einzige Mittel seien, um angesichts der Bedrohungen des Lebens überleben zu können. „Ohne Mauer gibt es kein Leben auf Dauer!“ sagen einige. Aber wir müssen zwischen der trügerischen Stimme dieser falschen Propheten und der Stimme der wahren Propheten, die von Gott gesandt sind, unterscheiden. Sonst werden die Mauern, die wir bauen, eines Tages in den Stürmen der Widrigkeiten des Lebens auf uns herabstürzen.

STÜRME

Nachdem Hesekiel über die falschen Propheten gesprochen hat, beschreibt er, wie Wind, Hagel- und Regenstürme gegen die Mauer prallen, um sie zum Einsturz zu bringen. Wir wollen uns Gedanken machen, welche Stürme gegen die Mauern in unserem Leben losbrechen könnten.

KRANKHEIT — TOD
SCHEIDUNG — FINANZEN

DROGEN ALKOHOL
KRIMINALITÄT BERUF

Wenn wir die Bilder in diesem Abschnitt von Hesekiel zusammenfügen, verstehen wir die darin verborgene Botschaft. Der kleine Mensch in Bild 6 hat, so wie viele von uns, sein eigenes Schutzsystem aufgebaut, symbolisch dargestellt durch die Mauer. In seiner Blindheit ist er natürlich weder in der Lage, seine eigene Verwundbarkeit zu erkennen, noch die Tatsache, daß er keine tiefe Liebesbeziehung aufbauen kann.

Was geschieht, wenn er das Evangelium hört und Christ wird? Bedeutet dies, daß alles anders wird und die Mauer sich auflöst? Nicht unbedingt. Es bedeutet ohne Zweifel, daß der Raum jetzt erhellt ist. Zum ersten Mal in seinem Leben kann der betreffende Mensch sich selbst hinter der Mauer sehen.

Seine erste natürliche Reaktion besteht darin, zu Gott zu schreien und Ihn um Hilfe zu bitten. Doch während er diese Bitte beharrlich zu Gott bringt, wird ein Sturm entfesselt. Je mehr er betet, desto heftiger wird der Sturm. Plötzlich stürzt neben ihm ein Mauerstein zu Boden! Mehr und mehr Steine fallen herunter, bis schließlich die ganze Mauer in Trümmern liegt. Seine erste Reaktion ist Besorgnis, dann Angst, gefolgt von dem Zustand völliger Auflösung.

Nun gibt es zwei Möglichkeiten. Während der Staub sich langsam legt, sehen wir entweder eine geballte, zornige Faust, die gegen Gottes Angesicht erhoben ist, und hören, wie der Mensch Gott anklagt und ihn der Ungerechtigkeit, der Untreue, Gemeinheit und Lieblosigkeit bezichtigt. ODER wir sehen ein gebeugtes Haupt, ein von Tränen überströmtes Gesicht, Tränen, die aus einem zerbrochenen und zerschlagenen Herzen kommen. Gott hat zugesagt, daß Er ein solches Herz niemals verachten wird. Der Mensch mit der geballten Faust steht auf, um eine neue, noch dickere Mauer zu bauen. Der zerbrochene Mensch jedoch wendet sich von den Steinen ab und beginnt ein neues Leben, unbelastet von der Vergangenheit, die an Steine gebunden war.

Für den, der das Leben sucht, sind Stürme immer bedeutsam. WAS HABEN SIE AUS IHREM LETZEN STURM

ÜBER WAHRHEIT UND LEBEN GELERNT? ODER MÜSSEN SIE DENSELBEN STURM NOCH EINMAL ERLEBEN, BEVOR DESSEN BOTSCHAFT IHR LEBEN SO BEEINFLUSST, DASS SIE SICH NACH EINER VERÄNDERUNG SEHNEN?

DER GRÖSSTE BETRÜGER

Kein falscher Prophet ist so listig und so trügerisch wie Luzifer selbst. In der Schrift wird er oft als Schlange beschrieben. Amos 5,19 zeigt anschaulich, mit welcher Strategie Luzifer an die Mauern unserer Persönlichkeit herangeht, um uns unseres Erbes im Leben zu berauben.

Wenn wir die in Amos 5,19 geschilderte Geschichte in unserer Vorstellung lebendig werden lassen, sehen wir vor unserem inneren Auge vielleicht folgendes:

An einem frühen Morgen, noch vor Sonnenaufgang, machte sich ein Bauer auf, um zu seinen Feldern zu gehen. Da die Luft noch kühl war, schritt er zügig den taunassen, schmalen Weg durch das Gebüsch entlang. Während er leise vor sich hinpfiff, richtete er seine Gedanken auf die vor ihm liegende Arbeit des Tages. Als er an einem kleinen Zedernhain vorbeikam, spürte er plötzlich, daß er nicht allein war. Er hielt an und schaute sich um, alle Sinne waren in Alarmbereitschaft. Er spitzte die Ohren, um auszumachen, wer oder was da im Schatten der Bäume auf ihn lauerte, doch ihn umgab nur Stille. Nichts. Er stieß einen Seufzer der Erleichterung aus und setzte sich wieder in Bewegung, als plötzlich ein magerer, zottiger Löwe zwischen den Bäumen heraus auf ihn zugesprungen kam. Ein Adrenalinstoß durchfuhr den Körper des Bauern, er drehte sich um und rannte, ja flog fast den Weg zurück, den er gekommen war. Als er merkte, daß er es tatsächlich geschafft hatte, dem Löwen zu entkommen, hielt er inne, um Atem zu schöpfen und sich von dem Schock zu erholen.

Da der Bauer nicht wagte, denselben Weg noch einmal entlang zu gehen, wählte er einen anderen, der auch zu seinen Feldern führte – ein altes Flußbett, das sich zwischen den

Bild 7

Felsen dahinschlängelte. Die Sonne stieg bereits den fahlen Morgenhimmel empor, so daß die Schatten der Dämmerung flohen. Der Mann ging schneller und suchte sich seinen Weg zwischen den Steinen und Felsbrocken. Als er um eine Kurve bog, sah er voller Entsetzen einen großen Bären, der ihm den Weg versperrte. Der Bär brummte drohend und hob die Vordertatzen. Von Angst gepackt gelang es dem Bauern, seine Füße, die vor Furcht wie gelähmt waren, in Bewegung zu setzen. Er rannte den Weg durch das Flußbett zurück. Alle Gedanken an Arbeit auf dem Felde waren ihm vergangen, mindestens für diesen Tag!

Als er erschöpft und ausgepumpt zu Hause ankam, lehnte er sich an die Wand seines Hauses, um erst einmal wieder zu sich zu kommen. Gerade, als er anfing, sich zu entspannen, kroch eine Schlange aus der Mauer heraus. Mit einer schnellen Bewegung biß sie den Bauern in den Arm!

Dem Bauern war es gelungen, beiden Feinden, die ihn von außen bedroht hatten, zu entkommen, dem Löwen und dem Bären. Aber er erlag der List der Schlange in seinem Hause. Der Löwe und der Bär stehen symbolisch für unsere äußeren Feinde, die Schlange stellt den inneren Feind dar, der uns durch unsere Persönlichkeit angreift.

Wie bereits erwähnt, ist die Mauer ein Bild für unsere Persönlichkeit. Hier hat der Feind die größte Möglichkeit, Beziehungen, eine Ehe, eine Familie, eine Gemeinde, ja sogar eine Gesellschaft zu zerstören. Es ist hilfreich, wenn wir verstehen, wer wir sind und wie wir funktionieren. Durch dieses Verständnis kann uns unsere Persönlichkeit dienlich werden. Ohne diese Erkenntnis sind wir oft nur Sklaven unserer schwankenden Persönlichkeit. Die Persönlichkeit mancher Menschen ist regelrecht hinter Mauersteinen eingeschlossen, der innere Mensch ist ein Gefangener hinter den Mauern des eigenen Herzens, wie in Bild 8 zu sehen ist. Auf viele Christen trifft die tragische Wahrheit zu, die sich in den Worten der bekannten Zeichentrickfigur Pogo ausdrückt: „Wir haben den Feind gefunden – der Feind sind wir selbst!“

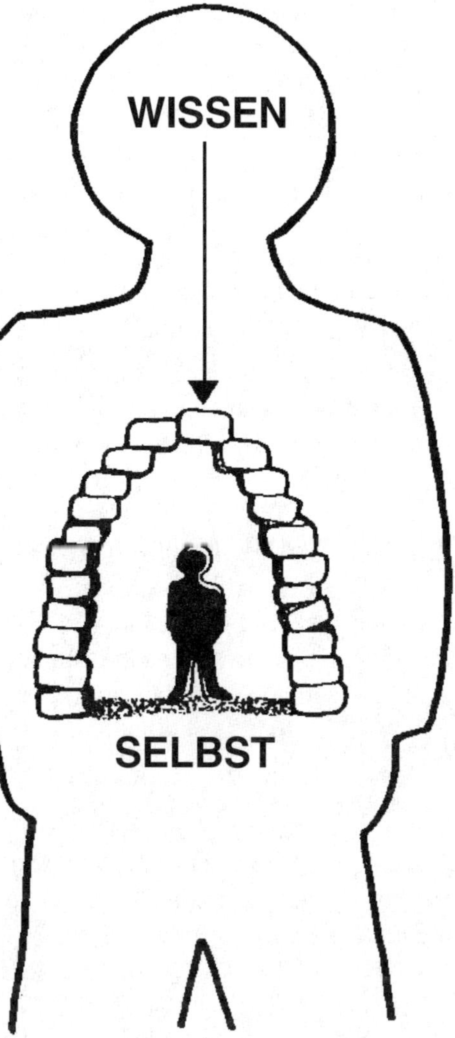

Bild 8

Sobald eine negative Reaktion in uns zur Gewohnheit wird, kommt ein weiterer Stein zur Mauer hinzu. Wir können seelisch so tief verletzt werden, daß wir sogar einen ganzen Bereich unseres Lebens abschirmen und mit einer Mauer umgeben, fest entschlossen, keinem Menschen je wieder die Gelegenheit zu geben, uns noch einmal zu verwunden. Bis zu einem gewissen Grad bietet eine solche Mauer sicherlich Schutz, aber sie schließt auch einen Teil unserer Persönlichkeit ein und beeinträchtigt unsere Fähigkeit zu lieben, zu vertrauen und echte Beziehungen aufzubauen. Wenn ein größerer Bereich unserer Persönlichkeit hinter Mauern verschlossen wird, werden die Symptome bedrohlicher, und es wird schwieriger, zu erkennen, wer wir sind und warum wir auf ganz bestimmte Weise reagieren. Dieser Prozeß kann dahin führen, daß wir zunehmend einer Täuschung Raum geben und daß diese Täuschung unser Leben immer mehr ergreift, uns bindet und uns davon abhält, in aller Freiheit das zu entfalten, was wir eigentlich sind.

Wenn wir die Wahrheit erkennen, wird die Wahrheit uns frei machen (Joh. 8,32). So sagt es die Bibel. Je mehr Wahrheit in unser Leben hineinkommt, desto freier werden wir, so zu leben, wie Gott es für uns geplant hat.

SCHLUSSFOLGERUNG

In diesem Kapitel haben wir gesehen, wie die Mauern, die wir zu unserem eigenen Schutz bauen, zu Gefängnissen werden können und uns das eigentliche Leben rauben. WENN WIR KEINE MAUERN BAUEN UND UNSERE SICHERHEIT NICHT VON IHNEN ABHÄNGIG MACHEN SOLLEN, WIE KÖNNEN WIR UNS DANN VOR DEN STÜRMEN SCHÜTZEN, DIE NICHT NUR UNSERE MAUERN ZERSTÖREN WOLLEN, SONDERN AUCH UNS SELBST? Diese wichtige Frage werden wir in den folgenden Kapiteln beantworten.

Kapitel 4

UNREIFE TRAUBEN

„Die Väter essen unreife Trauben,
und die Zähne der Söhne werden stumpf."
– Altes israelisches Sprichwort –

Im letzten Kapitel, das von den Täuschungen und Stürmen handelte, haben wir gesehen, wie falsche Propheten behaupten, wir müßten Mauern bauen, um uns vor den Stürmen des Lebens zu schützen. Eine der Gruppen von falschen Propheten, die wir erwähnten, waren die Eltern und der große Einfluß, den sie auf den Weg ihrer Kinder haben.

Das obige Sprichwort (Hes. 18,2) befaßt sich mit demselben Prozeß, jedoch aus einem anderen Blickwinkel. Die unreifen, sauren Trauben stehen symbolisch für die Sünden der Väter und und gleichzeitig für die sauren Auswirkungen, die diese auf die nachfolgende Generation haben (4. Mose 14,18). Durch den Propheten Hesekiel gebot Gott Israel, dieses Sprichwort nicht mehr zu gebrauchen. Denn es wurde als Entschuldigung benutzt, um nicht selbst die Verantwortung übernehmen zu müssen. Anders gesagt, die Israeliten klagten ihre Vorväter für ihre Sünden an, doch Gott forderte jeden persönlich zur Rechenschaft auf.

Um das, was Gott sagt, besser zu verstehen, wollen wir uns eine Untersuchung ansehen, die innerhalb des amerikanischen Militärs durchgeführt wurde (Anm.6), und zwar an 200 Kindern im Alter zwischen 3 und 18 Jahren. Die Forschungsgruppe, die sich aus Psychologen und Soziologen zusammensetzte, zeigte auf, daß die Kinder, deren Väter auf Grund des Militärdienstes längere Zeit abwesend waren, ein „Vater-Defizit"-Syndrom aufwiesen. Sie fanden heraus, daß die Reaktion der Kinder auf die Abwesenheit des Vaters in der Anfangsphase sehr ähnlich ist wie die Reaktion von Kindern, die ihren Vater durch den Tod verlieren. Das Team stellte eine Tabelle der häufigsten Symptome auf, die sie bei ihrer Forschungsarbeit herausfanden:

ZORN
VERLEUGNUNG UND PHANTASIE-
VORSTELLUNGEN
BEMÜHUNGEN UM WIEDERVEREINIGUNG
SCHULD
ANGST
VERÄNDERUNG DER KÖRPERLICHEN
IMPULSE
REGRESSION

Als ich über diese Ergebnisse nachdachte, wurden mir Zusammenhänge zwischen der Reaktion der Kinder und den häufigsten pathologischen Symptomen in unserer Gesellschaft deutlich. Was geschieht, wenn Kinder in den oben genannten Reaktionen verharren, ohne eine Lösung dafür zu finden, was geschieht, wenn sie ihre Kämpfe und Nöte bis ins Erwachsenenalter mit hinein nehmen?

Im amerikanischen Militär kommt es zum Beispiel vor, daß ein Vater sechs Monate hintereinander zum Dienst muß und in dieser Zeit von seiner Familie getrennt ist. Die Urlaubszeiten, in denen er nach Hause fahren kann, sind nur kurz.

Die Trennung löst in dem Kind zunächst Schmerz aus. Entweder es unterdrückt diesen Schmerz und schließt ihn in sich ein, oder es äußert seinen Kummer durch ZORN. Unterdrückter Schmerz führt in sehr vielen Fällen zu seelischen Erkrankungen; Schmerz, dem Ausdruck gegeben wird, kann zu sozialen Problemen führen. An die Stelle von kindlichen Zornausbrüchen können später Phasen der Kriminalität und Gewalttätigkeit treten.

ZORN ——————> KRIMINALITÄT

VERLEUGNUNG UND PHANTASIEVORSTELLUNGEN, die zweite Reaktion auf der Liste, können auftreten, wenn der Schmerz der Trennung unerträglich wird. Das Kind leugnet einfach die Trennung und malt sich in seiner Phantasie aus, wie es sich mit seinem Vater unterhält und mit ihm zusammentrifft. Dies kann sowohl eine Ausgangsbasis für Selbsttäuschung bilden, als auch zu einer oder mehreren der vielfältigen Formen der Persönlichkeitsstörung führen.

VERLEUGNUNG UND PHANTASIEVORSTELLUNGEN
———> STÖRUNGEN DER PERSÖNLICHKEIT

Eine weitere Reaktion, die unter den Kinder festgestellt wurde, war die Bemühung um WIEDERVEREINIGUNG mit dem abwesenden Vater. Immer wieder, wie eine Platte mit Sprung, plagen die Kinder ihre Mutter mit Fragen nach dem Zeitpunkt der Rückkehr des Papas. Ganz gleich, wie oft die Mutter das Datum und den Zeitpunkt schon erklärt hat, wird die flehende Frage immer wieder laut: „Wann kommt Papa zurück?" Schließlich ist die Geduld der Mutter am Ende, sie ist erschöpft und frustriert.

Solche unentwegten Bemühungen um Wiedervereinigung sind eindeutig darauf zurückzuführen, daß die wichtige Vater-Kind-Beziehung fehlt. Aus dem Gefühl dieses Mangels heraus kann es geschehen, daß solche Kinder später als Erwachsene nach allen Beziehungen greifen, die sich ihnen bieten, und so ihre Vergangenheit mit in die Zukunft hineinnehmen. Während sie heranwachsen und nach wie vor um Wiedervereinigung kämpfen, kann ihre Persönlichkeit einen besitzergreifenden Zug annehmen.

Diese Störung läßt sich in vielen Ehen beobachten. Manche Frauen wollen den Terminplan ihres Mannes bis in alle Einzelheiten kennen, und entsprechend gibt es Männer, die ständig in der Angst leben, ihre Frau zu verlieren. Aus dieser Angst heraus verlangen sie, daß ihre Frau ihnen genau berichtet, was sie unternimmt. Wenn wir verwundet worden sind oder Ablehnung erfahren haben, neigen wir dazu, in allen unseren Beziehungen besitzergreifend zu werden, ganz gleich, auf welcher Ebene sich die Beziehung abspielt. Doch sobald wir eine Beziehung besitzen, ersticken wir sie damit.

BEMÜHUNGEN UM WIEDERVEREINIGUNG ——>
BESITZERGREIFENDE HALTUNG

Ein Kind, dessen Vater abwesend ist, kann falsche oder sehr reale Gefühle der SCHULD haben. Das Kind gibt sich vielleicht selbst die Schuld für die Abwesenheit, oder es fühlt oder denkt, daß es nicht wert ist, einen Vater zu haben, daß es keinen Vater verdient hat, daß es minderwertig, ja unliebenswert ist. Eine solche Schuld ist für ein heranwachsendes Kind ein schweres Joch, und ich glaube, daß in solchen Schuldgefühlen ein Hauptgrund für schwere Formen der Depression zu finden ist.

Die Schuldgefühle des Kindes können noch durch sein eigenes ungezogenes Verhalten verstärkt werden. Zusätzlich fühlt sich die Mutter vielleicht unfähig, ihr Kind ohne die moralische Unterstützung und Zucht des Vaters richtig zu erziehen. Wenn das Kind gar nicht oder aber nicht ausreichend gestraft wird, dann erfährt das Kind keine Befreiung von seiner Schuld, und das ungezogene Benehmen verstärkt sich.

SCHULD ————————> REBELLION

Das schuldbeladene Kind fängt nun vielleicht an, sich selbst zu bestrafen, möglicherweise gerät es in Masochismus hinein. Diese Selbstbestrafung kann seine Schuldgefühle beschwichtigen und seine Tendenz zur Rebellion entschärfen, doch dann ergeben sich folgende Reaktionen:

VERINNERLICHTE SCHULDGEFÜHLE ————>
DEPRESSION

NACH AUSSEN HIN GELEBTE SCHULDGEFÜHLE
————————> KRIMINALITÄT

Als nächstes zeigte sich bei den Kindern, deren Vater abwesend war, ANGST. Sie klammerten sich mit aller Kraft an ihre Mutter und weinten übermäßig viel. Für sie war die Mutter der einzige Ort der Sicherheit, der ihnen noch geblieben war, und darum durfte sie niemals außer Sicht geraten! In solchen Ängsten sind viele Menschen gefangen, ganz gleich ob sie in den Industrienationen oder den unterentwickelten Ländern zu Hause sind.

Um die ständig steigende Anzahl von Neurosen in den Griff zu bekommen, werden all zu oft Beruhigungs- und Schlafmittel eingesetzt. Und doch sind diese Bemühungen letztlich vergeblich. Für alles nimmt man Tabletten, um zu schlafen, um aufzuwachen, um mehr zu essen, um weniger zu essen, um mehr Energie zu haben und so weiter.

Die Bibel warnt davor, daß das Herz der Menschen vor lauter Angst versagen wird (Lk. 21,26). Überall um uns herum können wir sehen, wie anhaltende Angst und Spannung die Menschen anfällig macht für Herzerkrankungen und eine Fülle anderer körperlicher Beschwerden.

ANGST ————> NEUROSEN

Bei der VERÄNDERUNG DER KÖRPERLICHEN IMPULSE geht es um die Frage, wie unser Körper auf ständig anhaltenden Streß reagiert, der verinnerlicht wird, ohne verarbeitet zu werden. Die Forschungsgruppe beobachtete zum Beispiel, daß Kinder, die bereits Kontrolle über ihre Blasen- und Darmentleerung hatten, einen Rückschritt in ihrer Entwicklung machten. Bei älteren Kindern kam es vor, daß sie anfingen, nachts das Bett einzunässen, wofür sie sich sehr schämten und von der Mutter getadelt wurden. Wieder andere Kinder schlangen ihr Essen wie Tiere hinunter. Diese Beispiele zeigen, wie sich der innere Streßzustand auf körperliche Funktionen auswirkt. Dies ist vielleicht der Grund dafür, warum Fachärzte für Allgemeinmedizin heute sagen, daß bei 80 % ihrer Patienten psychosomatische Elemente eine Rolle spielen. All zu oft werden nur Symptome behandelt, doch der dahinterliegende Lebensstil wird weder zum Thema erhoben noch verändert.

VERÄNDERUNG DER KÖRPERLICHEN IMPULSE
————> PSYCHOSOMATISCHE STÖRUNGEN

ZURÜCKENTWICKLUNG wurde bei Kindern beobachtet, wo der Schmerz der Trennung so groß war, daß sie sich von aller aktiven Beteiligung an den wichtigsten Lebensfunktionen zurückzogen, d.h. vom Essen, Spielen, Gemeinschaft und ähnlichem. Manche Kinder verkrochen sich in eine Ecke und rollten sich in der Stellung eines Fötuses zusammen. Daraus spricht tiefe Angst und Unsicherheit. In einem solchen Kind entsteht der Wunsch, zu der relativen Sicherheit zurückzukehren, die der Fötus im Mutterleib hatte.

In Situationen, wo weitere Verwundungen entstehen, oder bei wiederholter Trennung können diese Kinder psychotisch werden. Sie entscheiden sich für eine Welt der Phantasie, um nicht in der schmerzlichen Wirklichkeit leben zu müssen.

REGRESSION ————————> PSYCHOSEN

Wenn wir die sozialen Symptome betrachten, die in Bild 9 dargestellt werden, sehen wird, daß die größten sozialen Probleme unserer heutigen Gesellschaft hier aufgeführt sind. Daraus können wir den Schluß ziehen, daß Menschen, die ungelöste Konflikte aus der Kindheit mit sich tragen, als Erwachsene in Verhaltensmustern gefangen sind, die von mangelnder Reife zeugen.

Auch der Apostel Paulus befaßt sich mit dieser Frage: „Ihr habt lange genug die Flasche bekommmen. Werdet endlich erwachsen! Ich möchte, daß ihr aufhört, Milch zu trinken und anfangt, Fleisch zu essen“ (1. Kor. 3,1-2 – Umschreibung von mir).

Psychologen, Psychiater und andere Therapeuten sagen übereinstimmend, daß die größe Herausforderung in unserer Gesellschaft darin liegt, den Erwachsenen zu helfen, innerlich und äußerlich „erwachsen zu werden“. Man kann sich an dem inneren Kind erfreuen, aber man darf es nicht auf den Thron erheben.

KINDLICHE REAKTION		SOZIALES SYMPTOM
Zorn	→	Kriminalität
Verleugnung und Phantasievorstellungen	→	Störungen der Persönlichkeit
Bemühungen um Wiedervereinigung	→	besitzergreifende Haltung
Schuld	→	Depression - verinnerlicht
	→	Kriminalität - nach außen hin gelebt
Angst	→	Neurosen
Veränderung der körperlichen Impulse	→	psychosomatische Störungen
Regression	→	Psychosen

Bild 9

Die Militäruntersuchung, die wir uns angesehen haben, befaßt sich nur mit ABWESENDEN Vätern. Was ist in Fällen, wo der Vater ein Alkoholiker war und seine Familie mißhandelt hat, oder wo der Vater in Unmoral lebte und untreu war, ohne dies zu verbergen? Die daraus folgende negative, herabsetzende Wirkung im Leben des Kindes kann noch weitaus tiefere Wunden reißen und den Betreffenden möglicherweise sein Leben lang an ein kindisches Verhalten binden. Dieselben Folgen können durch ein Defizit auf Seiten der Mutter bewirkt werden, insbesondere in der frühen Kindheit.

Die sauren Trauben stehen daher symbolisch für Schwierigkeiten der Eltern oder ihr Versagen, das Stumpfwerden der Zähne deutet auf die negativen Einflüsse hin, die die Entwicklung des Kindes hemmen.

Auch in der Bibel wird dieser Vorgang beschrieben. Dort heißt es, daß die Sünden der Väter bis ins dritte und vierte Geschlecht heimgesucht werden (4. Mose 14,18). Darin spiegelt sich das wider, was heute in der Soziopathologie „Familienmuster" genannt wird. Dies führt uns zu der weitverbreiteten Kontroverse: ist die Veranlagung oder die Erziehung schuld? Ist das Problem vererbt oder erworben? Wenn es erworben ist, kann es verändert werden, und man kann den Menschen zur Rechenschaft ziehen.

Die Militäruntersuchung läßt einerseits erkennen, welches einige der wichtigsten Faktoren sind, die dazu führen, daß Menschen Mauern bauen. Andererseits weist sie auf, wie ein Kind reagiert, das von seinen Eltern verletzt wird. Gottes Gegenmittel für dieses stumpfmachende, bittere Gift sehen wir in Psalm 103,17:

> *„Die Gnade des Herrn aber (währt) von Ewigkeit zu Ewigkeit über denen, die ihn fürchten, seine Gerechtigkeit (bis zu) den Kindeskindern."*

Gott möchte süße Trauben haben und einen süßen Geschmack im Munde der Kinder. Er möchte, daß Sein Heil,

Seine Güte und Seine Gerechtigkeit von den Eltern an die Kinder und an die Kindeskinder weitergeben wird. Das ist Sein Sprichwort und Sein Plan! Wenn Eltern zu Gott zurückkehren und Seine Wege bejahen, dann werden sie anfangen, Seinen Segen auf ihre Nachkommen herabzubitten.

Auch Ablehnung kann von einer Generation zur anderen weitergeben werden, entweder absichtlich oder blind. Wenn wir zu unserem Anfangsgedanken zurückkehren, können wir es folgendermaßen darstellen:

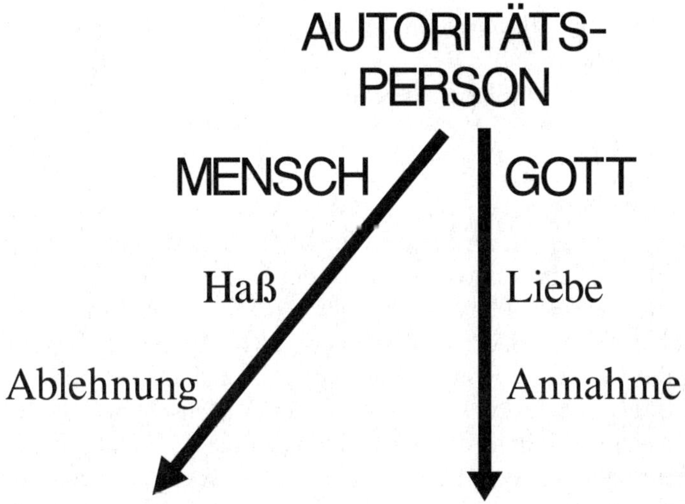

Aus dieser Abbildung können wir erkennen, daß wir Liebe und Annahme erfahren, wenn Gott unsere Autoritätsperson ist. Doch wenn wir einen Mensch an diese Stelle setzen, erleben wir in vielen Fällen versteckten oder offenen Haß und Ablehnung. Den Faktor, der die menschliche Richtschnur von der göttlichen Richtschnur entfernt, wollen wir das LIEBES-DEFIZIT nennen. Die Linie der Liebe und Annahme ist die

Stellung der göttlichen Richtschnur, sie zeigt uns, welche Haltung Gott uns gegenüber hat und wie Sein Wunsch für uns aussieht. Die Linie des Hasses und der Ablehnung ist die Stellung einer menschlichen Richtschnur, nach der ein sündhafter Mensch sein Leben ausrichtet, anstatt der göttlichen Richtschnur zu folgen. Der Winkel zwischen der menschlichen und der göttlichen Richtschnur könnte mit dem Ausdruck „Liebesdefizit" benannt werden. Je größer dieser Winkel ist, desto größer ist der Mangel an göttlicher Liebe.

Um zu verstehen, welche Auswirkungen das Liebesdefizit haben kann, wollen wir uns ein wenig mit biblischer Mathematik beschäftigen:

DU MINUS LIEBE = ?

Wie lautet Ihre Antwort auf diese Gleichung? Können wir eine Antwort geben, ohne Liebe zu definieren? Liebe ist heute ein so unklarer Begriff, daß man ihn für alles verwenden kann, von der Liebe zum Hund bis zu der Liebe zu Gott!

Für unseren Gebrauch wollen wir Liebe von dem griechischen Wort AGAPE her definieren. Mit Agape ist eine Hingabe und Treue gemeint, die so groß ist, daß man sogar bereit ist, das eigene Leben für den anderen Menschen zu lassen. Das ist Liebe in ihrer höchsten Form, eine Art von Liebe, die wir alle in unserem Leben brauchen. Je größer das Liebesdefizit ist, das ein Mensch hat, desto mehr fühlt er sich selbst als Null. In der Tiefe ist er von dem Gefühl geprägt, daß das Leben wenig oder sogar überhaupt keinen Wert hat.

DU MINUS LIEBE = NULL

Wenn wir geliebt werden, wird dadurch unser Selbstwertgefühl gestärkt, wir empfinden, daß wir kostbar sind. Ungeliebte, mißbrauchte, mißhandelte, abgelehnte und zerbrochene Menschen haben alle mit einem geringen Selbstwertgefühl zu kämpfen.

Das Wort Liebe wird oft fälschlicherweise synonym für das Wort Lust verwandt. Lust bedeutet, einen anderen Menschen zu gebrauchen, um selbst Vergnügen zu haben, was das genaue Gegenteil von Liebe ist. Liebe bedeutet, das eigene Leben zu geben und zu teilen, damit es dem anderen gut geht und in dem anderen das Beste entsteht. Das Schlagwort für Lust heißt: „Gib mir!" Für die Liebe lautet es: „Ich gebe dir." Wir könnten die Gleichung folgendermaßen abwandeln:

DU PLUS LUST = NULL

Oft versuchen Menschen, das Liebesdefizit in ihrem Leben dadurch auszugleichen, daß sie einen Lustkredit aufnehmen. Ein ungeliebter Sohn zum Beispiel geht in die Welt und versucht, sein Liebesdefizit dadurch auszufüllen, daß er sich auf eine Fülle von Sexaffären einläßt. Oder eine ungeliebte Tochter gibt ihren Körper Männern hin, weil sie hofft, dadurch ihr Liebesdefizit ausgleichen zu können. Doch in beiden Fällen empfangen die Betreffenden nichts weiter als Lust, ihr Liebesdefizit bleibt unverändert.

EIN BEISPIEL FÜR EIN LIEBESDEFIZIT

Gita war eine attraktive junge Frau mit rotbraunen Haaren und dunklen Augen, doch ich bemerkte sofort, daß sie nicht in der Lage war, anderen in die Augen zu blicken. Sie hielt den Blick zu Boden gesenkt und war von einer Wolke der Traurigkeit umgeben.

Nachdem ich über DIE GÖTTLICHE RICHTSCHNUR gesprochen hatte, war Gita eine von vielen, die während unseres zweitägigen Seminars zum Gebet nach vorne kamen. Sie saß auf der Stuhlkante, der Kopf war gebeugt, die Haare fielen über ihr Gesicht. Die Tränen strömten über ihr Gesicht. Sie schluchzte so heftig, daß ihre Schultern zuckten. Als sie zögernd zu erzählen begann, mußte ich mich sehr anstrengen, um ihre Worte verstehen zu können.

Gita erklärte, daß sie keine Beziehung zu ihren Eltern hatte. Beide waren berufstätig, beide erfolgreich, und hatten

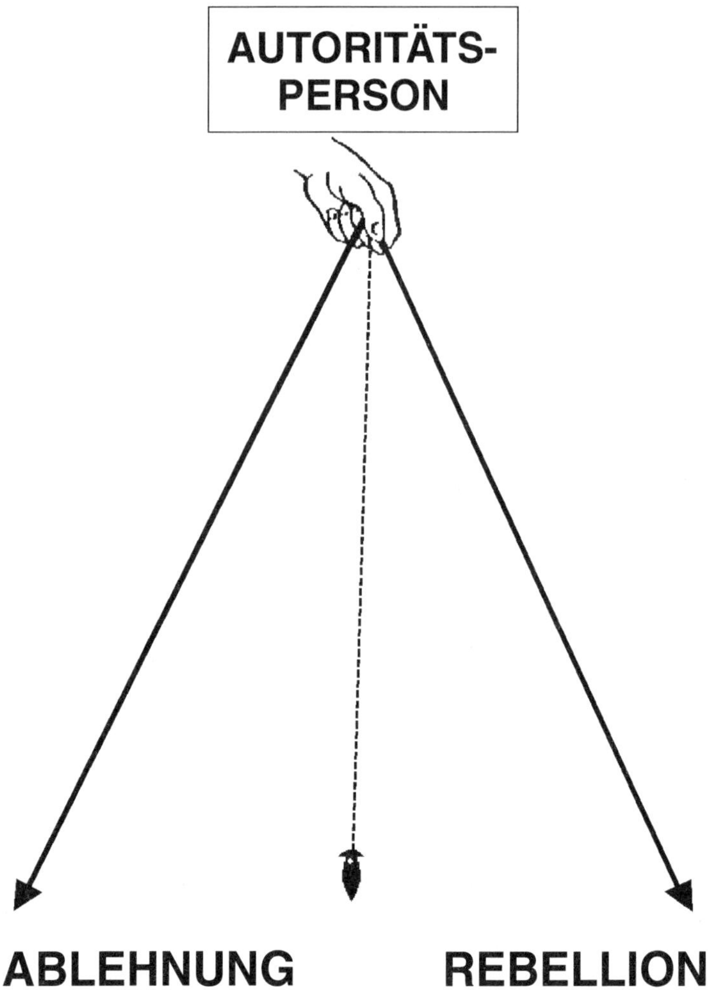

Bild 10

immer erwartet, daß sie in ihre Fußstapfen träte. Während sie heranwuchs, empfing sie nie körperliche Zuwendung von ihren Eltern, außer gelegentlich einem flüchtigen Kuß auf die Wange. Die einzige Liebe, die sie kannte, erfuhr sie durch die Beziehung zu ihrer Puppe. Stundenlang liebkoste sie sie, bis die Puppe schließlich immer schmutziger und unansehnlicher wurde.

Eines Tages, so erzählte Gita, kam der Vater mit einer schrecklichen Nachricht zu ihr ins Zimmer.

„Mutter und ich haben miteinander gesprochen", fing er an, „wir wollen dir eine neue Puppe schenken und diese hier wegwerfen."

Entsetzt umklammerte Gita ihre Puppe und schrie: „Nein! Ich will keine neue Puppe!"

Eines Nachts kam Gitas Vater in ihr Zimmer, während sie schlief. Er nahm die alte Puppe, legte eine neue an ihre Stelle und warf die alte in den Ofen. Als Gita am nächsten Morgen aufwachte und die alte Puppe fehlte, war sie völlig am Boden zerstört. Sie rührte die neue Puppe kein einziges Mal an, sie wollte nichts mit ihr zu tun haben.

Dieser Vorfall entfremdete Gita nur noch weiter von ihren Eltern. Als Teenager begann sie, an der falschen Stelle nach Liebe zu suchen. Es begann mit einigen Affären. Doch dauerte es nicht lange, da führte sie ein Leben der Prostitution. Nun stand sie verzweifelt da, umgeben von Einsamkeit. Es gab nur eine Rettung für sie, sie mußte hören, was der Herr sagte.

Während wir gemeinsam vor dem Herrn warteten, empfing ich eine Offenbarung: Gita war selbst zu der kleinen Puppe geworden, die sich nach Liebe sehnte. Als ich ihr dies sagte, begann sie zu weinen. Dann gab mir der Herr noch weitere Worte für sie.

„Gott adoptiert dich als seine kleine Puppe", sagte ich ihr. „Er liebt dich noch mehr, als du deine Puppe geliebt hast."

Die Tränen, die Gita jetzt weinte, waren nicht mehr die Tränen eines zerbrochenen und blutenden Herzens, sondern Freudentränen über die Liebe des Vater, die sie überwältigte.

Dies war der Wendepunkt,ihr Leben nahm eine ganz neue feste Form an.

Wenn wir ein Leben der Lust führen, in dem Verlangen, unsere Wünsche zu befriedigen, vergrößern wir damit nur noch unser Liebesdefizit und das Gefühl der Wertlosigkeit. Wenn unser Leben keinen Wert hat, warum sollen wir es dann leben? Gita folgte einer menschlichen Richtschnur der Ablehnung, dies war ihr einziger, sichtbarer Anhaltspunkt, nach dem sie ihr Leben ausrichten konnte. Sie verhielt sich passiv und erwartete ständig neue Ablehnung.

Doch angenommen, wir sind nicht bereit, das Gefühl der Ablehnung als Lebensgrundlage zu akzeptieren. In diesem Falle beginnen wir, unser Leben nach einer anderen menschlichen Richtschnur auszurichten, der Richtschnur der Rebellion.

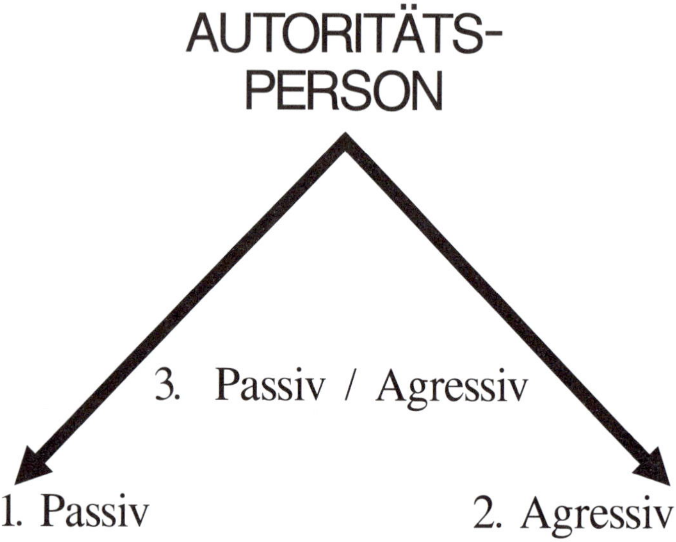

Wenn Rebellion zutage tritt, ist dies ein Zeichen dafür, daß der betreffende Mensch eine aggressive Haltung einnimmt. Er bemüht sich zu beweisen, daß das Urteil der Ablehnung und Minderwertigkeit, unter dem er so lange gestanden hat, nicht zutrifft. Andere Menschen wiederum sind passive/aggressive Typen, die von Ablehnung zu Rebellion hin und her pendeln, je nachdem wie es in der entsprechenden Situation am besten ist. Daher haben wir drei verschiedene, mögliche Reaktionsmuster, wie in der obigen Darstellung zu sehen ist.

Wenn diese drei Reaktionen über viele Jahre hinweg zur Gewohnheit werden, können sie die Grundlage dafür bilden, daß sich in den einzelnen Menschen bestimmte Störungen der Persönlichkeit entwickeln. Jede dieser Störungen bildet einen weiteren Baustein für die Mauern, die in unserem Herzen aufgerichtet werden. Im nächsten Kapitel werden wir unsere Betrachtung des Bildes fortsetzen, das in Amos geschildert wird, und Stück für Stück aufdecken, welche Intrige sich hinter diesen Mauern abspielt.

Kapitel 5

VERTEIDIGUNGSMAUERN – ABLEHNUNG

In Amsterdam bilden schmale Gassen und Seitenwege einen engen, geheimnisvollen Irrgarten, der von Häusern in jeder Größe und Form gesäumt ist. Als ich kürzlich mit einem holländischen Freund durch einige dieser Gäßchen ging, wies er mich auf eine Reihe von Häusern hin, deren obere Stockwerke gefährlich überhingen. Manche waren so schief, daß man sie hatte abstützen müssen, da die Nachbarhäuser zerstört waren. In einigen Fällen war die Mauer zwischen Erdgeschoß und Dach mehr als eineinhalb Meter verschoben.

Wir haben bereits gesehen, wie Gott Amos erklärte, Sein Volk sei wie eine Mauer, die nicht mit der Richtschnur übereinstimmte, so wie jene schrägen, überhängenden Mauern in Amsterdam. In der Persönlichkeit des Menschen kann sich eine lang anhaltende Ablehnung in einer ernsthaften seelischen Störung niederschlagen, die mit den schrägen Wänden zu vergleichen ist, die ich in Amsterdam gesehen habe. Wir wollen diese Störungen eingehend untersuchen und dabei Stein um Stein betrachten.

GEFÜHLE

Jeder Stein soll zweierlei darstellen. Zum einen ist er ein Hindernis für die von Gott geplante Entwicklung der Persönlichkeit. Zum anderen bildet er auch einen weiteren Baustein in der Mauer unseres Herzens. Kreuzen Sie in der nun folgende Liste die Bausteine an, mit denen Sie sich identifizieren können. Wenn wir später über die Schlüssel zur Veränderung nachdenken, wird dies hilfreich sein. Die erste Kategorie der Persönlichkeitsstörungen bezieht sich auf einen Bereich, der einen großen Einfluß in unserem Leben ausübt – unsere Gefühle.

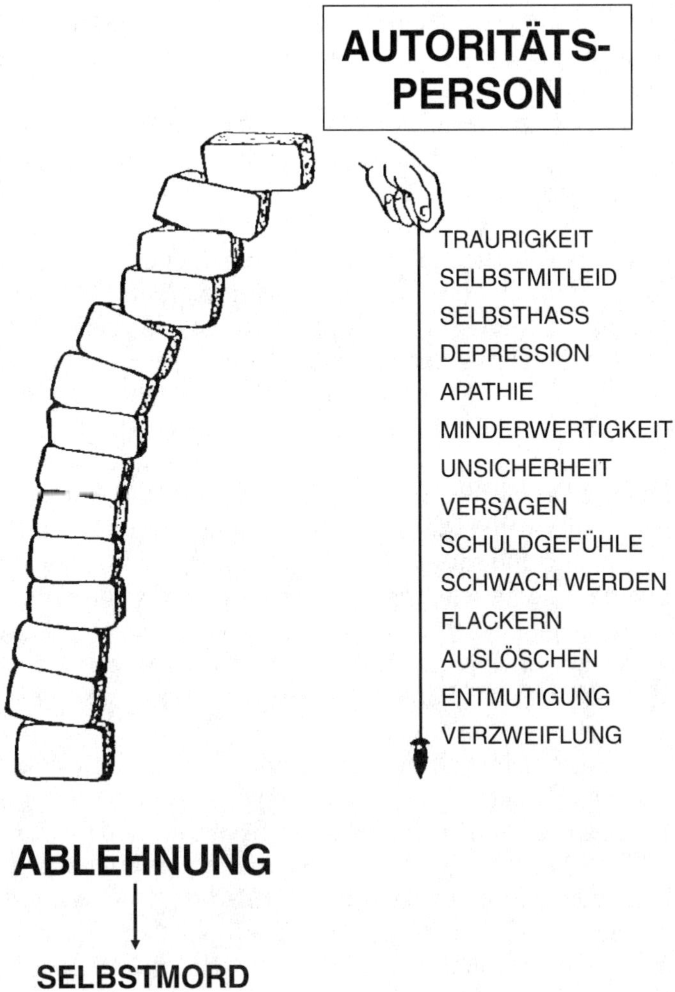
AUTORITÄTS-
PERSON
TRAURIGKEIT
SELBSTMITLEID
SELBSTHASS
DEPRESSION
APATHIE
MINDERWERTIGKEIT
UNSICHERHEIT
VERSAGEN
SCHULDGEFÜHLE
SCHWACH WERDEN
FLACKERN
AUSLÖSCHEN
ENTMUTIGUNG
VERZWEIFLUNG
ABLEHNUNG
SELBSTMORD

Bild 11

TRAURIGKEIT

Traurigkeit können wir folgendermaßen definieren: „kläglich, jammervoll, Kummer zeigen oder bewirken" (Anm.7). Dieses Gefühl kann einen Schatten über die ganze Persönlichkeit eines Menschen werfen, wie es zum Beispiel bei Mark der Fall war.

Mark war groß und schlank, hatte einen dichten, blonden Haarschopf und tiefblaue Augen. Doch seine eindrucksvolle Erscheinung wurde dadurch getrübt, daß sein Gesicht sehr traurig aussah. Ich hatte die Gelegenheit, mehrere Stunden lang seelsorgerlich mit ihm zu sprechen und den Grund für seine offensichtliche Traurigkeit herauszufinden. Als junger Mann war Mark ein so guter Läufer gewesen, daß er sich berechtigte Hoffnungen gemacht hatte, eines Tages als Vertreter seines Landes an den Olympischen Spielen teilnehmen zu können. All sein Streben richtete sich darauf, dieses Ziel zu erreichen, bis er schließlich ein Mädchen kennenlernte. Schon bald nachdem sie geheiratet hatten, war Marks Frau nicht mehr bereit, die vielen Stunden des Trainings in Kauf zu nehmen und setzte Mark unter Druck, damit aufzuhören. Um die Ehe zu retten, gab er seinen Traum schließlich auf. Nicht lange danach fand Mark heraus, daß seine Frau ihm untreu geworden war. Dies, zusammen mit der Enttäuschung, kein olympischer Läufer geworden zu sein, löste eine tiefe Traurigkeit in ihm aus.

Traurigkeit ist normalerweise ein Gefühl, das über einen begrenzten, kürzeren Zeitraum hinweg anhält, zum Beispiel wenn ein Mensch im mittleren Lebensalter seinen Ehepartner verliert. Doch wenn jemand wiederholt Enttäuschungen erlebt und die Zeiträume der Funktionsstörung länger werden, tritt ein chronischer Zustand der Traurigkeit ein. Eine solche ungesunde, anhaltende Traurigkeit liegt in vielen Fällen darin begründet, daß der Betreffende einen zerschlagenen Traum oder eine enttäuschte Erwartung nicht abgegeben hat und in seinem Geist weiter daran festhält. Dies war eindeutig bei Mark der Fall. Seine anhaltende Traurigkeit hielt ihn davon ab, Erfüllung und Freude im Leben zu erfahren.

Die Bibel nennt diese Traurigkeit ein „Trauerkleid" (Jes. 61,3 – Luther). Im Laufe der Jahre waren viele Menschen wie Mark bei mir in der Seelsorge, Menschen, die den Stein der Traurigkeit benutzt hatten, um damit ihre Mauer höher zu bauen. Unter ihnen befand sich ein junges Mädchen, das seine Jungfräulichkeit durch Inzest verloren hatte; eine Frau, die die Liebe ihres Mannes verlor, weil er ihr untreu wurde; eine junge Frau, die gerne Ärztin werden wollte, aber nicht zum Medizinstudium zugelassen wurde. In diesen Fällen ist die Traurigkeit ein Ersatzgefühl, eine Reaktion auf den erlittenen Schlag, eine Reaktion auf die Ablehnung, die der betreffende Mensch von einer wichtigen Person oder Stelle erfahren hat.

In Zeiten der Traurigkeit müssen wir uns zu Gott, dem Vater, wenden, Er ist die Quelle wahren Trostes bei Traurigkeit. Als Mark ein zweites Mal zu mir kam, beteten wir zusammen und ich forderte ihn auf, seinen Kummer abzugeben. Als er Gott seine Traurigkeit auslieferte, erfuhr er Befreiung von den dahinterliegenden Gefühlen und empfing Gottes Trost und Heilung.

SELBSTMITLEID

Selbstmitleid ist nicht nur eine schlechte Gewohnheit, es ist auch Sünde. Je mehr wir darin schwelgen, desto leichter geraten wir auch bei jeder neuen unangenehmen Situation in dieses Denkmuster hinein. Ein Mensch, der zu Selbstmitleid neigt, ist immer damit beschäftigt, sich selbst zu trösten, sobald er Enttäuschungen erlebt. Wenn er von seinen Gefühlen zu sehr überwältigt wird, hält er Ausschau nach anderen Menschen, damit auch diese ihn trösten. Er manipuliert sie, so daß sie sein Selbstmitleid noch verstärken. Es dauert nicht lange, so befindet er sich in einem bodenlosen Abgrund, den niemand auffüllen kann. Er erkennt nicht, daß es viel besser wäre, sich den Konflikten zu stellen und sie zu lösen. Solches Selbstmitleid ist nicht nur eine Folge von Ablehnung, sondern vermehrt diese auch noch. Doch wird sie von dem, der darin gefangen ist, meist nur schwer erkannt. Danksagung ist ein sicheres biblisches Heilmittel für chronisches Selbstmitleid und die negative Haltung der Selbstbeobachtung.

SELBSTHASS

Eine erstaunlich hohe Anzahl von Menschen des 20sten Jahrhunderts führt einen Kampf gegen negative Gefühle im Blick auf sich selbst. Bei manchen tritt dies nur zeitweise auf, doch bei anderen ist dieser Kampf chronisch und wirkt sich lähmend aus.

Selbsthaß kann folgendermaßen definiert werden: Man lehnt sich selbst ab, nachdem man von anderen Menschen abgelehnt wurde. Einem Menschen zu helfen, den Selbsthaß zu überwinden, ist wahrscheinlich eine der größten Herausforderungen, denen ein Seelsorger gegenüberstehen kann.

Als ich Ines zum ersten Mal traf, war ich von ihrem fröhlichen Wesen beeindruckt. Bevor sie an einer unserer Seelsorgeschulen von „Jugend mit einer Mission“ teilnahm, hatte sie bei einem seelsorgerlichen Rehabilitierungsprogramm mitgearbeitet. Jetzt, während des dreimonatigen Schulungskurses, gehörte Ines zu einer Gruppe von ungefähr

30 Studenten aus aller Welt, die nicht nur gekommen waren, um in Seelsorge ausgebildet zu werden, sondern auch selbst Heilung zu erfahren.

WURZELN DES SELBSTHASSES

Einige Wochen nach Beginn des Kurses bekam Ines plötzlich tiefe Depressionen. Sie konnte nachts nicht mehr schlafen, hörte Stimmen und geriet langsam in einen akuten Angstzustand hinein. Ines traf sich regelmäßig mit zwei Mitarbeitern, doch sie weigerte sich, irgend jemanden durch die Mauern hindurch kommen zu lassen, hinter denen sie sich versteckt hatte. Als wir in unserem Bemühen nicht nachließen und immer neu versuchten, sie zu erreichen, fing sie Stück für Stück an, von Erlebnissen aus ihrer Kindheit zu berichten, durch die sie tief verwundet worden war. Zum ersten Mal in ihrem Leben konnte sie ausdrücken, wie schmerzhaft es für sie war, hinter jenen Mauern zu leben.

Ines erzählte, wie sie als junges Mädchen regelmäßig mit ihrem Onkel zusammengewesen sei und von ihm Tennisspielen gelernt habe. Ihr Vater hatte dies eingefädelt. Im Laufe der Wochen begann der Onkel, zudringlich zu werden, und die Gefühle, die dabei auftraten, waren so stark, daß Ines nicht wußte, wie sie damit umgehen sollte. Sie sah sich nicht in der Lage, ihren Eltern davon zu erzählen, da sie überzeugt war, daß diese ihr niemals glauben würden. Abgesehen davon, daß Ines einen tiefen Groll gegen ihren Onkel empfand, kämpfte sie auch mit Groll gegenüber ihrem Vater, da er es ja gewesen war, der sie mit dem Onkel losgeschickt hatte. In Bezug auf sich selbst empfand Ines Schuld, Unreinheit und Selbsthaß.

Die Mitarbeiter der Schule traten in der Fürbitte regelmäßig für Ines ein, bis sie eines Tages während eines Gebetsdienstes in der Klasse nach vorne zum Gebet kam. Die Aufmerksamkeit der ganzen Klasse richtete sich auf sie, während sie schweigend vor uns stand und ihre Hände immer wieder zusammenballte. Es war unschwer zu erkennen, welch ein Kampf in ihr tobte. Plötzlich begann sie, langsam und wohlüberlegt, zur Klasse zu sprechen.

„Ich hasse alles hier“, sagte sie mit Nachdruck. „Ich hasse euch! Auch Gott hasse ich. Ich hasse mich selbst! Ich hasse meine Eltern!“

Nach diesem Ausbruch blieb Ines einfach vorne stehen, während wir die Bedeutung ihrer Worte in unser Herz dringen ließen. Es herrschte ein erschrockenes Schweigen im Raum, alles war still, nur hier und da hörte man ein paar unterdrückte Schluchzer. Wir saßen still betend da und baten Gott, uns Weisung zu geben.

EIN SCHLÜSSEL ZUR BEFREIUNG

Dann kam ein junger Mann mit Namen Derek zu mir und flüsterte mir etwas ins Ohr. Er hatte den Eindruck, daß Gott ihn dazu auffordere, etwas Bestimmtes zu tun. Er fragte mich, ob ich diesen Impuls bestätigen könne. Ich hatte den Eindruck, daß sein Impuls richtig war, und sagte ihm, er solle tun, was er gehört hatte.

Derek trat vor den Augen der ganzen Klasse zu Ines und sagte: „Ich möchte hier stellvertretend für deinen Vater stehen und dich um Vergebung bitten. Bitte vergib mir!“

Ines sah ihn mit einem kalten, unbewegten Gesicht an, es war offensichtlich, daß sie alle Gefühle verbarg.

„Bitte vergib mir!“ sagte Derek erneut.

Schweigen.

Als Derek zum dritten Mal um Vergebung bat und Ines immer noch keine Reaktion zeigte, brach er in Tränen aus. Er spürte in der Tiefe, wie groß Gottes Erbarmen für Seine verwundete Tochter war.

Die Klasse betete die ganze Zeit in der Stille, bis Ines endlich das Schweigen brach. „Papa, ich vergebe dir“, sagte sie stockend. Dann war lange Pause.

Danach sprach sie weiter: „Papa, bitte vergib mir den Haß, den ich gegen dich gehabt habe.“

Als sie diese befreienden Worte ausgesprochen hatte, brach sie in den Armen des jungen Studenten zusammen und ließ ihren Tränen freien Lauf. Die Tränen wuschen all den Groll, die Bitterkeit und den Haß hinweg, die so viele Jahre lang eine Mauer in ihrem Herzen gebildet hatten. Als Ines ihrer Familie und sich selbst Vergebung aussprach und Gottes Vergebung empfing, löste sich ihr Selbsthaß auf. Am Ende des Kurses waren fast alle Symptome ihrer Depression verschwunden.

Später schrieb mir Ines folgenden Brief:

„An jenem Tag, als mir vor der ganzen Klasse von Derek geholfen wurde, führte der Herr mich zu Jesaja 38,15-16. Es wurde mir ganz klar, daß meine Schlaflosigkeit darin begründet lag, daß ich meinem Vater gegenüber eine Bitterkeit empfand, die ich mein Leben lang versucht hatte zu verbergen. Ich war in eine große Täuschung hingeraten, besonders was meine Gefühle betraf. Die die Art und Weise, wie ich mich äußerlich gegenüber Menschen verhielt, war weit von den Gefühlen entfernt, die ich innerlich für sie empfand. Der Herr sagte mir, der Schlüssel zur Befreiung läge darin, daß ich ehrlich bekannte, wie meine Gefühle den Menschen und dem Leben gegenüber aussahen. Daher die Worte des Hasses, die ich an jenem Tag aussprach."

Im Laufe der folgenden Monate setzte sich die dramatische Veränderung bei Ines weiter fort. Sie spürte immer mehr, wie groß Gottes Liebe und Sein Erbarmen für sie waren. Als sie nach Hause zurückkehrte, war sie mit ihrem Vater versöhnt und hatte später die Gelegenheit, aus ihrer eigenen Erfahrung heraus jungen Menschen zu helfen, die sexuell mißbraucht worden waren.

Fälle von Inzest wie bei Ines sind heute weit verbreitet und spielen eine große Rolle bei der Entstehung von Selbsthaß. Bei dem betroffenen Menschen bewirkt Inzest, so wie jede andere Lust, eine starke Herabsetzung des Selbstwertgefühls, die jedoch in diesem Fall stärker ist als bei allen anderen

Auslösern. Bei Inzest ist der Selbsthaß weitaus größer, weil die Person, die sich an einem vergreift, Mitglied der eigenen Familie ist. Das Erlebnis mindert das Wertempfinden des Betroffenen so stark, daß Gefühle der Selbstbeschuldigung und des Grolls aufsteigen. Wenn diese unterdrückt werden, erwächst daraus Selbsthaß.

DEPRESSION

Unter den seelischen Erkrankungen in den U.S.A. nehmen die Depressionen seit vielen Jahren den ersten Platz ein, die Zahl der betroffenen Menschen nimmt weiter zu, besonders bei jungen Menschen. Was sind Depressionen und in welchem Verhältnis stehen sie zu Gottes Richtschnur? Was Depressionen in ihrer einfachsten und zugleich verbreitetsten Form sind, können wir am besten erklären, wenn wir überlegen, wie wir auf einen Verlust reagieren.

Zunächst spüren wir vielleicht ein allgemeines Nachlassen unserer Vitalität und Energie und sind müde und traurig. Dann ziehen wir uns vom sozialen Leben zurück, selbst von nahen Freunden. Der Arbeitseinsatz im Beruf und zu Hause nimmt normalerweise ab, und alles erscheint düster und hoffnungslos. Der Kopf ist wie ausgeleert, und wenn uns irgendwelche Gedanken kommen, sind sie verschwommen. Wir haben Schwierigkeiten, uns zu konzentrieren. Meistens werden wir von Schuldgefühlen geplagt, denen unmittelbar Selbstvorwürfe und Selbstverachtung folgen. Häufig tritt Schlaflosigkeit auf.

Es ist ganz normal, ab und zu depressive Gefühle zu haben. Doch wenn diese häufiger auftreten und länger anhalten, sollte der Betreffende Schritte unternehmen, um Hilfe zu bekommen. Ein einfaches, anschauliches Beispiel ist ein Auto, das nicht in Ordnung ist. Der Motor spuckt und hustet, und es ist völlig klar, daß wir an die Seite fahren und unter die Haube schauen müssen, um zu sehen, was kaputt ist. Wenn das Verhalten unseres Autos „depressiv" ist, wissen wir sofort, daß etwas nicht stimmt, und wir versuchen, das Auto zu reparieren. Doch wenn wir selbst depressiv werden, wird in allzuvielen Fällen die Botschaft, die uns durch unsere depressive Stimmung vermittelt werden soll, durch Antidepressiva zum Verstummen gebracht.

Es wird oft übersehen, daß eine Depression in ihrer einfachsten Form eine Botschaft ist, die uns darauf hinweisen soll, daß irgend etwas in unserem Leben zurechtgerückt werden muß. Chemikalien können unsere Stimmung oberflächlich verändern, aber unseren Geist können sie nicht anrühren. Um einen Rückfall zu verhindern, ist es in den meisten Fällen nötig, die Lebensweise zu verändern.

So wie Freude ein Symptom des Lebens ist, ist Depression ein Symptom dafür, daß innerlich etwas stirbt oder ein Mangel besteht. Bei organischen oder erbbedingten Störungen, die sich auf die Stimmung auswirken, fehlen manchmal nur biochemische Substanzen, die ersetzt werden müssen. Doch geistige Erkrankungen in der heutigen Zeit sind nur in 5 % der Fälle auf solche organischen Ursachen zurückzuführen. Depressionen können durch eine sehr komplexe Mischung körperlicher und geistiger Faktoren verursacht worden sein, und daher sind sie schwer zu behandeln. Wenn wir jedoch nicht den Lebensstil des depressiven Menschen mit in Betracht ziehen, werden wir ihm nicht wirklich helfen können.

APATHIE

Die Apathie, die als „leidenschaftsloses Leben; Trägheit der Gedanken, oder ohne Gefühle“ (Anm.8) definiert wird, ist ein Erzfeind des Lebens. Sie ist der erste Schritt, der sichtbar wird, wenn ein Mensch aufgibt und sich nicht mehr der Herausforderung des Lebens stellt. Die Bibel spricht von einem Geist der Betäubung (Röm.11,8). Der Grund für dieses böse Elixier des Feindes kann in einer Reihe von Rückschlägen und Enttäuschungen liegen. Da die Gemeinde Jesu in Apathie verfallen ist und nicht ihre Berufung erfüllt hat, das Licht der Welt und das Salz der Erde zu sein, ist die Welt in die Gemeinde eingedrungen. Manchmal fällt es schwer, überhaupt noch einen Unterschied zwischen der Kirche und der Welt festzustellen.

Als ich eines Tages Lydias Haus betrat, lernte ich nicht nur sehr schnell, wie man Unordnung herstellt, sondern ich sah auch, was geschehen kann, wenn die Apathie einen Menschen ergreift. Die Abstellfläche in der Küche war mit schmutzigem Geschirr vollgestapelt, und überall lagen Bücher, Kleidungsstücke und Schuhe verstreut. Auf allen vorhandenen Flächen lag eine Staubschicht, und mitten in diesem Chaos saß Lydia – zerzaust und ungekämmt-, und sah fern.

„Sehen Sie sich das an! Seit Tagen sitzt sie nur so herum“, schrie ihr Mann voll Verzweiflung. „Ihr scheint alles gleichgültig zu sein.“

Eine solche Apathie entwickelt sich aus Gedanken und Gefühlen der Ablehnung und des Versagens: „Wozu soll ich das machen? Es wird ja nie klappen“, stöhnen wir. „Ich werde mich doch nie ändern!“

INTELLEKT

Diese zweite Gruppe von Steinen in der Mauer, die wir bauen, bezieht sich mehr auf unseren Denkprozeß und die daraus folgende Haltung. Machen Sie auch hier ein Kreuzchen bei den Steinen, die Sie in Ihrem eigenen Leben vorfinden.

MINDERWERTIGKEIT

„Keiner, der sagt: ›Ich bin nicht besser als du‹, glaubt dies. Er würde es nicht sagen, wenn er es glaubte. Ein Bernhardiner würde dies niemals zu einem Zwerghund sagen, noch ein Gelehrter zu einem langsamen Schüler ... Vielmehr drückt sich darin ganz klar das schmerzende, brennende, beschämende Bewußtsein einer Minderwertigkeit aus ...“

C.S. Lewis – The Screwtape Letters

Viele Menschen sind in ihrem Verstand durch ein tiefsitzendes Gefühl der Minderwertigkeit gefesselt, ihre Fähigkeit, klar zu denken, ist gelähmt. Menschen, die in ihrem Leben häufig Ablehnung erfahren, ziehen daraus oft die falsche Schlußfolgerung, daß sie tatsächlich minderwertig sind.

Wenn sie einmal zu dieser schlimmsten aller Folgerung gekommen sind, denken sie sich weitere Gründe für ihre Minderwertigkeit aus, die nichts mit der Wirklichkeit zu tun haben, die jedoch in das Bild hineinpassen, daß sie sich fälschlicherweise von sich selbst gemacht haben. „Ich bin zu dick“, oder „Ich bin zu dünn“, „Ich bin zu klein“, „Ich bin zu groß“, „Ich habe eine zu große Nase“, „Ich bin dumm“, und dergleichen mehr.

Als Folge der demütigenden Erfahrung in meiner Klasse, von der ich in Kapitel eins erzählte, war auch in mir ein tiefsitzendes Gefühl der Minderwertigkeit entstanden. Weil die Lehrerin mich als einen der wenigen Schüler bloßstellte, der die Uhr noch nicht lesen konnte, zog ich die Folgerung, daß ich im Vergleich zu den anderen Schülern minderwertig war. Um nicht mehr so leicht verletzt werden zu können, zog ich mich immer mehr zurück und beteiligte mich nur noch wenig in der Klasse. Es dauerte viele Jahre, bevor ich verstand, warum ich diese passive Haltung der Beobachtung vorzog und mich immer bedroht fühlte, wenn eine Beteiligung meinerseits unvermeidbar war.

Allzuoft lassen wir uns von unserer eigenen Minderwertigkeit überzeugen, aus welchen Gründen auch immer. Dem Feind fällt es dann sehr leicht, uns einzuschüchtern. Minderwertigkeit und Unglauben arbeiten Hand in Hand und setzen alles daran, unser Vertrauen zu zerstören. Gemeinsam berauben sie uns der Siege, die der Glaube ansonsten errungen hätte.

UNSICHERHEIT

In unserer heutigen Gesellschaft ist Unsicherheit ein wild wucherndes Übel, das unter anderem durch die Seuche der zerbrochenen und funktionsunfähigen Familien verursacht wird. Unsicherheit ist eine direkte Folge des Liebesdefizits und der Botschaft der Ablehnung, die wir in der Kindheit empfangen. Im Unterschied dazu steht Sicherheit direkt mit Liebe in Zusammenhang. Die Forschung hat gezeigt, daß Kinder, die in einer Umgebung aufwuchsen, in der sie nicht genug Liebe bekamen, oft ein tiefsitzendes Gefühl der Unsicherheit haben. Solche Umstände sind zum Beispiel eine ungewollte Schwangerschaft, ein anderes Geschlecht als das, was die Eltern gewünscht haben, Eltern, die zu viel arbeiten und zu sehr mit ihrem eigenen Leben beschäftigt sind, oder Eltern, die autoritär und streng sind und dem Kind nur wenig Wärme und Zuneigung geben. Dies sind nur einige von vielen Möglichkeiten, die in einem Menschen Unsicherheit auslösen können.

VERSAGEN

Ein bekanntes Lied hat folgenden Text: „Du taugst nichts, nichts, nichts, nichts. Hey, Baby, du taugst nichts, nichts, nichts."

Traurigerweise erinnert mich dieses Lied an die Worte, die einer meiner Freunde in der Kindheit oft von seinem Vater zu hören bekam. Eines der größten Probleme von Menschen, die in Ablehnung leben, ist ein tiefes Gefühl der Unwürdigkeit und die Tatsache, daß sie diesem Gefühl glauben. Sie haben ständig den Eindruck, unzulänglich zu sein, eine innere Stimme sagt: „Ich tauge nichts. Ich werde es nie zu etwas bringen. Alles, was ich tue, ist falsch."

Viele Menschen sind wie besessen von der Angst zu versagen, und wenn sie tatsächlich versagen, können sie sich kaum davon erholen und sind nicht in der Lage, aus dieser Erfahrung zu lernen. Stattdessen sind sie am Boden zerstört, vorprogrammiert, den Worten zu glauben, die sie als Kind zu hören bekamen.

Worte haben eine unglaubliche Macht, uns entweder aufzubauen oder niederzuschmettern. Weil wir als Kind in irgendeiner Sache versagten, sind wir als „Versager" betitelt worden. Wenn wir heranwachsen, wächst dieser Titel möglicherweise mit uns und bestätigt die negative Programmierung unseres Lebens. Je mehr wir versagen, desto mehr sind wir davon überzeugt, ein Versager zu sein. Schließlich meinen wir sogar, unser Versagen sei größer als die Gnade Gottes.

SCHULDGEFÜHLE

Sind Schuldgefühle eine schreckliche Belastung oder ein wertvolles Kapital? Sollen wir sie willkommenheißen oder zurückweisen? Vielleicht wirft das folgende einfache Beispiel ein wenig Licht auf diese Frage.

Stellen Sie sich vor, Sie fahren durch eine üppig grüne, wunderschöne Landschaft, im Hintergrund sind schneebedeckte Berge zu sehen. Plötzlich wird Ihre Aufmerksamkeit auf ein rotes Licht gelenkt, das auf dem Armaturenbrett aufblinkt. Sie versuchen es zu ignorieren und fahren weiter, in der Hoffnung, daß es wieder aufhören wird. Doch nach einigen Kilometern blinkt das Licht immer noch, und Sie werden unruhig. Schließlich sind Sie so gereizt, daß Sie ins Handschuhfach greifen, einen Hammer herausholen und dem kleinen, rot aufblinkenden Lämpchen einen Schlag versetzen! Von der Störung befreit fahren Sie weiter und genießen die herrliche Landschaft, die sich vor Ihnen ausbreitet. Doch plötzlich bleibt Ihr Auto stehen, der Motor ist kaputt.

Das rote Licht stellt unseren „Schuld-o-meter" dar, ein eingebautes Warnsystem, das uns vor Leiden, ja sogar vor dem Tod schützen soll. Es kann zu jeder Tages- oder Nachtzeit aufblinken, meistens jedoch nachts, wenn Ablenkung und Schutzmechanismen durch Müdigkeit gemindert sind. Wir haben dann die Wahl. Entweder können wir das Warnlicht bewußt übersehen, uns ablenken lassen oder es mit Gewalt zum Schweigen bringen, oder wir können auf seine Botschaft hören, zur Seite fahren und unser Leben überprüfen.

In den Theorien der Freudianischen Psychologie wurde versucht, Schuldgefühle dadurch zu unterdrücken, daß man die Empfindsamkeit des „Schuld-o-meters" minderte. Freud glaubte, daß das Überich und seine Botschaften an das Ich und das Es vor allem unrealistische Elternbotschaften waren. Solche Normen könne sowieso kaum jemand erfüllen. Diese Ansicht hat sich weit verbreitet und die Gedanken vieler Menschen beeinflußt. Die Folge ist eine Gesellschaft, in der es unzählige Menschen gibt, die mit Depressionen, Rebellion oder unterdrückten Schuldgefühlen zu kämpfen haben. Wenn jedoch auf die Botschaft der Schuldgefühle geachtet wird, wenn sie richtig verstanden wird und entsprechende Änderungen vorgenommen werden, kommt Ausgewogenheit in das Leben und der Mensch kann sich wieder am Leben erfreuen. Hierin liegt der große Wert von Schuldgefühlen, soweit es sich um echte Schuld handelt, soweit der betreffende Mensch richtig darauf reagiert und sie versteht. Schuldgefühle bilden wichtige Wegweiser für unser Leben und zeigen uns die Richtung.

GEIST

Die dritte und letzte Gruppe von Steinen der Persönlichkeitsentwicklung gehört zu dem Teil des Menschen, durch den er mit der unsichtbaren, geistlichen Welt in Verbindung tritt. Die New Age Bewegung mit ihrem neuen Bewußtsein, dem neuen Denken und anderen damit verbundenen Strömungen hat ganz neu ins Bewußtsein gebracht, daß der Mensch ein geistliches Wesen ist. In der Medizin streckt die holistische Bewegung ihre Fühler aus und sucht nach geistlichen Kraftquellen und nach spiritueller Macht, um zu heilen.

Dr. Elisabeth Kübler-Ross, eine international anerkannte Autorität zu Fragen von Tod und Sterben, setzt bei ihrer Forschung Personen ein, die ihr als Medien dienten und ihr halfen, ihr Wissen zu erweitern. Solche Methoden leiten in die Irre, doch gleichzeitig zeigen sie, daß ein Hunger nach Geistlichem vorhanden ist.

Nach vielen Jahren, in denen rationalistischer Skeptizismus herrschte, ist nun der Geist des Menschen neu in den Blickpunkt geraten. In der Bibel, dem ältesten und vertrauenswürdigsten aller Dokumente, in denen vom Geist des Menschen die Rede ist, steht folgendes: „Der Geist des Menschen (jener Faktor in der menschlichen Persönlichkeit, der unmittelbar von Gott kommt) ist eine Leuchte (eine Kerze) des Herrn, durchforscht alle Kammern des Leibes“ (Spr. 20,27).

Das Bild der Kerze ist in diesem Zusammenhang treffend und hilfreich. Wenn sich ein Mensch mit der Richtschnur der

Ablehnung identifiziert, anstatt mit der Richtschnur Gottes, fängt er an, in dieser schrägen Haltung zu leben, und sein Geist wird entsprechend davon beeinträchtigt.

Als ich zusammen mit meiner Frau als Missionsarzt in Westafrika war, entdeckten wir ein Phänomen, bei dem unsere medizinische Behandlung keine Hilfe brachte. Junge Männer in der Blüte des Lebens legten sich plötzlich einfach auf die Erde und starben, ohne daß wir irgendeine Krankheit bei ihnen feststellen konnten. Auf unsere Bitte hin forschte unser Übersetzer bei einigen nach, aus welchem Hintergrund diese jungen Männer kamen. Er erklärte uns, daß ein mächtiger Zauberdoktor auf alle einen Fluch gelegt und dadurch bewirkt habe, daß sie an einem bestimmten Tag stürben.

Was sich in der Zeit nach dem ausgesprochenen Fluch im Geist dieser Männer abspielte, läßt sich mit dem Bild der Kerze und ihrer Flamme beschreiben. Nachdem die jungen Männer ihr Schicksal angenommen und den Worten des Zauberers geglaubt hatten, wurde „die Flamme ihrer Kerze" immer schwächer und begann zu flackern. Schließlich löschte sie aus, so wie es vorausgesagt wurde.

Dieses Beispiel zeigt uns drei weitere Steine in der Mauer der Ablehnung:

SCHWACH WERDEN ...

FLACKERN...

AUSLÖSCHEN!

Bei Patienten im Krankenhaus habe ich einen ähnlichen Prozeß beobachtet. Manche weigern sich zu sterben, während andere ohne Kampf die oben genannten Schritte durchlaufen.

Immer wieder habe ich erlebt, daß Menschen, die wiederholt Ablehnung annehmen, schließlich glauben, sie hätten Ablehnung verdient. Die Gefühle bestätigen diesen Glauben sehr schnell, bis der Betreffende in seinem Geist regelrecht gebunden ist. Die Hoffnung wird immer schwächer und ...

ENTMUTIGUNG setzt ein. Um zu verdeutlichen, was dieser Baustein ist, will ich eine Geschichte erzählen. Eines Tages baute der Feind auf dem Marktplatz seinen Stand auf, um seine Waren zu verkaufen. Das Schildchen mit dem höchsten Preis hing an einem merkwürdig aussehenden Werkzeug. Als Satan gefragt wurde, wozu es gut sei, antwortete er: „Entmutigung. Das ist mein mächtigstes Werkzeug. Ich arbeite damit so lange an den Menschen, bis sie in ...

VERZWEIFLUNG landen!“ Hämisch lachend fuhr Satan fort, seine Verschwörungspläne aufzudecken. „Wenn ein Mensch erst einmal in Verzweiflung geraten ist, habe ich leichtes Spiel mit ihm! Dann ist er mein Gefangener und mein Sklave. Ich tue nichts lieber, als Christen im Blick auf ihren Dienst, ihre Familie, ihre Finanzen, ja, ihr ganzes Leben in Verzweiflung zu bringen. Noch ein kleiner Tritt, und sie leisten keinen Widerstand mehr gegen mein Reich und gehören mir in alle Ewigkeit.“

In der „Pilgerreise“, dem unsterblichen christlichen Klassiker von John Bunyan, wird das Schicksal von Christian und seinem Freund Hoffnung beschrieben, die in die Hände des Riesen Verzweiflung geraten. Die beiden Wanderer werden von dem Riesen in einem dunklen, übelriechenden Verlies eingesperrt. Nachdem der Riese sie dort geschlagen hat, gibt er ihnen den Rat, sich das Leben zu nehmen.

„Warum solltet ihr auch das Leben wählen, wo es doch so voller Bitterkeit ist?“ sagt er abschätzig.

GRÜNDE FÜR VERZWEIFLUNG

Es war spät am Abend, ich war auf dem Weg ins Bett und gähnte. Da klingelte das Telefon.

„Bruce, komm schnell! Dion ist im Gefängnis!“ Der Schock, den mir diese Nachricht versetzte, ließ mich sofort hellwach werden. Ich konnte es nicht glauben. Dion gehörte doch zu einer der Gemeinden am Ort. Außerdem war er mir ein lieber Freund. Während ich mir schnell ein paar Kleider überwarf und zur Polizeistation eilte, konnte ich mich nicht gegen den Gedanken wehren, daß irgend etwas an der Sache nicht stimmte.

Auf der Polizeistation traf ich einige der Gemeindeleiter. Sie klärten mich auf, wie es zu Dions Verhaftung gekommen war. In den vergangenen Jahren hatte Dions Frau mir mehrfach anvertraut, daß ihr Mann Neigungen zur Homosexualität habe. Nun hatten tatsächlich zwei Polizisten in Zivilkleidung Dion in einer öffentlichen Toilette ertappt und ihn daraufhin angeklagt, Homosexualität ausgeübt zu haben. (In dem Land, wo sich dies ereignete, gilt die Ausübung von Homosexualität als Verbrechen.)

Es gelang uns, Dion noch in jener Nacht freizubekommen. Als er mit hochgezogenen Schultern und gesenktem Kopf auf uns zutaumelte, glich er einem gebrochenen Mann. Sein Gesicht drückte tiefste Verzweiflung aus.

In der kommenden Woche trafen sich zwei von uns regelmäßig mit Dion. Die Selbstverdammung und die Demütigung, ertappt worden zu sein, waren so groß, daß Dion in tiefste Verzweiflung und Depressionen hineingeraten war. Als dann die örtliche Presse den Vorfall noch auf schmutzige Weise aufbauschte, sank Dion so tief hinunter, daß er nur noch an Selbstmord denken konnte.

Tag für Tag gingen ein Freund und ich zu Dion, um bei ihm zu sein und mit ihm zu beten. Anfangs fühlten wir uns wie Hiobs Freunde, die nicht wußten, was sie sagen oder womit sie anfangen sollten. Sieben Tage lang schwiegen sie aus Kummer und Mitleid mit Hiob (Hiob 2,11-13).

Doch als wir schließlich unseren Mund öffneten, standen wir in einer anderen Situation als Hiobs Freunde. Wir wußten klar zu sagen, daß Dion gesündigt hatte und umkehren mußte. Dions Sünde war bereits öffentlich bekannt geworden. Unser größter Kampf richtete sich gegen tiefsitzendes Selbstmitleid und unvermindert anhaltende Selbstverdammung. Dion war davon überzeugt, daß seine Sünde in die Kategorie der unverzeihbaren Sünden fiel, und für ihn war es nur eine Frage der Zeit, wann er in der Hölle landen und dort ewige Qualen leiden würde.

Da wir nicht in der Lage waren, ihn mit Argumenten von seiner Selbstmordhaltung abzubringen, konzentrierten wir uns darauf, noch intensiver mit ihm zu beten. Eines Morgens, als wir zu unserer morgendlichen Gebetszeit zusammen waren, wurden wir ermutigt. Wir hatten etwa eine Stunde lang mit Dion gebetet, als wir merkten, daß sein Weinen anders war als sonst. Es waren nicht mehr Tränen des Selbstmitleids wie zuvor, sondern Tränen der Erleichterung und Befreiung. Plötzlich war es, als sähe sich Dion in einem völlig anderen Licht.

„Abba, Vater (lieber Papa)", schluchzte er endlich.

Nach diesem Erlebnis fing Gott in Seiner Gnade und Seinem Erbarmen an, Dion zu begegnen und fachte in ihm die schwach gewordene Flamme seines Geistes wieder an. Dies war der Anfang davon, daß Dion dem alten Leben der Lust und Perversion den Rücken kehrte und ein neues Leben der Liebe und Wahrheit begann.

Mit jenem Tag war nicht alles vorbei, wir erlebten noch viel Not, während wir Dion in den nächsten Monaten weiter begleiteten. Doch der entscheidende Sieg war errungen. Nachdem Dion Vergebung für seine Sucht nach Lust empfangen hatte, vertiefte sich seine Liebesbeziehung zu Gott Tag für Tag. Er hatte wachsende Freude daran, zu beten und über Gottes Wort nachzusinnen.

Gott gab ihm eine Offenbarung. Zuvor hatte er Gott aus einem Pflichtgefühl heraus gedient, so wie ein Sklave seinem Herrn. Er hatte Ihm nicht aus Hingabe heraus gedient, so wie es ein Sohn für seinen Vater tut. Früher war seine Beziehung zu Gott kühl gewesen und hatte nur auf einer theologischen Ebene stattgefunden. Intellektuell hatte er diese Theologie gut weitergeben können, doch seine Seele war nicht von der Liebe zu Gott erfüllt gewesen. Im Laufe der Monate erlebten wir, wie in Dion eine lebendige Beziehung zu Gott wuchs und er ABBA, den VATER, entdeckte.

SCHLUSSFOLGERUNG

Einer menschlichen Richtschnur der Ablehnung zu folgen, stellt ein großes Hemmnis dar. Wenn wir darin beharren, kann es uns sogar das Leben kosten. Ein eher aggressiv veranlagter Mensch weigert sich vielleicht, die Ablehnung passiv hinzunehmen und orientiert sein Verhalten an einem neuen Anhaltspunkt, er folgt einer anderen menschlichen Richtschnur, der Richtschnur der Rebellion. Wer sich mit ganzer Person dagegen wehrt, das eigene Leben nach der Richtschnur der Ablehnung auszurichten, kann sich dadurch für Rebellion öffnen. Im folgenden Kapitel wollen wir uns eingehend mit diesem Dilemma beschäftigen.

NEHMEN SIE SICH ZEIT

Betrachten Sie noch einmal die Bausteine, die Sie mit einem Kreuzchen versehen haben.

Überlegen Sie, durch welche Umstände Sie dazu verleitet wurden, diese in Ihre Mauer einzubauen.

Haben diese Steine in bestimmten Situationen immer noch Auswirkungen auf Ihr Leben?

Was können Sie tun, um diese Beeinträchtigung zu verändern?

Kapitel 6

VERTEIDIGUNGSMAUERN – REBELLION

Idi Amin Dada, der ehemalige Herrscher von Uganda, ist ein Mensch aus der heutigen Zeit, an dem sich beispielhaft die klassische Form einer rebellischen Persönlichkeit darstellen läßt und zwar im äußersten Extrem. Idi Amin gehörte zu den Nubiern, einem Nomadenstamm, und zog als Kind zusammen mit seiner Mutter ständig von einem Ort zum anderen, ohne je zu wissen, wer sein wirklicher Vater war. In Uganda gelten die Nubier als die Niedrigsten der Niedrigen. Die Botschaft, die er in seiner Kindheit empfing, war zweifelsohne eine Botschaft der Ablehnung.

Als Amin zum Militär ging und dort im Rang aufstieg, schüttelte er die Botschaft der Ablehnung, der er sein Leben lang gefolgt war, von sich und begann nun, einer Richtschnur der Rebellion zu folgen. Er entwickelte einen Überlegenheitskomplex, als Überkompensation für seine niedrige Herkunft und seine mangelhafte Bildung. Er wurde ein fanatischer Soldat, hatte einen erbarmungslosen Kampfgeist und war bereit, alle Mittel zu gebrauchen, um seine ehrgeizigen politischen Pläne voranzutreiben. Er eiferte seinem Held Adolf Hitler nach und war seit 1971 verantwortlich für die Folterung und den Mord an mehr als 100.000 seiner eigenen Landsleute.

Amins Feindseligkeit wurde besonders offensichtlich in der Art, wie er in extrem sadistischer Form seine „Feinde" folterte, bevor er sie den Krokodilen zum Fraß hinwarf. Sein Streben, alles unter Kontrolle zu haben und über alles zu herrschen, zeigte sich auch in seiner hundertprozentigen Entschlossenheit zum Erfolg, die er mit brutaler Strenge, List und Lügen durchsetzte.

Hinzu kam, daß Amins persönliche Selbstüberschätzung keine Grenzen kannte. Bei den verschiedensten Anlässen schrieb er der Königin von England und bot ihr seine Hilfe

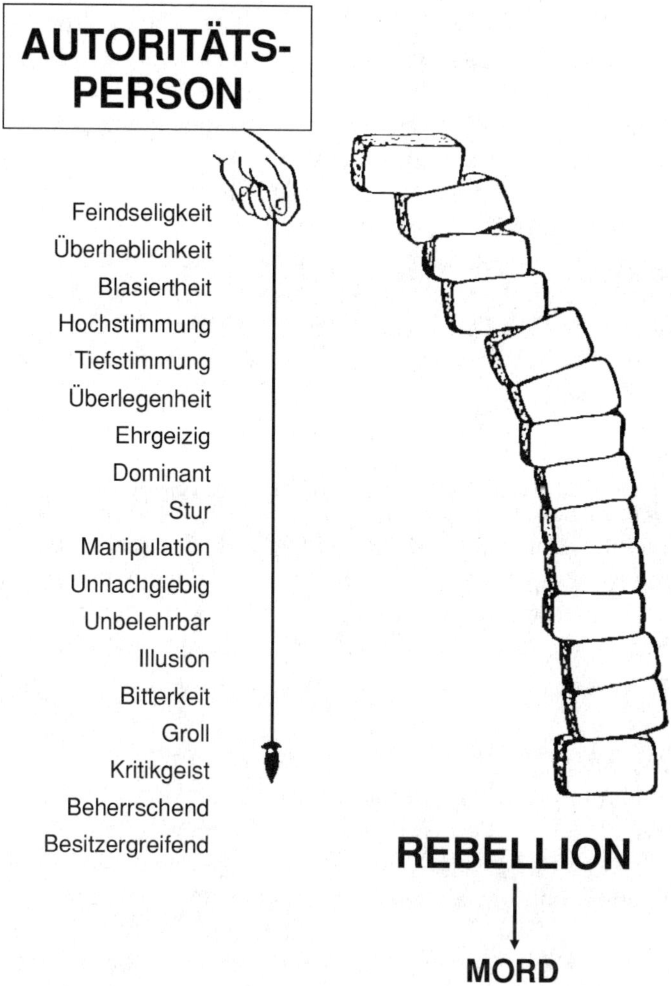
AUTORITÄTS-
PERSON
Feindseligkeit
Überheblichkeit
Blasiertheit
Hochstimmung
Tiefstimmung
Überlegenheit
Ehrgeizig
Dominant
Stur
Manipulation
Unnachgiebig
Unbelehrbar
Illusion
Bitterkeit
Groll
Kritikgeist
Beherrschend
Besitzergreifend
REBELLION
MORD

Bild 12

zur Lösung der politischen und wirtschaftlichen Probleme Großbritanniens an. Er unterbreitete ihr sogar den Vorschlag, persönlicher Berater der Königin zu werden! Er verteidigte seine eigene Autorität so fanatisch, daß er es nicht ertragen konnte, wenn irgend jemand seine Macht auch nur in Frage stellte. Er herrschte auf Grund eines Erlasses, den er selbst verkündigt hatte, und jeder, der ihm widersprach oder anderer Meinung war, wurde umgebracht. Dies war die einzige Methode, die Amin kannte, um alle zum Schweigen zu bringen, die seine Autorität hinterfragten.

Es heißt, Amin habe gesagt: „Ich persönlich halte mich für die mächtigste Person auf der ganzen Welt", worin sein Größenwahn deutlich wird, gleichzeitig aber auch der Geist des Herrschens, der Manipulation, der Widerspenstigkeit und Unbelehrbarkeit.

GEFÜHLE

Wir wollen nun, Stein für Stein, die Mauer der Rebellion betrachten. Entsprechend wie bei der Studie im vorausgegangenen Kapitel kreuzen Sie auch hier die Steine an, mit denen Sie sich identifizieren können. Wir wollen mit den Steinen anfangen, die mit unseren Gefühlen in Zusammenhang stehen.

FEINDSELIGKEIT

Während eines Seelsorgegesprächs, das ich mit einem Mann mittleren Alters in Japan führte, kam auch seine Vaterbeziehung zur Sprache. Plötzlich sprang er vom Stuhl auf, stieß einen ohrenbetäubenden Schrei aus und schlug mit der Faust auf den Tisch. Fast hätte er mit einem Karateschlag den Tisch durchgeschlagen. Die Erwähnung seines Vater hatte ausgereicht, um eine tiefsitzende Verletzung in Form von Feindseligkeit an die Oberfläche zu bringen. Durch den Zorn waren nicht nur die tiefen Verletzungen in ihm verschlossen geblieben, sondern der Zorn hatte auch die Entwicklung seiner Persönlichkeit behindert.

Zorn kann auf konstruktive Weise geäußert werden. Aber unkontrollierte Feindseligkeit kann sehr gefährlich sein. Zorn entsteht oft durch Verletzungen. Wenn die Verletzung unentwegt fortbesteht, bleibt normalerweise auch der Zorn unverändert bestehen. Ein Mensch, der zu Zornausbrüchen neigt, leidet oft unter ungelösten, inneren Konflikten oder einer nicht geheilten, tiefen inneren Wunde. Wenn kein passendes Ventil für den Zorn vorhanden ist, taucht er unter. Daraus kann ein Teufelskreis entstehen. Zunächst unterdrückt man den Zorn mit aller Kraft, doch bei der nächsten Gelegenheit explodiert man unbeherrscht. Bei Menschen, auf die dies zutrifft, haben sich soviele Gefühle angestaut, daß sie entweder in tiefe Depressionen geraten oder ihr Zorn nur noch durch eine Explosion geäußert werden kann. Ständig unterdrückte, schmerzliche Gefühle äußern sich oft in Form von geistigen Erkrankungen oder in psychosomatischen Störungen.

ÜBERHEBLICHKEIT

Diese Verzerrung läßt sich am besten definieren als Unnahbarkeit oder sich Fernhalten von anderen Menschen, eine Haltung, die zeigt, daß der Betreffende über die Maßen von sich selbst eingenommen ist und zur Egozentrik neigt. Ein Mensch, der eingebildet ist, hat normalerweise mit Einsamkeit zu kämpfen. Mögliche Freundschaften werden durch unnahbares Verhalten oder herablassende Bemerkungen abgewehrt. Die anderen Menschen haben das Gefühl, daß sie schlechtgemacht und herabgesetzt werden und daß der andere ihnen um jeden Preis immer einen Schritt voraus sein will. Der eingebildete Mensch stärkt sein Selbstwertgefühl auf Kosten anderer Menschen, die Folge ist jedoch, daß er keine Freunde hat.

BLASIERTHEIT

Diesen Stein könnte man manchmal auch „Pseudo-Blasiertheit“ nennen. Oft sind es die eingebildeten oder egozentrischen Menschen, die versuchen, ein gekünstelt hohes Niveau zu erreichen.

In der Seelsorge begegne ich manchmal Menschen, die blasiert auftreten und die auf den ersten Blick ein hohes Niveau haben. Doch oft stellt sich heraus, daß diese Haltung künstlich ist, daß sie nicht der Wirklichkeit entspricht. Im Leben dieser Menschen scheint alles in Ordnung zu sein, sie sind ruhig und haben alles im Griff. Sie strahlen Unabhängigkeit und Selbstbewußtsein aus. Doch unter der Oberfläche leiden viele von ihnen an Unsicherheit, Minderwertigkeit und den verschiedensten Ängsten.

Überheblichkeit und diese Haltung eines künstlich hohen Niveaus erweisen sich meistens als große Hindernisse für warmherzige und liebevolle Beziehungen. Der erste Eindruck, den wir von einem Menschen haben, löst in uns oft ein positives oder ein negatives Gefühl aus. Woher kommen diese inneren Reaktionen? Können wir uns auf diese Gefühle verlassen? Ich will erklären, wie sie meiner Meinung nach zustande kommen.

Wenn wir einen Menschen kennenlernen, blendet unser Gehirncomputer in vielen Fällen zurück und bringt uns einen ähnlichen Menschen aus unserer Vergangenheit in Erinnerung. Wie unsere spontane Reaktion auf den neuen Menschen aussieht, ist davon abhängig, ob die Erfahrungen mit dem Menschen aus der Vergangenheit warmherzig und freundlich oder kalt und verletzend waren. Wenn die Erinnerungen negativ sind, neigen wir dazu, den neuen Menschen zu übersehen oder ihm aus dem Wege zu gehen und entwickeln keine Beziehung zu ihm. Wenn die Erinnerungen jedoch positiv sind, haben wir die Bereitschaft, Schritte zu unternehmen, um eine neue Beziehung aufzubauen. Oft erkennen wir nicht, daß wir dem Aufbau schwieriger Beziehungen ausweichen. Doch wenn wir uns zwingen, der Sache auf den Grund zu gehen, sehen wir, daß gerade diese Beziehungen die größten Möglichkeiten für Heilung und Wachstum enthalten.

HOCHSTIMMUNG und TIEFSTIMMUNG

Joshua Logan, der außergewöhnlich talentierte Regisseur des amerikanischen Theaters, sprach 1973 folgende Worte:

„Depression ist schrecklich; aber Hochstimmung – die ungleiche Zwillingsschwester – ist noch schrecklicher, wie reizvoll sie im Moment auch erscheinen mag. Wenn sie sich in immer größere Höhen aufschwingt, befindet sich der Mensch in größerer Gefahr, als wenn er in der Tiefe der Depression sitzt." Logan sprach diese Worte vor einem Symposion über Depressionen, das von der „American Medical Association" abgehalten wurde, und enthüllte damit seine eigene 30jährige Geschichte der „bi-polaren", manisch-depressiven Stimmungsschwankungen.

Wenn wir in Konflikten stehen oder unter Druck geraten, ist es völlig normal, daß wir Stimmungsschwankungen erleben. Eine Krise auf unserem Lebensweg ist ähnlich wie eine starke Unebenheit auf der Straße. So wie die Federung des Autos auf- und abschwingt, so reagieren auch unsere Stimmungen. Das ist ganz normal, und so wie das Schwanken des Autos durch die eigene Schwere wieder zur Ruhe kommt, reagieren auch unsere eigenen Gefühle – außer wenn wir unter extrem hoher Spannung stehen. Ist dies der Fall, so können wir in einen manischen Zustand geraten oder in einen depressiven Zustand hinabsinken. Die dritte Möglichkeit ist, daß unsere Stimmung unruhig zwischen beiden Zuständen hin- und herschwankt. Diese Stimmungsschwankungen können so stark werden, daß man die Fähigkeit verliert, seine eigenen Gefühle zu beherrschen oder eine Psychose auslösen. Zur Ruhe zu kommen und die Lösung des inneren Konflikts sind wichtige vorbeugende Maßnahmen.

INTELLEKT

Die zweite Kategorie, mit der ich mich befassen möchte, bezieht sich auf unseren Denkprozeß und die daraus folgenden Haltungen. Kreuzen Sie auch hier die Steine an, mit denen Sie sich identifizieren können.

ÜBERLEGENHEIT

Der Stein der Überlegenheit kommt am häufigsten in der akademischen Welt vor, die sich in vielen Fällen zu einer Art

Kastensystem entwickelt hat. Allzu häufig geschieht es, daß sich diejenigen, die einen höheren akademischen Abschluß haben, mit denen von den niederen Rängen nur auf Gespräche über Allgemeinfragen einlassen, wenn überhaupt. Wenn Menschen ständig in einer überlegenen, herablassenden Art handeln, deutet dies oft darauf hin, daß sie eigentlich Minderwertigkeitsgefühle haben und diese nur kompensieren wollen. Wenn sie andere Menschen schlechtmachen, fühlen sie sich selbst dadurch erhoben.

Diese Haltung, unbedingt immer als der Bessere dastehen zu müssen, ist gewöhnlich ein Versuch, schmerzvolle und unterdrückte Minderwertigkeitsgefühle zu verbergen und zu kompensieren. Solche Gefühle sind vielleicht durch zu hohe Erwartungen der Eltern oder von Freunden in der Kindheit entstanden. Der Stein der Überlegenheit hindert den Betreffenden in sehr vielen Fällen daran, tiefgehende Beziehungen aufrechterhalten zu können.

EHRGEIZIG

Für den flüchtigen Beobachter war Graham ein Mann, der in der Blüte seiner Jahre und seines Dienstes stand und bei dem alles in Ordnung war. Doch in meinem Büro fing er an zu weinen, als er über all die Jahre nachdachte, in denen er viel Energie und Anstrengung in die Gemeindearbeit gesteckt hatte. Am Rande der Erschöpfung erkannte er, daß er fast sein ganzes Leben lang um die Liebe der Menschen, ja sogar um Gottes Liebe gekämpft hatte. Wie war es dazu gekommen? Was hatte ihn dahin gebracht, einen derart von Streß geprägten Lebensstil zu entwickeln?

Dieser junge Mann war, wie so viele andere Menschen auch, in einer Umgebung aufgewachsen, wo er nur dann Annahme, beziehungsweise Bestätigung erfuhr, wenn er etwas leistete. Seine Eltern stellten Bedingungen für ihre Liebe und verlangten ein bestimmtes Leistungsniveau von ihm, zum Beispiel beste Noten in der Schule und höchste Leistungen im Sport und anderen Bereichen des Lebens. Doch selbst wenn er Höchstleistungen erbrachte, erhielt er nur wenig oder gar keine Bestätigung und viel Kritik. Wenn seine Eltern ihn lobten, dann nur mit dem Beisatz, daß er eigentlich noch besser hätte sein können.

Immer wieder war ihm gesagt worden: „Meine Söhne kommen nicht mit solchen Noten nach Hause!" Die Botschaft, die ihn dadurch erreichte, war eindeutig: Wenn er nicht gut genug war, würde er abgelehnt werden. Diese Art von bedingter Liebe bewirkt in Kindern, daß sie sich unerreichbare Ziele setzen und nach einem Standard streben, den sie nie erlangen können. Als Folge einer solchen Erziehung meinen heute viele Erwachsene, sie müßten ständig Leistung erbringen, um Anerkennung oder Liebe zu bekommen. Manche Menschen verausgaben sich in ihrem Dienst für Gott, weil sie sich bemühen, Seine Liebe zu verdienen, die doch umsonst gegeben wurde und zwar ohne Einschränkungen. Aber sie haben sie nicht angenommen.

Vor einigen Jahren zeigte mir der Herr, wie wichtig es ist, daß ich meine Söhne Michael und Lionel bestätige, auch wenn sie gerade einmal nichts Besonderes tun, sondern einfach nur sie selbst sind. Wenn ich sah, wie sie auf dem Fußboden saßen und mit Lego spielten, ihrem Lieblingsspielzeug in jenem Alter, oder wenn sie ein Buch lasen, dann ging ich zu ihnen, legte ihnen den Arm um die Schulter und sagte, daß ich sie, so wie sie waren, liebte und schätzte. In den vergangenen Jahren habe ich dies immer wieder getan. Inzwischen sind sie herangewachsen und zu jungen Männern geworden, und ich glaube, daß die Botschaft bei ihnen angekommen ist, daß ihr Vater sie so liebt, wie sie SIND, und daß er sie nicht nur dann liebt, wenn sie etwas bestimmtes TUN.

DOMINANT

In unserer Zeit übernehmen in immer mehr Ehen die Frauen die Schlüsselrolle, ja, oft dominieren sie in allen Bereichen der Beziehung. Soziologen messen diesem Verhaltensmuster einige Bedeutung bei.

Worin liegen die Ursachen für diese auffällige Verschiebung innerhalb der Familie? Dominantes Verhalten entsteht aus Unsicherheit, und Unsicherheit wird durch ein Liebesdefizit ausgelöst. Die Männer haben entweder vergessen, was es heißt, ihre Frauen zu lieben, oder sie haben es nie gewußt. Oft begehren sie ihre Frau nur, ohne den Unterschied zwischen Liebe und Lust zu kennen. Lust und Liebe werden daher oft als Synonyme gebraucht, obwohl sie in Wirklichkeit Antonyme sind, das heißt, das Gegenteil voneinander. Eine von Lust geprägte Beziehung löst in der Frau das Gefühl aus, ein Gebrauchsgegenstand zu sein und weckt in ihr Gefühle der Unsicherheit. Dies kann zu Frustration, ja sogar Frigidität führen. Um diesen Prozeß zu vermeiden, versuchen manche Frauen, ihren Mann zu manipulieren, damit er ihr Bedürfnis nach Liebe stillt. Diese dominierende Haltung kann letztlich zur Zerstörung der Beziehung führen, und genau das geschieht heute in sehr vielen Familien.

STUR

Stur sein bedeutet: „Nicht flexibel, starr, unnachgiebig" (Anm.9). Bei einem jungen Mann in meiner Klasse zeigte sich diese Störung der Persönlichkeit sehr deutlich. Als wir im Anschluß an eine meiner Vorlesungen eine Zeit der Diskussion hatten, stand er auf und begann, sehr wortgewandt seine Position darzustellen. Im Raum wurden die verschiedensten Bemerkungen laut, doch einige widersprachen seinen Ansichten öffentlich. Ich hielt mich als stiller Zuschauer im Hintergrund, ließ der Diskussion ihren Lauf und beobachtete, wie der junge Mann stur an seiner Meinung festhielt, ganz gleich, was die anderen sagten. Mit erhobener Stimme unternahm er schließlich einen letzten, verzweifelten Versuch und stürmte dann aus dem Raum. Seine Identität war so stark an seine Meinung gebunden, daß er nicht damit umgehen konnte, Unrecht zu haben. Wenn er akzeptieren würde, daß sich seine Meinung völlig von der Meinung der anderen unterschied, würde er damit zugeben, daß er auch im Unrecht sein könnte. Doch das würde für ihn eine vollkommene Herabsetzung seiner Würde oder seines Selbstwertes bedeuten.

Bei anderen Menschen ist das Sicherheitsgefühl vielleicht von einer Struktur abhängig, sei es zu Hause, beim Arbeitsplatz oder in der Schule. Allein schon der Gedanke an eine mögliche Veränderung kann in uns eine Überreaktion hervorrufen. Aber Sturheit stellt ein Hindernis für unsere Entwicklung dar. Als Beispiel für diese Störung sei nur die Sturheit genannt, die ein Mann an den Tag legen kann, wenn seine Frau beim Frühjahrsputz seinen Lieblingsstuhl verrückt. Wie sieht unsere eigene Reaktion aus, wenn eine uns liebgewordene Struktur verändert wird oder sogar völlig aus unserem Leben verschwindet? Ist unsere Identität von der uns vertrauten Umgebung abhängig?

UNNACHGIEBIG

In der Bibel wird die Geschichte von einer widerspenstigen Eselin erzählt (4. Mose 22,22-33), doch zum Schluß kommt heraus, daß eigentlich Bileam, der Eselbesitzer, der Widerspenstige war. Eines Morgens sattelte der Mann seine Eselin und brach zu einer langen Reise auf. Sie waren noch nicht lange unterwegs, als die Eselin plötzlich vom Weg abbog und auf dem Feld weiterging. Zornig schlug der Herr das Tier und versuchte, es auf den Weg zurückzubringen. Doch stattdessen drängte sich die Eselin an eine Mauer und klemmte den Fuß ihres Herrn ein. Voll Zorn schlug er sie erneut. Er wußte nicht, daß sie einem Engel auswich, der mit gezücktem Schwert den Weg versperrte. Dreimal wich sie vom Weg ab, um ihren Herrn davor zu beschützen, vom Schwert erschlagen zu werden, und jedesmal schlug sie der Herr. Als sie schließlich mit ihm zu Boden stürzte, drohte er, sie zu töten. Doch plötzlich wurden ihm die Augen geöffnet, und er sah den Engel des Herrn vor sich stehen, immer noch mit gezücktem Schwert.

Die hartnäckige Unnachgiebigkeit des Menschen, wie sie sich in der Geschichte von Bileams Esel zeigt, ist einer der Punkte, an dem Gott sehr mit uns zu kämpfen hat. Unnachgiebigkeit wird häufig durch Unsicherheit ausgelöst, die wir angesichts einer neuen Situation empfinden, und diese Unnachgiebigkeit führt dazu, daß wir Gott nicht vertrauen oder ihm nicht gehorchen. Widerspenstigkeit kann auch durch bestimmte Verhaltensmuster entstehen, die wir über einen längeren Zeitraum hin entwickeln. Dies betrifft besonders Verhaltensmuster gegenüber Autoritätspersonen, die ihre Stellung mißbraucht haben.

UNBELEHRBARKEIT

Manchen Menschen fällt es schwer, zuzugeben, daß sie etwas Neues lernen müssen. Da sie ihre Identität vor allem von ihrem Wissen abhängig gemacht haben, würde dies eine Erniedrigung ihres Ichs bedeuten. Anstatt sich den Herausforderungen des Lebens zu stellen und dadurch, daß sie etwas Neues lernen, an Weisheit zuzunehmen, geraten diese Menschen in eine Identitätskrise.

Viele der Spaltungen innerhalb der Kirchengeschichte sind durch Unbelehrbarkeit ausgelöst worden. Die Bibel sagt nicht, daß wir nur dann eins sind, wenn wir alle derselben Lehre zustimmen können. Vielmehr sagt sie, daß uns nichts von der Liebe Christi trennen kann. Nicht das Wissen, sondern die Liebe hilft uns, voneinander zu lernen. Durch die Liebe können wir einander die Wahrheit sagen und in Christus heranwachsen, in Ihm, der allein der Allwissende ist.

GEIST

Die letzte Kategorie bezieht sich auf den Geist, den Teil des Menschen, durch den er mit der unsichtbaren Geisteswelt in Verbindung steht. Kreuzen Sie auch hier die Steine der Persönlichkeit an, mit denen Sie sich identifizieren.

ILLUSIONEN

Wenn eine Täuschung chronisch wird, kann sich daraus eine Illusionen entwickeln. Eine Frau im mittleren Alter hatte große Schwierigkeiten, ihrem Mann zu vergeben, der ihr vor langer Zeit einmal untreu gewesen war. Sie brauchte nur in irgendeine Laune hineinzugeraten oder ihrer Phantasie freien Lauf zu lassen, dann glaubte sie, ihr Mann hätte eine Affäre mit einer anderen Frau. Obwohl sie nie einen Beweis für ihre Gedanken fand, zerbrach die Ehe fast unter dieser Belastung. Wenn die Täuschung, der sich ein Mensch hingibt, nicht korrigiert wird, kann der Betreffende in einen paranoiden, psychotischen Zustand geraten, so daß die Hilfe eines Facharztes nötig wird.

GROLL UND BITTERKEIT

Wenn wir anderen Menschen nicht vergeben, steigt Groll in unserem Herzen auf. Wenn wir durch Worte, Taten oder Reaktionen eines anderen verletzt werden, haben wir die Wahl entweder zu vergeben oder zu grollen. Wenn wir vergeben, stehen wir an dem Ort, wo auch Gott uns unsere Sünden vergibt. Doch wenn wir zulassen, daß Groll in unserem Herzen ist, dann versperren wir damit der Vergebung Gottes den Weg und öffnen der Bitterkeit die Tür.

Die Bibel warnt uns und fordert uns auf, wachsam zu sein, damit in keinem eine bittere Wurzel ausschlägt und viele dadurch verunreinigt werden. Die Bitterkeit, der wir in unserem Herzen Raum geben, ist wie ein Unkraut, das in uns tiefe Wurzeln schlägt. Wenn wir zulassen, daß diese Wurzeln wachsen, werden sie sich in kurzer Zeit in unserem ganzen Herzen ausbreiten und unsere Seele, unseren Geist und unseren Körper verunreinigen.

In unserem Garten in Hawaii haben wir ein bestimmtes Unkraut, das bedrohliche Maße annehmen kann. Es hat uns schon viel Schweiß und Mühe gekostet. Wenn man das Unkraut ausreißt, solange es ein oder zwei Zentimeter groß ist, gibt es keine Schwierigkeiten, doch sobald die Pflanze größer wird, braucht man eine Hacke, um die langen, verzweigten Wurzeln zu entfernen.

Liebe besteht letztlich darin, daß wir einander vergeben. Wer nicht vergibt, wird bitter und verhärtet in seinem Geist. Bitterkeit hat schon viele Ehen, Familien und Gesellschaften zerstört, und wir wollen nicht zulassen, daß auch wir dadurch zerstört werden. Bitterkeit kann uns auch anfällig machen für geistige und körperliche Krankheiten, die nur dann erfolgreich behandelt werden können, wenn Vergebung ausgesprochen wird.

KRITIKSUCHT

Eine kritisierende Haltung führt zu Unzufriedenheit, dies wiederum bewirkt, daß die Haltung der Wertschätzung und Dankbarkeit vertrieben wird. Unsere Aufmerksamkeit richtet sich in Form von Selbstmitleid nach innen. Oft haben wir eine Vorliebe dafür, Dinge schlecht zu machen. Vielleicht versuchen wir, diese Schwäche als „positive Kritik“ hinzustellen. In Wirklichkeit ist es jedoch das genaue Gegenteil, weil es einer destruktiven Haltung entspringt. Übermäßig zu kritisieren, ist negativ und kann andere Menschen zerstören. Wir müssen lernen, daß ein Unterschied besteht zwischen „kritischem Denken“, das unsere Wahrnehmung schärft und einem „Kritikgeist“, der andere Menschen niedermacht.

BEHERRSCHEND UND BESITZERGREIFEND

Diese beiden Steine in der Mauer, die um das Herz herum errichtet ist, stehen eng miteinander in Verbindung, weil das eine zum anderen führt. Weil wir uns unsicher fühlen und verletzt sind, versuchen wir, andere zu beherrschen. Wir versuchen, die Oberhand zu bewahren. Wenn wir andere Menschen immer wieder beherrschen, entwickelt sich ein besitzergreifender Wesenszug in uns, wir versuchen, das Leben der anderen für sie zu leben. Diese Störung der Persönlichkeit wird in Beziehungen zu einer tödlichen Waffe, weil dadurch die Individualität erstickt wird.

MANIPULATION

Wir wollen uns jetzt mit dem vielleicht mächtigsten Stein in unserer Mauer beschäftigen. Manipulation ist ein bösartiger und destruktiver Aspekt der Persönlichkeit, der das Potential hat, Liebe vorzutäuschen, der in Wirklichkeit jedoch Liebe verhindert und zerstört. Aus diesem Grund ist Manipulation ein Hauptfaktor in Ehekonflikten und beim Zusammenbruch von Familien.

Manipulation kann definiert werden als ein Versuch, Menschen oder Umstände durch irreführende oder indirekte Methoden zu beherrschen. „Webster's Dictionary" beschreibt Manipulation als heimtückisch. Dies bedeutet:

IRREFÜHREND:	man wartet auf eine Gelegenheit, den anderen zu verstrikken
VERFÜHRERISCH:	sieht verlockend aus, richtet jedoch Schaden an
HEIMTÜCKISCH	sie geschieht so langsam, daß sie wirksam wird, bevor der andere es bemerkt; der Einfluß ist stetig, hat jedoch Langzeitwirkung.

Manipulation (Anm.10) ist ihrem Wesen nach UNEHRLICH; Liebe, im Gegensatz dazu, entfaltet sich auf der Grundlage der Ehrlichkeit. Der Manipulator ist unehrlich, weil sein Verhalten von einer Reihe von Tricks, geschickter Schachzüge, Handlungen und Rollenspiele geprägt ist, was in vielen Fällen so weit geht, daß man nicht mehr weiß, wer der Mensch in Wirklichkeit ist. Der Manipulator macht ständig Spielchen, um sich dahinter zu verstecken; der liebende Mensch hingegen ist frei und fühlt sich wohl, so wie er ist. Er kann aufrichtig sein und sich in aller Ehrlichkeit vor anderen öffnen.

Der zweite Aspekt der Manipulation ist, daß man nicht merkt, was geschieht. Der Manipulator leidet unter einer GESICHTSFELDEINENGUNG, er sieht nur, was er sehen möchte, er hört nur, was er hören möchte. Selbst wenn eine Situation eindeutig und konkret beschrieben worden ist, kann es sein, daß der Manipulator sagt, er habe nichts davon mitbekommen. Da der Manipulator seine ganze Aufmerksamkeit auf sein eigenes Ziel richtet, ist sein Gewissen oft sehr abgestumpft.

Im Gegensatz dazu ist der liebende Mensch in der Lage, eine Vielfalt von Interessen zu haben und eine Vielfalt von Eindrücken aus seiner Umgebung aufzunehmen. Er ist in seinen Gedanken nicht gefangen, sondern entspannt und kann die Natur, Musik, Kunst und die Schönheit der Welt in sich aufnehmen.

Der dritte Aspekt der Manipulation ist KONTROLLE. Der Manipulator lebt so, als wäre er ein Schachspieler, der als Endziel hat, seinen Gegner schachmatt zu setzen. Der Manipulator muß um jeden Preis alle Dinge im Griff haben, darum muß er sich ständig auf das Spiel des Lebens konzentrieren. Im Gegensatz dazu muß die liebende Person keine Kontrolle ausüben, sondern hat Freiheit, sich zu entfalten und kann sich entspannen.

Der vierte Aspekt der Manipulation ist MISSTRAUEN. Dem Manipulator fällt es sehr schwer, anderen Menschen zu vertrauen. Daraus folgt, daß er auch sich selbst nicht trauen kann. Er hält ständig nach Wegen Ausschau, wie er die Oberhand bewahren und die Beziehungen unter Kontrolle halten kann. Der liebende Mensch hingegen kann sich an Beziehungen erfreuen, weil er die Freiheit hat zu vertrauen.

Leider sind heute die meisten Ehen in ihrem Ursprung manipulativ. Ein Mann heiratet eine Frau, um von ihr Liebe zu empfangen, eine Frau heiratet einen Mann, um Liebe und Sicherheit zu bekommen. Beides ist Manipulation und bildet eine schlechte Grundlage für die Ehe.

WAS IST LIEBE?

Wie definiert die Bibel Liebe? Liebe bedeutet, eine Beziehung zu entwickeln, um zu GEBEN. Manipulation baut eine Beziehung auf, um zu BEKOMMEN. Denn so sehr hat Gott die Welt geliebt, daß Er uns bekommen hat? NEIN! Denn so sehr hat Gott die Welt geliebt, daß er seinen Sohn gab (Joh. 3,16). Unsere Vorstellung von Liebe ist so verzerrt, daß unser Motiv für Liebe darin besteht, selbst etwas zu bekommen. „Ich brauche eine Frau“, oder „Ich brauche einen Mann.“ Doch das ist nicht die Motivation, die nach Gottes Plan die Grundlage einer Ehe bilden sollte, diese Gedanken folgen nicht der göttlichen Richtschnur der Liebe. In unserer Gesellschaft wird Liebe so oft verzerrt dargestellt. Die Medien bombardieren uns mit etwas, was Liebe genannt wird, doch in Wirklichkeit nichts anderes ist als Lust.

VERSCHIEDENE ARTEN VON MANIPULATOREN

Es gibt vier verschiedene Arten von Manipulatoren, die ich beschreiben möchte.

1. Der AKTIVE Manipulator. Das Ziel eines solchen Menschen besteht darin, um jeden Preis die Dinge unter Kontrolle zu haben. Er vermeidet, seinen eigenen Schwächen ins Auge zu sehen und hebt seine Stärken hervor, er muß immer das Sagen haben. In Beziehungen zu anderen wirkt er immer als der Starke, und wann immer es möglich ist, nutzt er andere Menschen zu seinem Vorteil aus.

2. Der PASSIVE Manipulator ist schwerer zu erkennen, weil seine Art der Manipulation nicht so unverhohlen geschieht. Sein Ziel ist nicht Kontrolle, sondern er versucht um jeden Preis zu vermeiden, anderen Menschen zum Anstoß zu werden. Er spielt die Rolle des hilflosen, bedürftigen Menschen, setzt häufig den Mauerstein des Selbstmitleids ein und versucht, durch Verlieren zu gewinnen. Indem er den Schwächeren spielt, manipuliert er die anderen, sein Bedürfnis nach Liebe zu stillen. Der aktive Manipulator erreicht sein Ziel durch Gewinnen, der passive Manipulator gewinnt, indem er verliert.

Eines Tages, als wir mit unserer Familie Freunde besuchten, erlebte ich ein gutes Beispiel für beide Haltungen. Wir hatten unsere Hündin Sheba mitgenommen. Als wir nun erfreut unsere Freunde begrüßten, hörten wir zu unserer Überraschung ein tiefes Knurren hinter uns. Als wir uns umdrehten, sahen wir Sheba steifbeinig dastehen, Kopf und Schwanz erhoben, das goldene Fell sträubte sich vor Empörung. Vor ihr auf dem Boden lag der große, schwarze Hund von unseren Freunden, ein Bild der Unterwerfung – er lag auf dem Rücken, die Pfoten nach oben, die rosa Zunge hing heraus. Nach wenigen Momenten löste sich die Szene auf, und die Hunde verbrachten den Rest des Tages damit, einander zu jagen und miteinander zu spielen. Sheba hatte offensichtlich klargestellt, daß sie die Stärkere war und der andere Hund der Schwächere – mindestens in dieser Beziehung.

3. Die dritte Art von Manipulator ist der VON KONKURRENZDENKEN GEPRÄGTE Mensch. Er ist flexibler und kann je nach Situation sowohl den Stärkeren als auch den Schwächeren spielen, er ändert einfach seine Taktik. Er ist geschickter und hat die Manipulation professionell in seine Persönlichkeit eingebaut. Sein Ziel ist es zu gewinnen, ganz gleich, welche Haltung er dafür einnehmen muß. Für ihn ist jeder Mensch ein Konkurrent.

4. Der GLEICHGÜLTIGE Manipulator unterscheidet sich darin von den drei anderen Gruppen, daß er sowohl gegen die Rolle des Starken, als auch gegen die Rolle des Schwachen eine Abneigung hat. Er ist schnell bereit zu sagen, daß er solche Spielchen überhaupt nicht mag. Aber wenn er behauptet, daß ihm all dies gleichgültig sei, manipuliert er sich in Wirklichkeit selbst, allerdings ohne es zu merken. Er täuscht sich selbst, weil er nicht zugibt, wie seine Gefühle wirklich aussehen. Das, was geschieht, ist ihm nicht egal, es berührt ihn durchaus – doch indem er dies leugnet und seine Gefühle unterdrückt, manipuliert er sich selbst. All dies wird im Namen der LIEBE getan und ist ein heimtückisches und machtvolles Werkzeug, um Beziehungen zu zerstören.

Manipulatoren haben keine Ruhe, es ist so, als würden sie ununterbrochen Schach spielen, sie stehen ständig unter Spannung und Druck, um ihr Ziel zu erreichen. Wie sieht das Ziel aus, nach dem sie streben, das sie jedoch nie wirklich erlangen?

Wenn wir der menschlichen Richtschnur der Ablehnung bis zum Ende folgen, wird deutlich, daß der letzte Akt der Ablehnung des eigenen Ichs der SELBSTMORD ist. Der steigende Prozentsatz von Selbstmord als Todesursache ist alarmierend. Wenn wir unser Leben hingegen mehr nach der menschlichen Richtschnur der Rebellion ausrichten, stehen wir in Gefahr, eines Tages des MORDES angeklagt zu werden. In diesem Fall haben wir unseren Zorn an anderen

Menschen ausgelassen, anstatt ihn gegen uns selbst zu richten.

DIE EINZIGE WAHL, DIE WIR HABEN

Vielleicht denken wir jetzt, die Wahl, die wir haben, sei sehr beschränkt, wir könnten nur der menschlichen Richtschnur der Ablehnung oder der Richtschnur der Rebellion folgen. Gibt es noch eine andere Möglichkeit? Ja, es gibt die wahre, göttliche Richtschnur. Aber halt! Wir müssen uns erst klarmachen, was dies beinhaltet. Wenn wir die göttliche Richtschnur bejahen und durch diese Richtschnur dem Selbstmord und dem Mord entfliehen wollen – müssen wir auch bejahen, GEKREUZIGT zu werden. „Was für eine Wahl!" sagen wir.

Was bedeutet es, gekreuzigt zu werden? Im Wesentlichen bedeutet dies, daß wir dann, wenn wir uns nach Gottes Richtschnur ausrichten wollen, bereit sein müssen, das Kreuz Christi anzunehmen. Wir müssen die selbstsüchtigen und unreinen Wünsche unseres Fleisches kreuzigen, die uns in einer Gegenreaktion von der einen Seite auf die andere werfen. Wir müssen bereit sein, uns täglich von den alten Wünschen zu reinigen und den neuen Wünschen in Wahrheit und Liebe zu folgen. Wir müssen bereit sein, daß die Selbstsucht, das Kreisen um das eigene Ich, die Lust und die Gier am Kreuz sterben, damit Christus in uns leben kann. „Wer sein Leben findet, wird es verlieren, und wer sein Leben verliert, wird es finden" (Mt. 10,39).

Im nächsten Kapitel werden wir sehen, wie die Mauern, die wir bauen, bestimmte Persönlichkeitstypen formen. Wir werden untersuchen, wie weitreichend die Folgen dieser Mauern auf den einzelnen, die Familie und die Gesellschaft sind.

NEHMEN SIE SICH ZEIT

Gehen Sie jetzt noch einmal zurück zu den Steinen, mit denen Sie sich identifizieren konnten. Wie kam es dazu, daß

Sie diese Steine in die Mauer Ihres Herzen eingebaut haben? Können Sie zurückverfolgen, was der Auslöser dafür war?

Sinnen Sie über die Umstände nach, die dazu führten, daß diese Steine in Ihr Leben kamen.

Üben sie immer noch Einfluß in Ihrem Leben aus?

Kapitel 7

VERSCHIEDENE PERSÖNLICHKEITSTYPEN

Es kann sehr bedrückend sein, wenn wir uns damit beschäftigen, aus welchen Steinen unsere Mauer gebaut ist, besonders dann, wenn uns bewußt wird, wie lange sich einige dieser Steine schon in unserer Mauer befinden. Die Mauern stehen jedoch nicht nur symbolisch für unser Verteidigungssystem, sondern auch für verschiedene Persönlichkeitstypen, die sich auf der Basis der Ablehnung oder der Rebellion langsam herausbilden. In diesem Kapitel werden wir uns vier verschiedene Persönlichkeitstypen ansehen und versuchen zu verstehen, wie und warum sie sich entwickeln. Es sind nicht die einzigen Persönlichkeitstypen, die es gibt, sie kommen jedoch häufig vor.

Wenn man sich mit der Entwicklung des Charakters beschäftigt, geht es sowohl um die ererbten, als auch um die erworbenen Aspekte der Persönlichkeit. Die Diskussion über Veranlagung oder Erziehung zeigt, daß es nicht immer leicht ist, eine klare Grenze zu ziehen zwischen dem, was in der Persönlichkeit festliegt, und dem, was veränderbar ist. Die Bibel gibt uns jedoch einige Richtlinien. Wir befassen uns in unserer Studie mit den erworbenen, d.h. veränderbaren Aspekten, auf die in Epheser 4,13 Bezug genommen wird. Dort spricht Paulus von der Notwendigkeit, zu der Vollkommenheit der Persönlichkeit Christi heranzuwachsen.

DER „GEFÄLLIGE" CHRIST

Der hilfsbereite, gefällige Christ, der sein Leben nach der Richtschnur der Ablehnung ausgerichtet hat, sucht Kontakt zu wichtigen Autoritätspersonen und hofft, daß diese seine Bedürfnisse stillen. Die folgenden Äußerungen können helfen, das Bild dieses Persönlichkeitstypes besser zu verstehen:

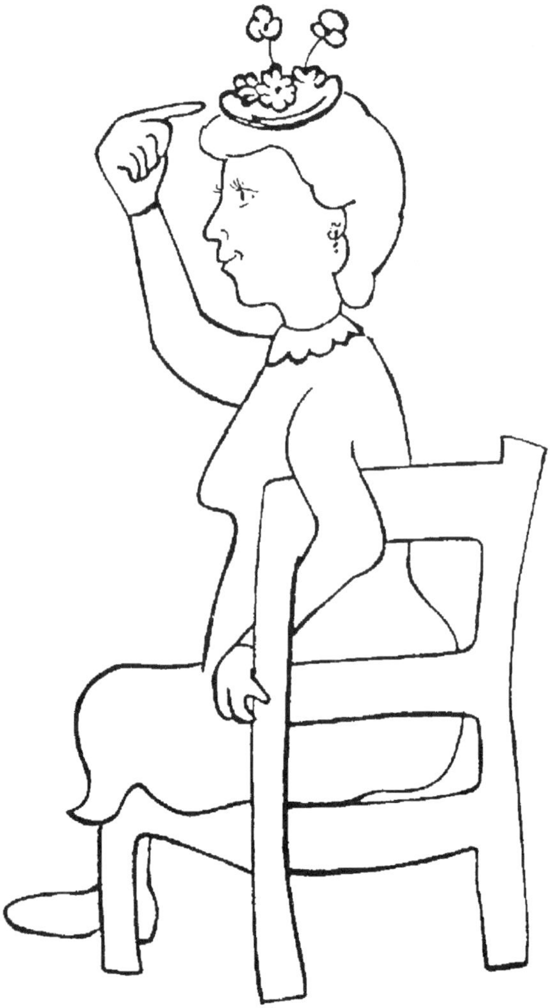

DER GEFÄLLIGE CHRIST

Bild 13

„Ich helfe dir bei allem, was nötig ist."
„Ich stehe jederzeit zu deinen Diensten bereit."
„Ich werde treu zu dir stehen."
„Ich werde dich immer unterstützen."
„Ich werde treu und regelmäßig für dich beten."

Auf der anderen Seite hat der Betreffende aber auch Erwartungen an die Autoritätsperson:

„Beachte mich!"
„Bestätige mich."
„Sei freundlich zu mir."
„Hör mir zu."
„Kümmere dich um mich."
„Sei in der Nähe, wenn ich dich brauche."
„Laß mich nie im Stich, laß mich nie allein."

Gefällige Menschen können sehr gute Helfer und Mitarbeiter sein. Sie sind dem Leiter oft einen Schritt voraus, sie sind tüchtig und erfolgreich, haben Einfühlungsvermögen und kümmern sich um andere Menschen. Sie arbeiten gerne in der Seelsorge mit oder auch in anderen Diensten der Gemeinde.

Die Äußerungen des gefälligen Christen können mit zwei Sätzen zusammengefaßt werden:

„Ich tue alles, was du willst!"
„Bitte habe mich lieb."

Die Haltung der gefälligen Christen birgt eine große Gefahr in sich, sowohl für sie selbst, als auch für die Menschen, mit denen sie in Verbindung stehen. Ihr Bedürfnis nach Bestätigung und Liebe muß gestillt werden, selbst wenn dies auf Kosten bestimmter Grundsätze oder der Wahrheit geschieht. Ihr Verhalten ist von Zaudern geprägt. Sie versuchen, Menschen zu gefallen. Da sie durch ein übermäßig großes Verlangen nach Zuwendung und Bestätigung getrieben werden, geraten sie leicht in die Falle der Unmoral. Wenn sie von einer Autoritätsperson enttäuscht werden, ganz gleich, ob dies den Tatsachen entspricht oder nur Einbildung ist, fühlen sie sich vollkommen abgelehnt oder stürzen in tiefe Depressionen. Je häufiger dies geschieht, desto mehr ziehen sie sich zurück, und ihre Fähigkeit, in anderen Beziehungen zu vertrauen, nimmt ab. Es ist leider schon sehr oft vorgekommen, daß unsere geistlichen Leiter dem heimtückischen Fallstrick der gefälligen Persönlichkeit erlegen sind, entweder weil sie selbst oder aber andere Menschen zu diesem Typ gehörten.

Einen Urtyp der gefälligen Persönlichkeit finden wir im ersten Buch Samuel (1 Sam. 15,24). Saul hatte im Kampf gesiegt, doch nun mißachtete er die Anweisungen, die Gott ihm zur Vernichtung der Amalekiter gegeben hatte. Saul suchte die Zustimmung und Anerkennung von Menschen und baute sich auf dem Berg Karmel ein Denkmal. Anstatt Gott zu fürchten und Ihm zu gehorchen, hatte Saul die Menschen gefürchtet und nach ihrer Anerkennung getrachtet. Diese gefällige Haltung führte dazu, daß er sein Königreich vollkommen verlor, ein langsamer, betrüblicher Prozeß der Schwächung seiner Leiterschaft setzte ein.

Wenn der Mensch, der einen gefälligen Persönlichkeitstyp hat, zuviele Rückschläge erleidet, kann es geschehen, daß er seine Rolle mit dem nächsten Persönlichkeitstyp vertauscht.

DIE „DAS KANN ICH NICHT"-PERSÖNLICHKEIT

„Keiner kümmert sich um mich!"
„Keiner macht sich die Mühe, mir zu erzählen, was los ist."
„Keiner hat Zeit, mir zuzuhören."
„Keiner besucht mich."
„Keiner kommt, um für mich zu beten, wenn es mir schlecht geht
oder wenn ich krank bin."
„Keiner mag mich."

Wenn wir mit einem „Das kann ich nicht" Persönlichkeitstyp in Berührung kommen, dann werden wir früher oder später garantiert mehrere dieser Sätze zu hören bekommen. Solche Menschen müssen ständig gegen das Gefühl ankämpfen, sie seien nicht gewollt oder sie würden nicht gebraucht. Man kann auch folgende Äußerungen von ihnen hören:

DER „DAS-KANN-ICH-NICHT“-CHRIST

Bild 14

„Es hat keinen Zweck, es noch einmal zu versuchen."
„Ich habe schon so oft versagt."
„Ich weiß, daß ich ein Versager bin!"
„Das werde ich sowieso nie schaffen."
„Ich werde mich doch nie ändern."
„Ich kann nicht mehr."
„Ich gebe auf!"
„Gott, warum machst du den Problemen nicht endlich mal ein Ende?"

Dieser negative Typ ist in unserer Gesellschaft keine Ausnahme. Die Hauptbotschaft läßt sich auch hier in zwei Sätzen zusammenfassen:

„Keiner liebt mich."
„Ich gebe auf."

Eines Tages öffnete sich die Tür des Seelsorgezentrums, und ein Mann betrat mit schleppendem Schritt den Raum. Er war offensichtlich noch jung, doch ging er so gebeugt und sah so trostlos aus, daß man ihn leicht für sehr viel älter halten konnte. Mit gebeugtem Kopf schlurfte er über den Teppich und warf verstohlene Blicke durch den Raum.

Mit kaum hörbarer Stimme versuchte er, unsere Fragen mit ja oder nein zu beantworten. Wir versuchten, ihm zu helfen. Doch nichts von dem, was wir sagten, schien ihn irgendwie zu berühren. Es war fast, als trüge er eine undurchdringliche Rüstung, die allen unseren Bemühungen, seine Abgrenzung zu durchbrechen, widerstand. Nach einer ausführlichen Sitzung mit ihm wurde unser Eindruck immer stärker, daß er völlig ohne Hoffnung war. Seit vielen Jahren kämpfte er mit einem inneren Konflikt, er war von Schuldgefühlen geplagt, weil er sich der Lust hingegeben hatte. Als er sich schließlich hilfesuchend an uns wandte, hatte er sich bereits so weit zurückgezogen und war so sehr bedrückt, daß es aussah, als könnten wir nur wenig für ihn tun. Seine Krise war chronisch geworden. Um in der Welt der Wirklichkeit überleben zu können, hatte sich der junge Mann in Form einer manisch-depressiven Psychose in eine Phantasiewelt geflüchtet. Für mich war dies eine dramatische Veranschaulichung der Wahrheit, die in Gottes Wort steht: „Der Lohn der Sünde ist der Tod“ (Röm. 6,23).

Durch eine Krankheit in der Kindheit war Susan leicht behindert. Ihr Leben lang hatte sie erlebt, wie andere sich deswegen über sie lustigmachten. Als Folge davon versuchte sie ständig, es allen recht zu machen: ihren Eltern, den Lehrer, den Klassenkameraden. Sie hoffte, dadurch die Liebe zu bekommen, die sie brauchte. Susan wuchs zu einer attraktiven jungen Frau heran, heiratete früh und brachte kurz hintereinander sechs Kinder zur Welt.

Schon bald artete die Bemühung, ihrem Mann und der Familie alles recht zu machen, zu einem regelrechten Kampf aus. Doch anstatt der Bestätigung, nach der sie sich sehnte, wurde sie nur mit Kritik überschüttet. Ganz gleich, was sie tat, sie konnte ihren Mann nie zufriedenstellen. Entweder war das Essen zu weich gekocht oder nicht gar genug; die Kleidung war nicht ordentlich genug gebügelt oder nicht korrekt zusammengelegt; das Haus war nie ordentlich genug, nichts, was sie tat, fand die Anerkennung ihres Mannes. Er ignorierte einfach alle ihre Bemühungen, ihm zu gefallen.

Im Laufe der Jahre verbrachte Susan immer mehr Zeit vor dem Fernsehen, sie überließ die Hausarbeit ihrem Mann. Weil ihr Verlangen, ihrem Mann zu gefallen, zurückgewiesen wurde, zog sie sich immer mehr zurück und tauschte die Haltung der Gefälligkeit gegen die Rüstung der „Ich kann das nicht“-Persönlichkeit aus.

Ein weiteres Beispiel für diesen Persönlichkeitstyp ist Mose. Mose, der von Geburt an Ablehnung erfahren hatte, wurde schließlich auch von seinen eigenen Leuten abgelehnt und mußte fliehen, um sein Leben zu retten. 40 Jahre später, als Gott ihn dazu berief, Sein Volk aus der Sklaverei herauszuführen, gab Mose die typische Antwort dieses Persönlichkeitstypes: „Das kann ich nicht!“ (2. Mose 4,1.10.13).

Ein Mensch, der eine „Das kann ich nicht“-Persönlichkeit hat, richtet sein Leben nach einer Richtschnur der Ablehnung aus, genauso wie ein Mensch mit einer „gefälligen“ Persönlichkeit. Anstatt nach Kontakt mit Autoritätspersonen zu suchen, wenden sich die „Das kann ich nicht"-Menschen von diesen ab und verweigern jegliche Hilfe. Viele sind so tief von Autoritätspersonen verletzt worden, daß auch ihr Vertrauen zu anderen Menschen immer weiter abnimmt. Weil sie den Gedanken nicht ertragen können, noch einmal verwundet zu werden, ziehen sie sich von allen Menschen zurück und verkriechen sich in ihrer Rüstung. Je tiefer die Verletzungen sind, die sie erleiden, desto undurchdringlicher wird ihre Rüstung, bis sie schießlich schwören: „Ich werde mich nie wieder verletzen lassen!"

Wir haben bisher die eher passive Linie der Ablehnung betrachtet und wollen nun zu der aggressiveren Linie der Rebellion übergehen und zwei weitere Persönlichkeitstypen untersuchen. Der erste dieser beiden Typen ist aggressiver in seinen Beziehungen zu Autoritätspersonen als sein Gegenüber, der gefällige Christ.

DER „WETTEIFERNDE" PERSÖNLICHKEITSTYP

Kein anderer Persönlichkeitstyp ist so stark mit unserem humanistischen Zeitalter und dem darin geförderten Streben nach Liebe und Anerkennung verbunden, wie dieser. Die Programmierung einer wetteifernden Persönlichkeit ist in der westlichen Kultur wahrscheinlich so weit verbreitet wie sonst keine. Von Menschen mit einer wetteifernden Persönlichkeit kann man häufig folgende Äußerungen hören:

> „Ich kann das besser als ihr alle."
> „Ich weiß über alles Bescheid. Ihr braucht mich nur zu fragen!"
> „Ich zeige euch, wie man es eigentlich machen sollte."
> „Ich bin genau der Mensch, nach dem ihr gesucht habt."
> „Urlaub machen ist doch nur eine Zeitverschwendung."
> „Deine Gefühle sind unwichtig."

DER WETTEIFERNDE CHRIST

Bild 15

„Du mußt stark sein; deine Schwächen darfst du nicht zeigen.“

Auf der anderen Seite möchte ein solcher Mensch von anderen gerne Bestätigung für seine Leistungen erfahren und gibt, ausgesprochen oder unausgesprochen, häufig Botschaften wie die folgenden weiter:

„Siehst du, wie gut ich meine Sache gemacht habe?“

„Sieh doch, was ich für außergewöhnliche Gaben und Fähigkeiten habe.“

„Merkst du nicht, daß ich unersetzbar bin?“

„Du sollst mich und meine Arbeit loben.“

„Wenn du mir sagt, daß ich super bin, dann machst du mich glücklich.“

„Wehe, du sagst mir, daß ich ein Versager bin.“

Die Botschaft, die ein solcher Mensch weitergibt, lautet: „Ich bin vollkommen. Dir bleibt gar nichts anderes übrig, als mich zu lieben.“ Auf unmerkliche Weise ist er von Kindheit an dahin programmiert worden, daß er nicht nur ständig Leistung erbringen muß, um geliebt zu werden und Bestätigung zu erfahren, sondern daß er sich auch ständig anstrengen muß, noch besser zu werden.

Der „unreife Evangelist“ ist ein gutes Beispiel für diesen Typ. Mit übermenschlicher Energie geladen rollt er wie ein Donner in die Stadt ein und besteht darauf, ein Zimmer im 5 Sterne Hotel zu bekommen, im besten Restaurant zu speisen, er erwartet, umsonst telefonieren zu dürfen und rechnet damit, daß die Gemeinde seine Rechnung bezahlt. Er predigt mit großer Dynamik, weckt fast ungeheuerlich erscheinenden Glauben, doch wenn er die Stadt wieder verläßt und der Staub sich langsam legt, kommt die Wahrheit ans Licht. Er läßt eine ganze Reihe verwundeter Helfer zurück, die mit dem Schmerz fertigwerden müssen, mißbraucht und manipuliert worden zu sein. Solche wetteifernden Menschen gebrauchen Menschen, um Projekte durchzuführen. Menschen sind für sie ersetzbar, Projekte jedoch nicht. Oft finden sich bei ihnen die typischen Merkmale von leistungsorientierten Erfolgsmenschen, in den Zeiträumen zwischen großen Leistungsanstrengungen sind sie depressiv und verwundbar.

Versuchen wir uns einen Marathonlauf vorzustellen, in dem einer der Läufer während des ganzen Rennens ununterbrochen sprintet. Nach jedem Sprint, allen anderen weit voraus, bricht er erschöpft auf der Erde zusammen. Doch er rafft seine Kraft zusammen und wiederholt diese Vorgehensweise, bis er nach etlichen Sprints schließlich kein Durchhaltevermögen mehr hat. Er wird von den anderen Läufern überholt und ist nun nicht der Erste, sondern der Letzte. Er wird von Erschöpfung, Verzweiflung und Enttäuschung überwältigt, während er mit letzter Anstrengung versucht, das Rennen zu Ende zu laufen.

Der wetteifernde Christ, der dem Läufer und dem unreifen Evangelisten ähnelt, ist als Folge seiner Verausgabung anfällig für geistige und körperliche Erkrankungen. Durch Angriffe auf seinen Dienst, durch den Zusammenbruch seiner Familie oder finanziellen Ruin versucht Gott immer wieder, seine Aufmerksamkeit zu gewinnen. Während der Mensch auf dem Weg des Evangeliums dahingaloppiert, schleudert Gott sein Lasso nach ihm, wirft ihn zu Boden und ruft: „Ich würde gerne einmal mit dir reden." Das soll nicht heißen, daß Gott für Krankheiten und Schwierigkeiten verantwortlich wäre, aber bei vielen Menschen hat Er solche Situationen ohne Frage schon genutzt, um Gehör zu bekommen.

Ein biblisches Beispiel für den wetteifernden Persönlichkeitstyp finden wir in Jakob (1. Mose 27-30). Jakob betrügt seinen Bruder Esau um das Erstgeburtsrecht. Dann täuscht er seinen betagten Vater, um den Segen des Erstgeborenen zu bekommen, und muß schließlich fliehen, damit er nicht umgebracht wird. Die 20 Jahre in Haran bergen für ihn nur wenig Freude, in seinem Onkel Laban stößt er auf seinen manipulativen Gegenspieler. Endlich, nach langen Jahren der Arbeit und des ehrgeizigen Strebens, ist Jakob am Ende seiner Kraft angelangt. Als er sich auf dem Weg zurück in die Heimat befindet, wo er seinen Bruder Esau wiedersehen soll, kommt der lebenslange Kampf Jakobs gegen Gott zu seinem Höhepunkt, er ringt mit dem Engel des Herrn. Am Ende diese Kampfes ist Jakob zwar äußerlich verkrüppelt, aber innerlich ist er erneuert. Jakob, der früher ein Leistungsmensch und ein Manipulator war, ist nun zu „Israel" geworden, was „Fürst Gottes" bedeutet.

Bill empfing als Kind von seinen Eltern nur dann Liebe und Bestätigung, wenn er in der Schule oder auf dem Fußballfeld gute Leistungen erbrachte. Als Bill Christ wurde, übertrug er diese tiefsitzende elterliche Programmierung auf seine Beziehung mit Gott. Er wurde Pastor, sein Leben bestand nur aus Arbeit für Gott. Seine Gesundheit und seine Familie mußten darunter leiden, daß er ständig etwas leisten mußte, um Gottes Liebe und Bestätigung zu erhalten. Als er wieder einmal tief in einer Depression war, was häufig geschah, beging er mit einer „gefälligen" Mitarbeiterin einen Seitensprung. Diese wiederum hoffte, ihr eigenes Bedürfnis nach Liebe dadurch zu stillen, daß sie alles für Bill tat. Bei Menschen, die eine wetteifernde Persönlichkeit haben, lassen sich unter anderem folgende typische Merkmale feststellen:

Sie mußten schon als Kinder etwas leisten.
Sie erhielten nur dann Bestätigung, wenn sie etwas gut machten.
Sie haben große Angst vor Versagen.
Sie möchten gerne Komplimente hören, aber sie können sie nicht annehmen.
Ihr Selbstwertgefühl ist davon abhängig, was andere von ihnen denken.
Es fällt ihnen schwer zu akzeptieren, daß sie liebenswert sind.
Sie können keine Kritik ertragen.
Sie verteidigen sich.
Es fällt ihnen schwer, spontan zu sein.
Sie wollen immer die Regeln kennen.
Sie können kein Geschenk annehmen, ohne selbst etwas zurück zu schenken.
Sie streben ständig danach, aktiv zu sein.
Es fällt ihnen sehr schwer, sich vorzustellen, wie

man leben kann, ohne ständig etwas leisten zu müssen.
Es fällt ihnen sehr schwer, enge, vertraute Beziehungen aufzubauen.

DER KRITISIERENDE CHRIST

Es gibt noch einen weiteren Persönlichkeitstyp, der sich als Folge der menschlichen Richtschnur der Rebellion entwickelt, doch in diesem Falle wendet sich der Betreffende in aggressiver Weise von der Autoritätsperson ab. Solche Menschen machen zum Beispiel folgende Äußerungen:

„Sieh doch, wie gut das ist, was ich leiste."
„Ich zeige dir, wie man es macht."
„Ich weiß, daß ich recht habe!"
„Hör doch auf mich!"
„Ich habe das Sagen."

Auf der anderen Seite kann ein Mensch mit einer kritisierenden Persönlichkeit auch harte, verdammende Bemerkungen machen, wie zum Beispiel:

„Du wirst dich nie mehr ändern."
„Du bist ein hoffnungsloser Fall, nur daß du es weißt!"
„Du bist genau so dumm wie das, was du jetzt gesagt hast!"
„Kannst du denn nie etwas richtig machen?"
„Bei dir klappt doch nie etwas, oder?"
„Du bist an allem schuld."

Die Botschaft, die solche Menschen weitergeben, lautet: „Ich bin nicht liebenswert, und darum bist du es auch nicht!" Die kritisierende Persönlichkeit läßt sich am besten darstellen am Beispiel einer unreifen Prophetin. Jeden Sonntag kommt sie mit einem Köcher voller Pfeile in die Kirche, den Bogen hält sie schußbereit in der Hand. Während des Gottesdienstes schießt sie ihre Pfeile mit enormer Treffsicherheit und großem Erfolg in die Gemeinde ab, sie glaubt, sie habe die Aufgabe, alle in der Gemeinde, einschließlich des Pastors, auf den richtigen Kurs zu bringen. Der Pastor ist dann die

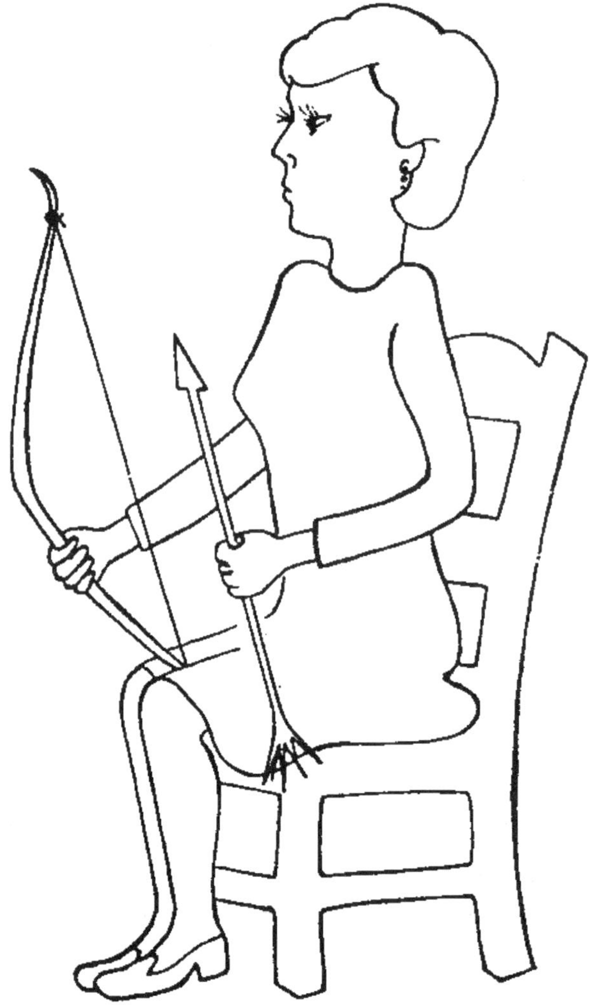

DER KRITISCHE CHRIST

Bild 16

ganze Woche über damit beschäftigt, die Pfeile wieder herauszuziehen und die Wunden seiner Herde zu verbinden. Vielleicht braucht er selbst auch Hilfe, besonders dann, wenn seine Predigt unter dem üblichen Niveau war! Natürlich bekommt die Prophetin eine Menge Gegenbeschuß, doch sieht sie diese Verfolgung als einen Teil ihrer Berufung an, sie gibt ihr die Bestätigung, daß ihre Pfeile ins Schwarze treffen!

Unter der Oberfläche dieses Persönlichkeitstypes befinden sich einige nicht leicht zu überwindende Voraussetzungen. Als erstes muß man erkennen, daß der betreffende Mensch den Glauben an die Liebe verloren hat. Er ist in sehr vielen Beziehungen verletzt worden und hat aufgegeben, noch auf Liebe zu hoffen. Er hat den Schluß gezogen, daß er nicht liebenswert ist. Er verkriecht sich daraufhin jedoch nicht passiv in seine Rüstung, so wie der „Das kann ich nicht"-Christ, sondern versucht die Verwundung dadurch zu überwinden, daß er aggressiv reagiert und andere angreift, um sie davon zu überzeugen, daß auch sie nicht liebenswert sind. Er ist fest davon überzeugt, daß andere sein Leiden mit ihm teilen sollten!

Johns Mutter erzog ihren Sohn genauso, wie sie selbst erzogen worden war, sie strafte ihn dadurch, daß sie ihn Ablehnung spüren ließ. Wenn John etwas tat, was nicht die Zustimmung seiner Mutter fand, entzog sie ihm ihre Liebe, und er litt unter dem Verlust der Nähe zu ihr. Dadurch lernte er, was falsch und was richtig war. Als Folge davon entwikkelte er ein geringes Selbstbewußtsein und kämpfte sein Leben lang mit Minderwertigkeitsgefühlen. Wenn man ein Kind durch Ablehnung straft, verursacht man seelisches Leiden in ihm. Die Ablehnung, die Eltern ein Kind spüren lassen, zerstört das Selbstwertgefühl des Kindes und bewirkt, daß es dem Kind in seinem Leben völlig an Motivation fehlt. Strafe und Liebe müssen immer Hand in Hand gehen. Wenn dies in Johns Fall praktiziert worden wäre, hätte er durch die Bestrafung keine Verletzungen erlitten.

Judas (Joh. 12,4), Jesu Verräter, ist das beste Beispiel für eine kritisierende Persönlichkeit. Er fing an, negativ über Jesus und die anderen Jünger zu denken und sie zu kritisieren. Er verurteilte nicht nur die Frau, die Jesu Füße mit Öl salbte, sondern beschuldigte auch Jesus dafür, daß er diese Verschwendung zuließ. In Judas Fall führte der Kritikgeist schließlich dazu, daß er den Sohn Gottes verriet. Seine Bitterkeit und sein Selbsthaß brachten ihn dahin, daß er zum Schluß sogar sein eigenes Leben durch Selbstmord beendete.

SCHLUSSFOLGERUNG

Wenn wir noch einmal auf die vier Persönlichkeitstypen zurücksehen, die wir untersucht haben, so ist es hilfreich, sie mit den vier Arten der Manipulation in Verbindung zu bringen, die wir in Kapitel 5 besprachen:

1. Die GEFÄLLIGE Persönlichkeit steht in Zusammenhang mit dem PASSIVEN MANIPULATOR.
2. Die DAS KANN ICH NICHT-Persönlichkeit steht in Zusammenhang mit dem GLEICHGÜLTIGEN MANIPULATOR.
3. Die WETTEIFERNDE Persönlichkeit steht in Zusammenhang mit dem vom KONKURRENZDENKEN GEPRÄGTEN MANIPULATOR.
4. Die KRITISIERENDE Persönlichkeit steht in Zusammenhang mit dem AKTIVEN MANIPULATOR.

Wenn wir darüber nachdenken, zu welchem Persönlichkeitstyp wir selbst gehören, sollten wir uns vor Augen halten, daß sich in unserem Leben mehrere Typen zeigen können! Früher hatte ich eine sehr gefällige Persönlichkeit entwickelt, später versuchte ich mein spezielles Liebesdefizit dadurch auszugleichen, daß ich einen eher vom Konkurrenzdenken geprägten Persönlichkeitstyp herausbildete. Für mich war es hilfreich, zu entdecken, wie meine eigene Epistomologie aussieht und gleichzeitig zu erkennen, daß Gott Sein Werk an mir noch nicht vollendet hat!

In jedem dieser vier Typen spiegelt sich eine fortwährende Spannung wider. Menschen, die in diesen Kategorien leben, leiden oft unter einer der vielen Störungen, die durch Streß verursacht werden und die nicht nur schwächen, sondern den Menschen auch zerstören können. Die Bandbreite reicht von der großen Zahl der Hauterkrankungen bis hin zu schweren Schlaganfällen und Herzinfarkten. Die körperlichen Beschwerden sind in vielen Fällen Warnungen und weisen auf dahinterliegende Krankheiten hin, die in der Persönlichkeitsstruktur begründet sind.

Bis jetzt haben wir uns die Mauern unseres Herzen angesehen und die Steine, mit denen wir sie errichten. In diesem Kapitel haben wir vier verbreitete Persönlichkeitstypen kennengelernt, die allesamt gute Mauerbauer sind! Nun wollen wir hinter die Mauern schauen. Die Entwicklung, die dort in häßlicher Weise ihr Haupt erhebt, ist so heimtückisch und böse, daß sie kaum ihresgleichen findet, weder in der Kirche noch in der Welt von heute.

NEHMEN SIE SICH ZEIT

Mit welchen Persönlichkeitstypen können Sie sich identifizieren? Machen Sie ausfindig, worin bei Ihnen der Ursprung für diese Typen liegt und wie sie sich entwickelt haben.

Denken Sie über diese Bereiche der Schwächen in Ihrem Charakter nach und formulieren Sie eine Strategie, um dies zu ändern.

Stellen Sie sich bildlich vor, was Sie tun könnten, wenn sie Ihre Schwächen gegen Stärken austauschen würden.

Kapitel 8

HINTER UNSEREN MAUERN

„Den Statistiken zufolge sterben heute mehr Menschen daran, daß sie zu viel essen, als daran, daß sie verhungern. Die meisten Menschen graben sich mit ihren eigenen Zähnen ihr Grab!“ Diese Worte, die einer meiner Professoren zu Beginn seiner Vorlesung über Fettleibigkeit äußerte, haben sich tief in mein Gedächtnis eingeprägt. Während der Jahre meiner ärztlichen Praxis in den Entwicklungsländern und in den Ländern der westlichen Welt habe ich oft über diese Worte nachgedacht und immer wieder zustimmend genickt.

Die Lust hat, sowohl in der unverhohlenen als auch in der verborgenen Form, seit Beginn der Menschheit großen Schaden angerichtet. Die Schlange fing mit Eva und der verbotenen Frucht an. Diese Szene hat sich im Laufe der Jahrhunderte unzählige Male wiederholt. Wir wollen nun durch ein Loch in der Mauer schauen, um zu sehen, wie die israelitischen Führer diese „Tradition“ fortsetzten:

Der Prophet, der langsam durch den Tempelvorhof schlenderte, stubste mit den Füßen kleine Steinchen vor sich her, die neben der Tempelmauer lagen. Jeder Schritt wirbelte eine kleine Staubwolke auf. Irgendwo in der Ferne hörte man einen Hund bellen. Die fast unheilvolle Stille, die über den massiven Steinblöcken des Tempels lastete, wurde für einen Augenblick unterbrochen. Der Prophet hob den Kopf und ließ seine Augen suchend über die Mauer vor ihm streichen. Irgend etwas schien anders als sonst. War die Mauer vom Einsturz bedroht, oder war ein Stein herausgebrochen worden? Der Prophet beschleunigte seine Schritte und blickte auf ein Loch in der Mauer. Neugierig preßte er seinen Kopf gegen die sonnendurchwärmten Steine und lugte durch die Öffnung. Doch der Blick, der sich ihm bot, ließ ihn zurückschrecken, sein Körper zitterte vor Entsetzen. Was hatte sein gebräuntes Gesicht so erbleichen lassen? Der Prophet Hesekiel berichtet uns, daß die Ältesten Israels hinter diesen Mauern eine Götzenorgie feierten (Hes. 8,6-12). Sie beteten ein Götzenbild der kanaanäischen Gottheit Aschera an. Sie waren von der wahren Religion Israels abgefallen und hatten sich voll Rebellion der Lust hingegeben.

In 1. Johannes 2,15-16 finden wir eine Zusammenstellung, die uns so gut wie keine andere Stelle einen Einblick verschafft, was es mit dieser Lust auf sich hat. Hier werden die Lust des Fleisches und die Lust der Augen als selbstzerstörerische Genüsse dargestellt. Die Lust der Augen bedeutet ein unmäßiges Verlangen, das durch das Tor der Augen Eingang in die Gedanken gefunden hat. Die Lust der Augen bedeutet, daß Versuchungen an uns herantreten. Die Lust des Fleisches bezieht sich darauf, daß wir diesen Versuchungen nachgeben und schließlich unter ihren negativen Einfluß und ihre Herrschaft gelangen.

LUST

Wie kommt es dazu, daß so viele Menschen dazu verführt werden, gewohnheitsmäßig ihren Lüsten nachzugehen, bis sie schließlich in ihnen gefangen sind, obwohl diese Lüste die eigene Gesundheit und das Leben beeinträchtigen und sogar zerstören? Wir wollen zurückkehren und zusammen mit Hesekiel hinter die Mauern unseres Herzens schauen, hinter denen wir heimlich unsere Sünden und unseren Götzendienst treiben.

Wir bauen diese Verteidigungsmauern, um uns vor Feinden zu schützen, die uns verwunden. Diese Feinde, echte oder eingebildete, haben einen starken Einfluß darauf, wie wir auf die Herausforderungen des Lebens reagieren. Doch was spielt sich hinter unseren Mauern ab? Wie kommt es dazu, daß die Lüste zu Gewohnheiten werden und uns versklaven? Um eine Antwort auf diese Fragen zu finden, wollen wir uns eine Graphik anschauen.

Die Linie, die in Bild 17 mit „A“ bezeichnet ist, stellt die Richtschnur der Ablehnung durch eine wichtige Autoritätsperson dar. Diese Linie ist so schräg wie eine schiefe Richtschnur und bewirkt, daß alles im Leben des betreffenden

PENDEL-BEWEGUNG FLUCHT

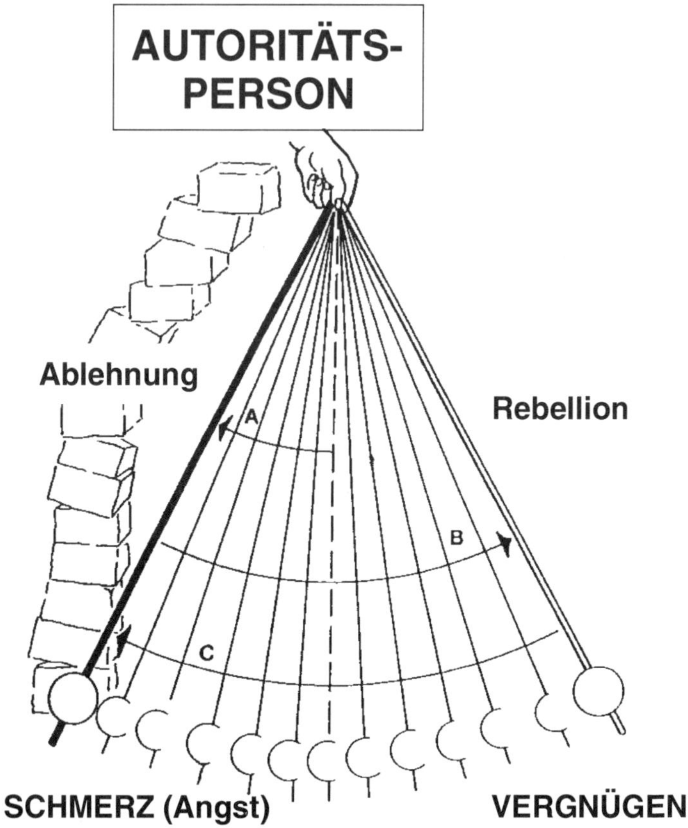

A. Ablehnung durch eine Autoritätsperson

B. Flucht

C. Rückkehr

Bild 17

Menschen schief ist. Wenn ein Mensch diese Art von Ablehnung erfährt, ist er verletzt und empfindet unmittelbar einen inneren Schmerz, Gefühle, mit denen er fertig werden muß. Zu sehen, wie meine Patienten unter dieser Art des Schmerzes litten, wurde im Laufe der Jahre eine größere Herausforderung als die körperlichen Schmerzen, denen ich in meiner Praxis für Allgemeinmedizin so oft gegenüberstand. Ein weitaus größerer Teil der Patienten litt an seelischen Schmerzen und nicht an körperlichen, und ich schien nur so wenig Mittel in der Hand zu haben, um dieses innere Leiden lindern zu können. Auf der Suche nach Antworten begann ich, jenen Patienten, die offensichtlich unter seelischen Schmerzen litten, einige Fragen zu stellen. Ich fand heraus, daß besonders Frauen oft einen ausgetretenen Pfad zum Kühlschrank oder der Plätzchendose haben. Schon bald wurden ähnliche Verhaltensmuster deutlich, und eine völlig neue Dimension der Erkenntnis öffnete sich mir. Immer, wenn ich Patienten fragte, wie sie mit seelischen Schmerzen umgingen, erhielt ich ähnliche Antworten:

„Ich esse mehr."
„Ich trinke mehr."
„Ich kaufe mir etwas Schönes."
„Ich nehme Drogen."
„Ich gehe aus und fange eine Affäre an."
„Ich betrinke mich."

In allen Fällen versuchten meine Patienten, in irgendeine Art von Vergnügen zu fliehen, um dadurch Erleichterung ihrer Schmerzen zu erfahren. Ich nenne dies die PENDELBEWEGUNG DER FLUCHT, wie in Bild 17 dargestellt. Meinen Patienten fehlte jedoch die Erkenntnis, daß ihr Vergnügen nur vorübergehend war und daß sie später zu dem Schmerz zurückpendeln würden, um denselben Kreislauf von vorne zu beginnen. Der Pfeil „B" in Bild 17 stellt die Pendelbewegung dar, die vom Schmerz wegführt, hin zum Vergnügen, und „C" ist die letztlich erfolgende Rückkehr zum Schmerz und der Beginn eines neuen Kreislaufes.

Dieser Vorgang wurde mir eines Tages ganz deutlich, als eine Frau im mittleren Alter zu mir kam, weil sie Hilfe brauchte. Frau Beasley ließ mich gleich im ersten Satz wissen, daß sie Probleme mit Übergewicht hatte. Ein kurzer Blick meinerseits reichte aus, um mich von ihrer Diagnose zu überzeugen. Als sie fortfuhr und mich geradeheraus darum bat, ihr ein Mittel zu verschreiben, das ihre Figur auf magische Weise verändern würde, erklärte ich ihr, es sei nötig, daß sie mir erst einmal von sich und ihrer Familie erzähle.

Schon bald kam heraus, daß ihr Mann Alkoholiker war und daß sein Lebensstil ihr viel Not und Schande bereitete. Offensichtlich hatten beide, sowohl die Frau als auch ihr Mann, großen Schmerz in ihrem Leben erfahren. Sie unterschieden sich nur dadurch, daß sie sich ein anderes Vergnügen ausgewählt hatten, um so ihren Schmerz zu lindern.

Das Vergnügen, das sie gewählt hatten, fügte ihnen nun weiteren Schmerz hinzu, Frau Beasley wurde immer fettleibiger, Herr Beasley wurde durch den Alkohol krank, und die ganze Familie geriet immer tiefer in die Armut. Hier sehen wir beispielhaft, wovon Johannes sprach, nämlich die Lust des Fleisches und die Lust der Augen.

ANOREXIA NERVOSA

Ein weiterer Zustand, der die Pendel-Bewegung der Flucht verdeutlicht, ist Anorexia Nervosa, eine körperliche Erkrankung, die sich besonders bei jungen Frauen findet. Aufgrund eines seelischen Traumas essen sie so wenig, daß sie an den Rand der Unterernährung oder sogar des Todes gelangen. In der Mehrzahl der Fälle haben diese jungen Frauen reiche, erfolgsorientierte Eltern, die viel von ihren Kindern verlangen, oft mehr, als diese leisten können. Wenn die Eltern ihre Liebe zurückhalten, bis ihre Erwartungen erfüllt werden, mühen sich die jungen Frauen in den meisten Fälle voll Verzweiflung ab, die geforderte Leistung zu erbringen. Sie werden von unterschwelligen Schuldgefühlen getrieben und dem schlechten Gewissen, daß sie es nicht schaffen, diese Erwartungen zu erfüllen. In ihnen entwickelt sich ein chronisches Gefühl der Leere und des Schmerzes, dem sie zu entfliehen suchen, indem sie sich in das Vergnügen des Essens stürzen. Wenn dieses zeitlich begrenzte Vergnügen zu Ende ist, packt sie die Angst, dick zu werden und noch mehr Ablehnung zu erfahren. Normalerweise suchen sie dann nach einem abgelegenen Ort und erbrechen sich dort. Manche greifen auch zu Abführmitteln, um die Kalorien wieder loszuwerden. In dem Bemühen, der Kritik zu entfliehen, greifen diese jungen Frauen nach einem Lebensstil der Täuschung: heimliches Essen, Erbrechen und Verleugnen. Traurigerweise sterben 20% dieser Mädchen an Unterernährung und deren Folgen. Weitere 20% haben große Schwierigkeiten, den Kreislauf des Hin- und Herpendelns von Schmerz zu Vergnügen zu durchbrechen, der sich auf das innere Verlangen nach Bestätigung gründet.

KONTROLLVERLUST ÜBER GELÜSTE

Ich selbst entwickelte in meiner Kindheit zwei Formen des suchtartigen Vergnügens, beides eine Folge des Schmerzes, den der Spott meiner Lehrerin in mir hinterlassen hatte.

Das erste war Essen. Nahrung wurde für mich wie eine Droge. Wenn ich nicht zur richtigen Zeit zu essen bekam, war ich ein einziges Nervenbündel, und wenn das Essen dann da war, schlang ich es wie ein Tier hinunter.

Der andere falsche Trost, den ich als Schmerzmittel gebrauchte, war die Welt meiner Phantasie. Ich sammelte die schmutzige Geschichten, die auf dem Schulhof erzählt wurden, und entwickelte daraus in meiner Phantasie eine private, Bücherei, in der Hoffnung, dadurch Erleichterung zu erfahren. Wie immer, so war auch hier das Vergnügen von kurzer Dauer, und schon bald entwickelte sich bei mir eine Abfalleimer-Mentalität. Als ich Christ geworden war, hatte ich sehr zu kämpfen, um in diesen beiden Bereichen frei zu werden. Später lernte ich, daß Essen und Sex zwei sehr verbreitete Fluchtwege sind, die von vielen Menschen benutzt werden.

Genauso, wie wir Gelüste auf Essen oder Alkohol haben, kann es uns nach Sex gelüsten. Promiskuität, Unmoral und

Homosexualität wuchern heute selbst angesichts der Bedrohung von AIDS. Weil die Lust so weitverbreitet ist, erlernen viele Ehepaare nie die Bedeutung der wahren Liebe in ihrer höchsten Form.

Die Bibel zeigt uns, daß die Lust Forderungen stellt und sich dem anderen aufdrängt, während die Liebe sich selbst opfert für die Bedürfnisse des anderen. Die Lust will um jeden Preis HABEN, die Liebe hingegen GIBT um jeden Preis. Der primitivere, kurzsichtigere Trieb nach Lustbefriedigung setzt sich meistens gegen das sensiblere, langsichtigere Ziel von Beziehungen durch.

Drogen sind zu einem Multimillionen-Geschäft geworden, ob sie legal durch Rezepte oder illegal gekauft werden. Viele Menschen leben in einem Zustand der Apathie, weil ihnen Drogen verschrieben werden oder weil sie durch eigene Schuld drogensüchtig geworden sind. Teenager verspielen ihre Jugend und ihr Leben, weil sie in die biochemische Lustfalle geraten, in der Hoffnung, dadurch dem seelischen Schmerz zu entfliehen, den sie nicht ertragen können.

VERGNÜGEN UND SCHMERZ

Dr. Richard Solomon, Psychologieprofessor an der „University of Pennsylvania“, forschte für das „National Institute of Mental Health“ über „The Costs of Pleasure and the Benefits of Pain“ (Der Preis des Vergnügens und der Segen des Schmerzes). Er erklärt, wie ein unkonditionierter Stimulus meistens eines von drei Hauptphänomenen auslöst:

eine lustvolle Erfahrung,
ein Suchtverhalten oder
ein schmerzvolles Zurückziehen.

Seine Theorie heißt „Die Gegen-Prozeß Theorie der erworbenen Motivation“. Diese Theorie bietet eine einleuchtende Darstellung von Suchtverhalten, das entweder durch schmerzvolle oder durch lustvolle Erfahrungen ausgelöst wird. In seiner Forschungsarbeit untersucht er Drogenabhängigkeit, soziale Angliederung, Sinnesgelüste und Aversionsstimuli (Anm.11). Er zieht unter anderem folgende Schlüsse:

1. Wenn Abhängigkeit von einem Vergnügen einsetzt, wird dieses normalerweise von einem entgegengesetzten Schmerz aufgewogen.
2. Dieser entgegengesetzte Schmerz ist träge, sowohl was seine Entwicklung betrifft, als auch was die Befreiung von diesem Schmerz betrifft.
3. Der Gegen-Prozeß wird dadurch verstärkt, daß in bestimmten, wiederkehrenden Intervallen das Mittel des Vergnügens erneut gebraucht wird.
4. Wiederholtes Vergnügen verliert viel von seiner Erfreulichkeit und macht den Menschen potentiell anfällig für neues Leiden.

Wer zum Beispiel zu viel ißt, kämpft mit den Beschwerden, die die Fettleibigkeit mit sich bringt. Wer ein ausschweifendes Sexualleben führt, zieht sich Geschlechtskrankheiten zu.

Solomons Forschung gibt der bereits dargestellten Wirkung von Vergnüngen/Schmerz weiteres Gewicht. Je abhängiger wir von einem Vergnügen werden, desto mehr öffnen wir uns dem Leiden. Solomon räumt ein, daß seine Theorie einen Aspekt puritanischer Moral beinhalte. Er könne auch auf die biblische Wahrheit verweisen, daß man in allen Dingen mit Selbstbeherrschung handeln solle (1.Kor. 9,25).

Viele Seelsorger helfen ihren Klienten, Buße zu tun für ein sündhaftes Vergnügen, aber oft befassen sie sich nicht mit dem dahinterliegenden Schmerz, der unverändert bleibt. Wenn der Betreffende keine Linderung mehr durch das Schmerzmittel erfährt, leidet er unter stärkeren Schmerzen als zuvor und fällt entweder in das alte Vergnügen zurück oder beginnt, es durch ein neues zu ersetzen. Dies erklärt, mindestens teilweise, warum viele Menschen so leicht in alte Verhaltensmuster zurückfallen.

Wenn wir dem Schmerz nicht durch Vergnügen entfliehen sollen, wie sollen wir dann mit ihm umgehen? Die Antwort wird auf den folgenden Seiten beschrieben.

DER HOCHMUT DES LEBENS

In 1. Johannes 2,15-16 wird ein zweites Element genannt: der Hochmut des Lebens. Es heißt, daß er von der Welt kommt und daher nicht vom Vater. Damals im Garten Eden nutzte der Teufel die Partnerschaft von Lust und Stolz aus, um im Spiel des Lebens ein Tor für die Sünde zu schießen. Es zeigte sich, daß Adam und Eva den listigen und trügerischen Schachzügen der Lust und des Hochmuts nicht gewachsen waren, und seitdem hat die Menschheit unter diesen beiden Elementen leiden müssen. Auf dem Spielfeld der Geschichte liegen viele Opfer, die von Hochmut und Lust erschlagen wurden, so wie es in der Schrift heißt: „Hochmut kommt vor dem Fall ..." (Spr. 16,18).

Wenn wir Bild 18 betrachten, sehen wir in der Pendelbewegung „A" wiederum die Folge der Ablehnung von einer Autoritätsperson. Doch nun spielt sich der Kampf nicht auf der Ebene der Gefühle ab, vielmehr richtet sich der Angriff auf den Verstand. Der betreffende Mensch wird von Gedanken der Minderwertigkeit überflutet. Irgendwann einmal kämpft jeder von uns mit solchen Gedanken, doch wir reagieren verschieden darauf. Der eher passive Mensch glaubt diesen Gedanken, akzeptiert die Minderwertigkeitsgefühle und tut das Beste, was er unter seinen Umständen tun kann. Doch der aggressive Mensch erhebt sich und bemüht sich mit aller Kraft, nicht nur zu beweisen, daß er nicht minderwertig ist, sondern daß er im Gegenteil überlegen ist. Dies ist in Bild 18 mit der Pendelbewegung „B" dargestellt.

Diese Dynamik läßt sich gut an einer der stärksten philosophischen Bewegungen unserer Zeit darstellen, dem atheistischen/säkularen Humanismus. Der säkulare Humanist weist Gott mit einer extremen Äußerung des Stolzes zurück und versucht, Gott durch sein eigenes Ich zu ersetzen. Weil er jedoch nach wie vor unübersehbaren Begrenzungen seiner selbst gegenübersteht, versucht er, diese Begrenzungen dadurch auszugleichen, daß er in einer Pendelbewegung auf die Seite der Überlegenheit wechselt und sich bemüht, die eigene Gottheit zu beweisen. Zunächst werden schlichte Appelle zu

PENDEL-BEWEGUNG
KAMPF

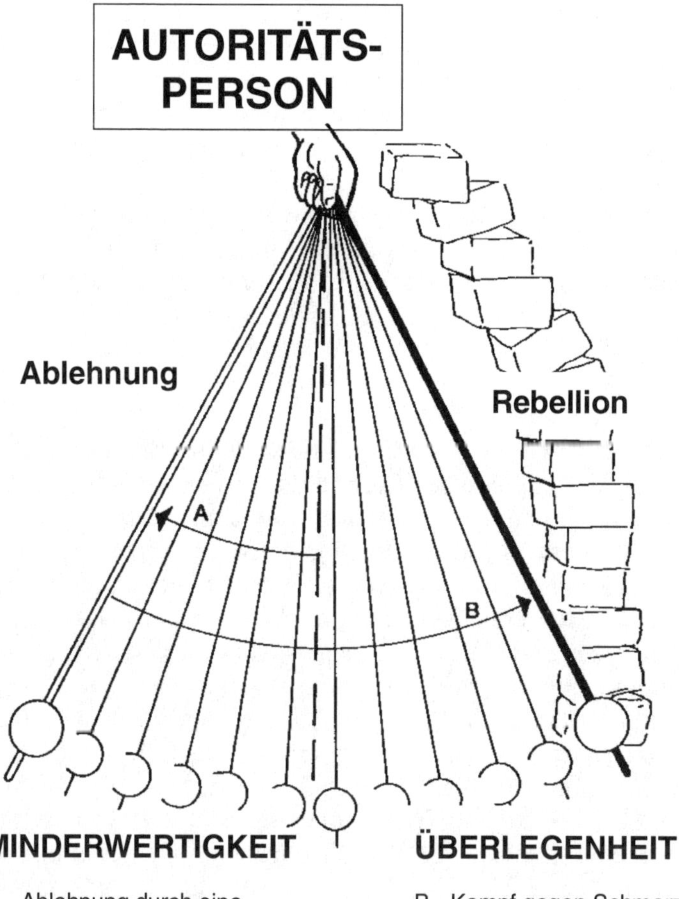

A. Ablehnung durch eine Autoritätsperson

B. Kampf gegen Schmerz

Bild 18

humanerem Verhalten laut. Doch diese Philosophie, die in ihren extremsten Formen zu einer „Superman Philosophie“ wird, führt schon bald zur Frustration. Der Mensch ist zu einem Produkt geworden, das um jeden Preis vervollkommnet werden muß, und darum ist er auch nur dann von Wert, wenn er perfekt funktioniert. Wenn man diese Gedankenkette weiterverfolgt, sind Euthanasie, Abtreibung aus bestimmten Indikationen und Spermienbänke logisch abgeleitete Methoden, um die Behinderten auszulöschen und eine überlegene Spezies zu fördern.

Weil der säkulare Humanismus unsere westliche Gesellschaft so stark durchdrungen hat, sind viele Menschen durch zerbrochene Ehen, zerbrochene Familien und Krankheit auf der Strecke geblieben. Die Anzahl der Opfer, die diese Philosophie mit sich bringt, ist phänomenal!

ZERBROCHENE MENSCHEN

Eine der Gruppen, die gegen diese Philosophie rebellierte, waren die Hippies der 60er Jahre. Sie entwickelten einen Lebensstil, den sie für überlegen hielten und von dem sie glaubten, er würde dem Wohlergehen der Menschen dienlich sein. Sie betonten besonders die Bedeutung der Individualität und der Menschlichkeit. Unglücklicherweise entartete diese Bewegung und diente nur noch als Alibi für Drogenkonsum, Unmoral und extreme Ernährungsgewohnheiten. Viele junge Leute, die aufbrachen, um Freiheit zu finden, endeten in einer neuen, noch tieferen Bindung. Ich will als Beispiel die Geschichte eines solchen Pärchens erzählen.

Als ich Peter und Trish zum ersten Mal traf, wohnten sie in einem Baumhaus. Trish, die in ein weites Kleid gehüllt war, erwartete ihr erstes Kind. Auch Peter, langhaarig und mit Bart, trug ein langes, fließendes Gewand, das mit Ruß und Erde beschmiert war. Ein strenger, unangenehmer Geruch ging von ihm aus. Nicht lange nach dieser ersten Begegnung kam Peter in das Seelsorgezentrum, um mit mir zu sprechen. In den vier Wänden meines schwach beleuchteten Büro saß er im Schneidersitz auf dem Boden, die Falten seines fließenden Gewandes hatte er zwischen den Beinen zusammengebündelt. Neben ihm auf dem Teppich lag eine schmutzig Stofftasche. Peters Augen hatten einen glasigen Ausdruck, so als stände er unter Drogen. Während unserer einstündigen Sitzung griff er immer wieder in seine Tasche und holte kleine Pilze hervor, die er dann schmatzend zerkaute. Später erfuhr ich, daß diese Pilze von den Hippies „magische Pilze" genannt wurden. Sie wachsen auf Kuhdung und enthalten einen Stoff, der so stark ist, daß die Pilze ähnliche Halluzinationen hervorrufen wie LSD. Kein Wunder, daß Peters Augen so glasig waren und daß wir so große Schwierigkeiten hatten, uns zu verständigen.

Ich stellte viele Fragen, aber Peter konnte anscheinend nur „philosophisch" antworten. Der Geruch im Raum war so unangenehm, daß es Barbara übel wurde, als sie zu unserer Sitzung hinzukam. Sie mußte sich ein Taschentuch vor die Nase halten. Sie bekannte später, daß sie von dem, was Peter gesagt hatte, kein Wort verstanden hätte, er hätte geredet, als wäre er von einem anderen Planeten. Es war kein Wunder, daß wir an jenem Tag keinen Schritt vorwärts kamen. Doch im Laufe der Monate baute Barbara eine Beziehung zu Trish auf, und von ihr erfuhr sie schließlich auch Peters Geschichte.

Peter war 20, verheiratet und in der Luftwaffe, als man ihn auf die Insel Guam versetzte. Seine Aufgabe bestand darin, das Wetter für die B-25 Bomber aufzuzeichnen und die Piloten darüber zu informieren, welche Witterung sie bei ihren Bombenflügen nach Vietnam zu erwarten hatten. Peter war von Anfang an gegen den Krieg gewesen. Als dann seine Ehe zerbrach und er von keinen Familienbanden mehr gehalten wurde, weigerte er sich, noch einen Tag länger bei der Luftwaffe zu bleiben. Er begab sich auf den langen, beschwerlichen Hippieweg, der ihn durch Südost-Asien führte und ihn schließlich nach Hawaii brachte. Völlig eingesponnen in östliche Philosophien und ständig unter Drogeneinfluß vergeudete Peter einige der besten Jahre seines Lebens damit, daß er auf der Insel Hawaii umherzog. Als er Trish traf, ein einsames, verlorenes Mädchen, lud er sie ein, Teil seines

Lebens zu werden. Als wir den beiden schließlich begegneten, waren sie am Ende ihres Lebens der Freiheit angelangt.

Gott wurde auf außergewöhnliche Weise der Retter dieses Pärchens und führte sie aus der Sackgasse ihres Lebensstils und ihrer Philosophie heraus. Heute sind sie ein glücklich verheiratetes Paar. Ein veränderter Peter ging zurück ans College und ist heute ein tüchtiger Lehrer. Viele desillusionierte junge Leute könnten eine ähnliche Geschichte erzählen wie dieses Pärchen. Aus Protest gegen die Gesellschaft warfen sie alle alten Traditionen über Bord und übernahmen neue, in manchen Fällen verheerende Werte, was jedoch letztlich dahin führte, daß sie unmerklich in eine Philosophie und einen Lebensstil der Lust hineingerieten.

UM JEDEN PREIS „DER BESTE“ SEIN

Aber nicht alle Menschen reagieren mit offener Rebellion. Manche wählen einen anderen Weg, sie kämpfen mit aller Kraft darum, in irgendeinem Bereich „DER BESTE“ zu sein. Viele träumten jahrzehntelang davon, zu den ersten Astronauten auf dem Mond zu gehören. Dieses ungeheuer große Ziel würde intensive Schulung, Konkurrenzkampf, Mühe und Leistung erfordern.

Ein Mann, der bereit war, diesen Preis zu bezahlen, in der Hoffnung, dadurch seine Minderwertigkeitskomplexe zu überwinden, schaffte es tatsächlich, Astronaut zu werden. Zunächst sonnte er sich in seinem Ruhm, doch schon bald merkte er, daß die Ehre nur in einem kurzen Wettlauf um Ruhm und Anerkennung bestand. Andere Astronauten folgten seinen Fußstapfen, und seine Berühmtheit nahm langsam wieder ab. Auch der Auftrieb, den sein Selbstwertgefühl durch die erbrachte Leistung erfahren hatte, verschwand wieder. Das Betreten des Mondes hatte sein Liebesdefizit nicht ausgefüllt, die alten Kämpfe kehrten zurück, und zwar noch stärker als zuvor. Um den Schmerz zu betäuben, fing er an zu trinken, als er wieder von Minderwertigkeitsgefühlen geplagt wurde, und glitt langsam in den Alkoholismus ab.

Es gibt endlos viele Beispiele von Menschen, die es scheinbar schafften, sich bis an die Spitze durchzukämpfen, jedoch nur, um festzustellen, daß ihr Liebesdefizit durch die Einsamkeit noch verstärkt wurde. Ich bezeichne den Hochmut des Lebens die Pendelbewegung des KAMPFES. Menschen, die in dieser Weise reagieren, kämpfen unerbittlich, streben ehrgeizig und bringen Leistung, um zu beweisen, daß sie überlegen sind und darum von der Menschheit anerkannt werden müssen. Versagen kommt in dieser Philosophie nicht vor, und das Ziel rechtfertigt jedes Mittel.

Bild 19 führt uns in dieser „Pendelbewegung der Seele" noch einen Schritt weiter. Hier sehen wir, wie sowohl Lust als auch Angst als Katalysatoren für eine Pendelbewegung der Gefühle wirken. Der Mensch flieht vom Schmerz in das Vergnügen. Wir haben bereits besprochen, wie innerer Schmerz durch Vergnügen gelindert werden kann, und wie daraus Lust entsteht, wenn sich das Vergnügen zu zwanghaftem Verhalten oder einer Abhängigkeit entwickelt. Auch Angst kann entstehen, zum Beispiel die Angst davor, plötzlich ohne das Vergnügen dazustehen, oder die Angst, ein Sklave des Vergnügens zu werden, oder beides, wie bei Alkoholismus.

Stolz und Zorn können als Katalysatoren für eine Pendelbewegung im Verstand wirken. Ein Mann zum Beispiel, der versucht, in der Firma aufzusteigen, hat vielleicht den inneren, verborgenen Vorsatz, zu beweisen, daß er nicht minderwertig ist, sondern den anderen überlegen. In diesen Gedanken zeigt sich sein Stolz. Wenn er nun eines Tages plötzlich entlassen wird und dieser Stolz eine tiefe Verletzung erfährt, wechselt er auf die andere Seite, seine Gedanken werden von Zorn erfüllt. Im ersten Moment mag er noch selbstbeherrscht erscheinen, doch sobald er nach Hause kommt, läßt er in der Familie den Gefühlen der Feindseligkeit freien Lauf. So geht es uns allen: Wenn wir uns aus Stolz heraus in Richtung Überlegenheit bewegen, werden wir, wenn unser Stolz durch irgendein Versagen verletzt wird, in Richtung Minderwertigkeit zurückpendeln. Oft brechen unkontrollierter Zorn und

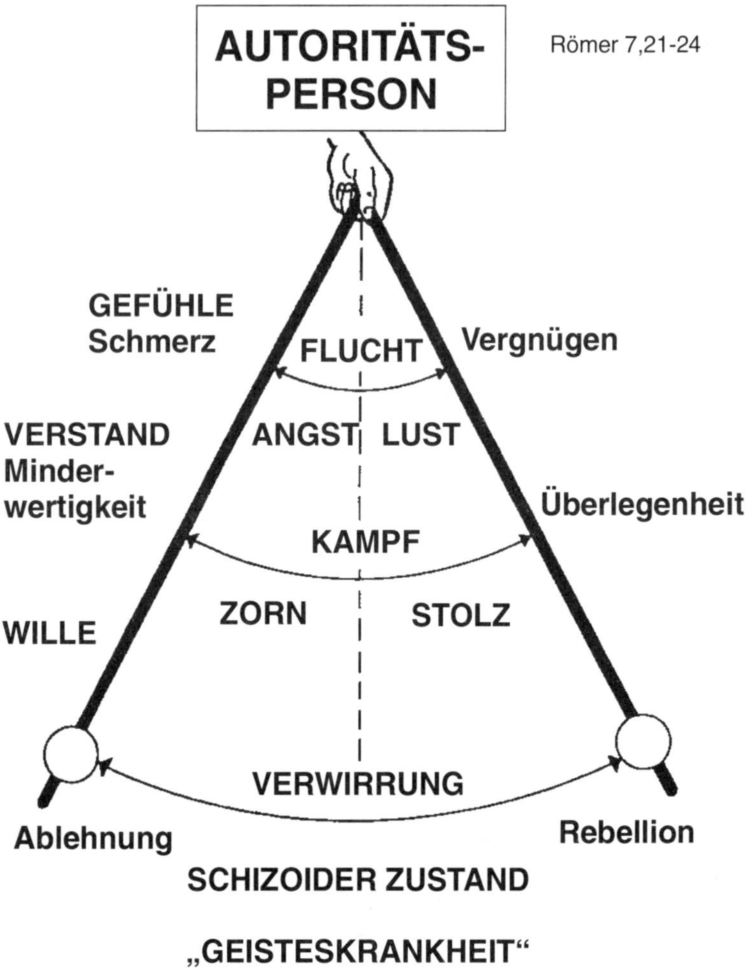
AUTORITÄTS-
PERSON
Römer 7,21-24
GEFÜHLE
Schmerz
FLUCHT
Vergnügen
VERSTAND
Minder-
wertigkeit
ANGST
LUST
Überlegenheit
KAMPF
WILLE
ZORN
STOLZ
VERWIRRUNG
Ablehnung
Rebellion
SCHIZOIDER ZUSTAND
„GEISTESKRANKHEIT“

Bild 19

Feindseligkeit aus uns heraus, und die Familie muß darunter sehr leiden.

Durch solches Geschehen wird der dritte Teil unserer Seele, den wir den Willen nennen, sehr geschwächt. Wenn der Wille unentwegt von Verstand und Gefühlen manipuliert wird, setzt Verwirrung ein. Sowohl Spannung als auch Erschöpfung nehmen so weit zu, daß der Punkt der Unstabilität erreicht wird und ein Zusammenbruch in dieser oder jener Form erfolgt. Dies ist in Bild 20 dargestellt.

In jeder dieser Pendelbewegungen der Seele, ob sie nun die Gefühle, den Verstand oder den Willen betreffen, untergraben Lust, Angst, Stolz, Zorn und andere Elemente die Mauer unserer Persönlichkeit, bis sie schließlich teilweise oder völlig einstürzt. Wenn wir die Grenze des Drucks und der Spannung, die wir ertragen können, überschreiten, geraten wir in die Zone des Zusammenbruchs hinein. Mauern, die wir aufgebaut haben, stürzen ein, die Kontrolle, die wir über unser Leben haben, bricht zusammen. Dies betrifft sowohl die Funktionen des Leibes, als auch der Seele und des Geistes.

Jakobus spricht in seinem Brief von dem „wankelmütigen Mann“ (Jak. 1,6-8), die griechischen Worte müßte man jedoch besser mit „doppelter Seele“ übersetzen. Dies bedeutet, daß der Mensch eine „gespaltene Seele“ hat, was jeden Bereich betrifft, Verstand, Willen und Gefühle. Man könnte sagen, daß der Mensch zwei Seelen hat, die miteinander im Streit liegen. In Bild 20 sehen wir dies dargestellt, auf der einen Seite steht die Ablehnung, auf der anderen Seite die Rebellion. Wenn wir zwischen diesen beiden hin- und herpendeln, werden wir immer unstabiler und kommen der Möglichkeit eines Zusammenbruchs immer näher. Die geistige und seelische Gesundheit ist gefährdet.

In dem Zusammenhang, wo das Wort von der „geteilten Seele“ im Jakobusbrief steht, wird von Gründen des Unglaubens gesprochen. Jakobus erklärt, daß ein wankelmütiger Mensch „unbeständig in allen seinen Wegen“ ist. Das Wort „allen“ deutet darauf hin, daß solche Pendelbewegungen der Seele durch Lust, Angst, Stolz und Zorn zu Geisteskrankheit

DIE LETZTE PENDEL-BEWEGUNG

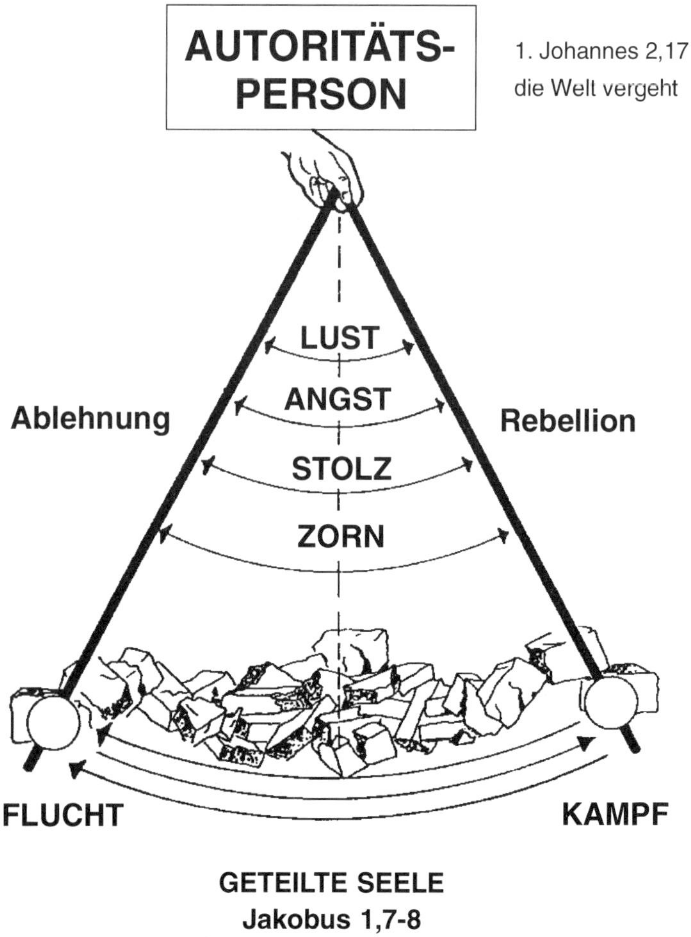

Bild 20

oder einem Zusammenbruch führen können. In diesem Fall fangen wir an, in heftiger, unbeständiger Weise von einer Seite auf die andere hin- und herzupendeln, wie Bild 20 zeigt.

Gott hat eine andere Methode, diese Mauern der Ablehnung und Rebellion zum Einsturz zu bringen. Gottes Art ist sehr viel konstruktiver und heilsamer. Wenn wir in den folgenden Kapiteln Gottes Handeln mit Seinem Volk Israel betrachten, werden wir sehen, wie der Herr neue Mauern in unserem Leben aufbaut, nachdem unsere alten Mauern zusammengebrochen sind.

NEHMEN SIE SICH ZEIT

Rufen Sie sich einige der schmerzlichen Ereignisse in Ihrem Leben wieder in Erinnerung.

Beschreiben Sie, wie Sie mit dem inneren Schmerz umgegangen sind und welche Folgen dies gehabt hat.

Was tun Sie, wenn Sie unter Streß stehen und dieser immer stärker wird?

Kapitel 9

WIEDERHERSTELLUNG DES FUNDAMENTS

„Und deine festen, hochragenden Mauern wird er niederwerfen, niederstürzen, zu Boden stoßen bis in den Staub“ (Jes. 25,12).

„An jenem Tag wird dieses Lied im Lande Juda gesungen werden: Wir haben eine starke Stadt. Zur Rettung setzt er (der Herr) Mauern und Bollwerk“ (Jes. 26,1).

Diese Verse fassen mit wenigen Worten präzise zusammen, wie wir die Mauern in unserem Leben bauen sollen, doch geht es jetzt um andere Mauern, als die bisher besprochenen. Der Herr sagt in diesen Abschnitten, daß es nicht Sein Wunsch ist, uns ohne Schutz und wehrlos den Angriffen des Feindes unserer Seele auszusetzen. Vielmehr will uns der Herr eine neue Mauer geben, die Rettung genannt wird, mit Toren, die Ruhm heißen, um uns vor Zerstörung und Vernichtung zu schützen.

In diesem zweiten Teil unserer Studie wollen wir uns ansehen, wie die Mauern der Rettung in unserem Leben aufgebaut werden können, nachdem die Mauern der Ablehnung und der Rebellion zum Einsturz gebracht und der Schutt entfernt wurde.

Um zu erkennen, wie Gott in unserem Leben wirkt, wollen wir einen Teil der Geschichte Israels betrachten, angefangen von dem Zeitpunkt, als das Reich geteilt wurde. Die Tafel in Bild 21 gibt uns einen kurzen Überblick über die Ereignisse.

Israel hörte nicht auf die Warnungen, die Amos und Hosea durch die Salbung des Herrn weitersagten, und mußte ins Exil gehen. Obwohl das Reich Juda sah, was geschehen war und in gleicherweise von einer ganzen Gruppe vollmächtiger Propheten gewarnt wurde, taten auch sie keine Buße. Als Folge davon mußten sowohl Israel als auch Juda viele Jahre lang als Knechte in Babylon dienen und leiden.

DIE KLEINEN PROPHETEN

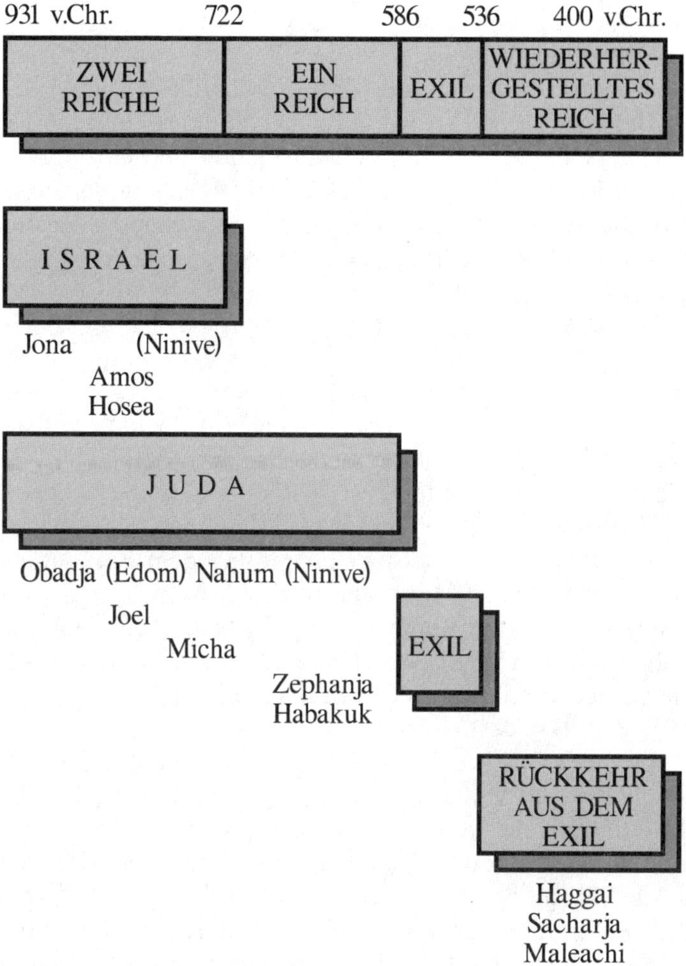

Bild 21

Während dieser Jahre des jüdischen Exils ereigneten sich historische Veränderungen. Zunächst zerbrach die Macht Babylons vor dem persischen Reich, das sich unentwegt weiter ausbreitete. Dann stieg ein Schrei zu Gott auf von Seinem auserwähltem Volk, das jetzt jedoch schwer geplagt wurde. Gott hörte das Schreien Seines Volkes und berief Leiter, die Sein Volk in das Land ihres Erbes zurückführen sollten.

Der erste bemerkenswerte Leiter war ein heidnischer König mit Namen Cyrus, der sich von Gott dazu beauftragt sah, in schriftlicher Form einen Erlaß verkündigen zu lassen: In Jerusalem sollte ein Tempel für den Herrn gebaut werden, und es wurden Menschen gesucht, die sich für diese Aufgabe bereitstellten. Um das Unternehmen zu erleichtern, gab Cyrus die geraubten Tempelschätze zurück. Als Folge dieses Geschehens kehrten 42.360 Israeliten unter der Führung Serubbabels und anderer Männer nach Jerusalem zurück. Wir wollen sehen, was sich aus dieser vielleicht bedeutungsvollsten Wanderung einer Völkergruppe in der Geschichte der Menschheit entwickelte.

Wie sich wohl diese Gruppe von Menschen fühlte, als sie, staubig und von der Reise erschöpft, aus dem Exil zurückkehrte und sich ihr Erbe ansah, das nur noch aus einem Haufen Schutt und Ruinen bestand? In Esra 3,1-6 wird berichtet, wie sich die zurückgekehrten Exulanten zu dem ersten entscheidenden Ereignis in Jerusalem einmütig versammelten – dem Bau des Altars.

Bevor Gott angebetet werden konnte, mußte ein Opfer für die Sünden des Volkes gebracht werden. Dies zeigt, daß Gott die Anbetung der Menschen nur dann annimmt, wenn vorher eine Reinigung von den Sünden stattgefunden hat. Der Altar ist der Ort, an dem wir Versöhnung mit Gott erfahren, er ist der Ort, an dem wir Verantwortung für unsere Sünde übernehmen und unsere Erlösung empfangen. Der Altar mit seinen verschiedenen Opfern, besonders den freiwilligen Opfern, ist ein Symbol für die Hingabe an Gott. Der neue Altar in Jerusalem wurde genau an demselben Platz errichtet, wo der alte gestanden hatte. Damit wurde zum Ausdruck ge-

DER ALTAR

Bild 22

bracht, daß der Gottesdienst der alten Zeiten wiederhergestellt und erneuert wurde. Die Exulanten erkannten, daß sie den Segen, die Stärke und die Gnade Jahwes brauchten, um den Tempel wieder aufbauen zu können. Der Altar hatte jedoch nicht nur für die Exulanten eine große Bedeutung, sondern auch für uns. Folgendes gehört zum Altar:

BEKENNTNIS
OPFER
BUSSE
VERGEBUNG
SÜHNE
ANNAHME
BEFREIUNG
HEILUNG
SCHUTZ
BLUT.

Wenn wir Christus als unseren Retter aufnehmen, treten wir an den Altar – das heißt jedoch nicht, daß wir nach unserer Bekehrung nie wieder sündigen. Doch leider geschieht sehr häufig, daß wir dann, wenn wir erneut sündigen, nicht zum Altar zurückkehren. Dies hat zur Folge, daß sich „kleine Sünden" in unserem Leben anhäufen. Wenn sie nicht bekannt werden, bewirken sie eine Trennung zwischen uns und Gott. Schon bald fällt es uns schwer, Gottes Stimme zu hören, und unsere Liebe zu Ihm nimmt ab.

Israel mußte dies durch Leiden lernen. Und auch wir lernen dies oft erst durch Leiden. Unser Altar kann so zuwuchern, daß man ihn vor lauter Unkraut nicht mehr sieht und wir ihn nur noch mit Hilfe eines Buschmessers wiederfinden können. Bei Erweckung geht es zunächst um Buße, die Menschen müssen ihre Sünden bekennen und zum Altar zurückkehren, damit ihre Gemeinschaft mit Gott wieder ganz hergestellt wird.

Immer, wenn wir sündigen, müssen wir auf jenem ausgetretenen Pfad zum Altar gehen. Wir sind dazu berufen, heilig zu sein, so wie Er heilig ist (1. Petr. 1,15). Die Bibel sagt auch, daß ohne Heiligkeit keiner den Herrn sehen kann (Hebr. 12,14).

Als nächstes bauten die Kinder Israel unter der Leitung des Priesters Serubbabel den Tempel des Herrn. Dies wird in Esra 3,7-13 beschrieben. Der Tempel ist der Ort, wo Gott angebetet wird und wo wir Gemeinschaft mit Gott und mit einander haben. So wie wir einen Altar in unserem Herzen brauchen, so brauchen wir auch einen Tempel, einen Ort, der ausschließlich dem Herrn gehört. Wir brauchen einen Ort, wo wir alles andere beiseite tun und in Gottes Gegenwart treten können, um Ihn anzubeten und still vor Ihm zu sein. Das ist der Ort, wo wir erfrischt und erneuert werden und wo sich unsere Beziehung zu Ihm vertieft. So wie damals hat auch heute der Tempel eine große Bedeutung in unserem Leben. Das, was an diesem Ort geschieht, läßt sich mit folgenden Worten beschreiben:

ANBETUNG
DANKSAGUNG
GEMEINSCHAFT
GEBEN
GEBET
ZEUGNIS
SAKRAMENT
DIE GEGENWART GOTTES
FREUDE
HEILIGKEIT
KRAFT
SALBUNG

In jedem dieser Aspekte zeigt sich, daß der Tempel der Ort war, wo die Gegenwart Gottes wohnte. Es gab Zeiten, wo diejenigen, die im Tempel Dienst taten, nicht mehr auf ihren Füßen stehen bleiben konnten, weil die Gegenwart des Herrn so überwältigend war, ein Erlebnis, das in unserer Zeit kaum jemand zu erhoffen wagt. Als die Grundsteinlegung des Tempels beendet war, feierten die Israeliten ein großes Fest. In Esra 3,11-13 wird berichtet, wie einige laut jubelten, andere

DER TEMPEL

Bild 23

sangen und wieder andere weinten, so daß die Stimme des Volkes weit zu hören war.

Warum waren sie so tief angerührt? Sie wußten, daß mit dem Tempel Gottes Gegenwart wieder in ihrer Mitte sein würde. Diejenigen unter den Exulanten, die einst noch im Tempel Salomos gewesen waren, weinten, weil sie eine tiefe Sehnsucht danach hatten, daß Gottes Gegenwart in Macht und Gnade erneut in ihre Mitte zurückkehrte.

In welchem Zustand befindet sich Ihr persönlicher Tempel? Ist er eine Ruine, die dringend wiederaufgebaut werden muß? Haben Sie zugelassen, daß in Ihrem Tempel Unordnung herrscht, weil Sie ihn vernachlässigt haben und Ihr Leben zu geschäftig ist? Wie wichtig ist es für Sie, Ihren Tempel täglich von Gottes Gegenwart füllen zu lassen? Oft sind wir so damit beschäftigt, etwas für den Herrn zu tun, daß wir keine Zeit mehr für Ihn selbst haben. Wir müssen erkennen, daß das Werk unserer Hände Gott nur dann wohlgefällig ist, wenn es aus unserer Liebesbeziehung zu Ihm herausfließt. Es gibt nur einen Ort, wo wir diese Beziehung entwickeln können, wo sie gestärkt und aufgebaut wird, nämlich im Tempel. Doch oft lassen wir zu, daß der Druck, die Forderungen, ja sogar die gute Dinge, mit denen unsere Tage ausgefüllt sind, diese Beziehung zur Seite drängen.

Als ich vor einigen Jahren in Pinang (Malaysia) ein Seminar durchführte, forderte Gott mich mit einigen provozierenden Fragen heraus, mein Leben zu überdenken. Pinang, das auch die „Perle des Orients" und die „Stadt der tausend Tempel" genannt wird, ist seit langem eine Festung des Götzendienstes. Um auf dem Seminar zu mehreren hundert Menschen sprechen zu dürfen, brauchte ich eine besondere Genehmigung, da Evangelisation in Malaysia verboten ist. An einem heißen, schwülen Abend gegen Ende unseres einwöchigen Seminars lud ich die Menschen ein, nach vorne zum Gebet zu kommen.

Malaysia ist ein Land, in dem eine exotische Mischung aus malayischer, chinesischer und indischer Kultur zusammentrifft. Als ich an jenem Abend vor der versammelten

Menge stand, spiegelte sich die eindrucksvolle Schönheit dieser Menschen in ihrer sehr unterschiedlichen Kleidung wieder. Doch diese Schönheit konnte die Leere, die ich tief in mir verspürte, nicht ausfüllen. Als ich eine schöne indische Frau weinen sah, ging ich zu ihr und betete für sie, doch ich hatte dabei fast gar keine Gefühle, ich war nicht in der Lage, mich mit ihr zu identifizieren. Sie vertraute mir an, daß sie geschieden war und daß der Schmerz der Trennung sie völlig zerstörte. Obwohl ich zusehen konnte, wie Gott ihr Herz anrührte, blieb ich innerlich kühl, ja, ich fühlte mich sehr fern von dem Geschehen.

Als ich später in meinem noblen Hotelzimmer war, spürte ich, daß an diesem Abend irgend etwas nicht gestimmt hatte, obwohl es eine vollmächtige Veranstaltung gewesen war. Ich hatte zugesehen, wie der Heilige Geist andere Menschen befreite. Doch warum war ich selbst so kühl und distanziert geblieben? Ich kniete neben dem Bett nieder und bat den Herrn, mir zu zeigen, warum ich so hart und gleichgültig war. Es war fast Mitternacht, und ich war sehr müde und ausgelaugt von der ganzen Woche. Doch ich nahm noch einmal alle Kraft zusammen, um zu beten.

Schließlich hörte ich, wie Er zu mir sagte: „Bruce, du warst so damit beschäftigt, mir zu dienen, daß du keine Zeit mehr für mich hattest.“ Plötzlich erkannte ich, wie die letzten Monate so sehr mit Seminaren, Terminen und Dienst angefüllt gewesen waren, daß ich den Altar der vertrauten Nähe zu Ihm vernachlässigt hatte. Ich hatte meinen Dienst zum Götzen erhoben und an diesem heiligen Ort angebetet, anstatt zu den Füßen des Herrn. Ich erkannte deutlich, daß Gott in Seiner Gnade trotzdem Sein Wort durch mich gesegnet hatte. Aber durch mein Versäumnis war ich ein Zuschauer des Geschehens geblieben.

Mit Tränen der Buße demütigte ich mich. Gott schenkte mir Gnade, in den Tempel meines Herzens zurückkehren zu dürfen und dort auf die stärkende Erfrischung Seiner Gegenwart und Seiner Freude zu warten.

Seit damals sehe ich immer wieder, daß das Verlangen nach der Gegenwart des Herrn vielen von uns kein Grundbedürfnis ist. In den Psalmen (Ps. 84,5-12) spricht David davon, wie glücklich und zu beneiden diejenigen sind, die im Hause Gottes und in Seiner Gegenwart wohnen. Sie erfahren Seine Freude, Seinen Trost und Seine Stärke, ihnen mangelt es an keinem Gut, sie haben alles, was sie für Seinen Dienst brauchen. Wenn wir den Tempel, den Ort der vertrauten Nähe zu Gott vernachlässigen, können wir leicht dazu verführt werden, andere „Götter" anzubeten, in Irrtum zu verfallen und uns in einem götzendienerischen Gewirr von Religion zu verlieren. Nur wenn wir in Seiner Gegenwart sind, wird unser Wesen immer mehr Sein Wesen widerspiegeln.

So wie in den Tagen Esras müssen auch wir zuerst in Buße zum Altar zurückkehren und dann darauf achten, daß wir Gottes Tempel nicht vernachlässigen. Durch Christi Sühnewerk am Kreuz können wir seit der Zeit der frühen Gemeinde diese beiden ersten Schritte tun. Christus wird in 1. Petrus 2,4-8 der kostbare Eckstein genannt. Dieser Eckstein muß täglich neu der Altar und der Tempel unseres Lebens sein. Solange wir dem Herrn nicht den Ihm zustehenden Platz in unserem Leben geben, können wir weder Rettung erfahren, noch in irgendeiner Weise Fortschritte machen. Wenn wir dies alles zusammenfügen und Bild 24 betrachten, sehen wir, daß das Fundament für die Mauer unserer Rettung der Stein der ERLÖSUNG ist:

> *„Darum, so spricht der Herr, Herr: Siehe, ich lege in Zion einen Grundstein, einen bewährten Stein, einen kostbaren Eckstein, felsenfest gegründet. Wer glaubt, wird nicht (ängstlich) eilen (davoneilen; fliehen; nicht zuschanden werden). Und ich werde das Recht zur Richtschnur machen und die Gerechtigkeit zur Waage. Hagel wird die Zuflucht der Lüge hinwegfegen, und die Wasser werden das Versteck wegschwemmen" (Jes. 28,16-17).*

DIE MAUER DER RETTUNG

ESRA = VERSÖHNUNG

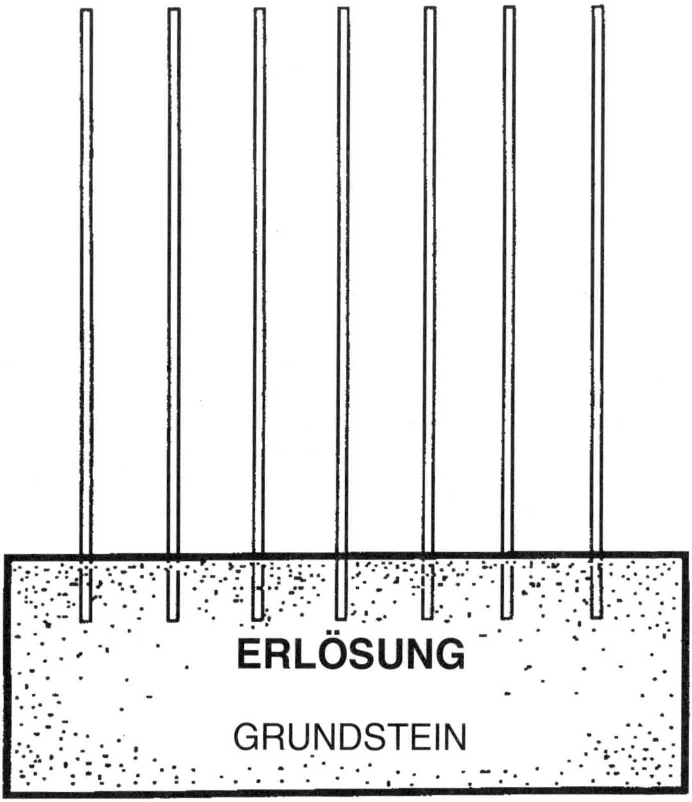

Bild 24

Diese Verse malen das Bild eines Sturms, der die Zuflucht der Lügen hinwegfegt und die Mauern der Ablehnung und Rebellion niederreißt. Nachdem diese Mauern niedergestürzt sind, werden sie durch einen bewährten und felsenfesten Grundstein ersetzt, auf dem die Mauern der Rettung aufgebaut werden können. Diese Mauern werden gerade und fest errichtet, in Übereinstimmung mit der Gerechtigkeit – ausgerichtet nach der GÖTTLICHEN RICHTSCHNUR.

Im nächsten Kapitel werden wir sehen, wie wir diese Mauern zu unserer eigenen Rettung aufbauen können.

NEHMEN SIE SICH ZEIT

Denken Sie darüber nach, welche Rolle und welche Funktion der Altar in Ihrem Leben spielt.

Wie kann Ihre Beziehung mit Gott inniger werden? Schreiben Sie Ihren Plan auf.

Betrachten Sie die Fundamente Ihres Glaubens.

Kapitel 10

DEN VATER ENTDECKEN

Nun stand der wiederaufgebaute Tempel in Jerusalem, doch die Mauer, die die heilige Stadt umgab, lag noch in Schutt. Für die Aufgabe des Wiederaufbaus der Stadtmauer berief Gott einen weiteren Mann, Nehemia. Er sollte die dritte und letzte Gruppe der Israeliten anführen, die aus Persien heimkehrte.

Der Name „Nehemia" bedeutet „Tröster" und soll symbolisch zeigen, wie der Heilige Geist zu uns kommt, um uns auf den Wegen Gottes zu führen und zu stärken. In seiner „weltlichen Funktion" hat Nehemia als Mundschenk und Gouverneur gedient und Mauern gebaut. Entsprechend fordert er uns geistlich heraus, aus dem Kelch des Herrn zu trinken, die Mauern der Rettung aufzubauen und uns darauf vorzubereiten, mit Jesus zu herrschen.

Das Buch Esra, dessen neuntes Kapitel wir studiert haben, ist ein Buch der Versöhnung. Das Buch Nehemia hingegen konzentriert sich auf die Wiederherstellung Israels innerhalb des Erbes, das Gott ihm gegeben hat.

Nehemia, der im Winterpalast Susa dem persischen König als Mundschenk diente, hörte entmutigende Berichte über sein Heimatland: Jerusalems Schutzmauern lagen in Trümmern, und das Volk wurde immer wieder von Feinden überfallen. Obwohl Nehemia weit weg lebte, nahm er sich das Schicksal seines Volkes so zu Herzen, daß er vier Monate lang trauerte und für die Situation betete.

Es ist berechtigt zu fragen: „Wie sieht unsere Reaktion aus, wenn Gott uns durch einen Seiner Kuriere eine Botschaft übermittelt?" Nehmen wir, wie Nehemia, eine solche Nachricht ernst? Ich glaube, daß wir leider viel zu oft gar nicht wahrnehmen, daß Gott zu uns spricht, oder noch schlimmer, daß wir das, was Er uns sagt, ein paar Tage später schon wieder vergessen haben. Im Buch Nehemia lesen wir, wie Nehemia einen Monat, zwei, drei, ja sogar vier Monate lang sein Herz vor Gott ausschüttete, bevor er eine Antwort bekam. In Vers fünf des ersten Kapitels sehen wir, wie Nehemia vor dem Herrn wartete und anfing, Gott dafür zu preisen, daß Er Seinen Bund hält und gnädig und gütig ist gegen die, die Ihn lieben und Seine Gebote halten. Wie konnte Nehemia angesichts der Zerstörung seines Heimatlandes so positiv mit Lobpreis reagieren? Gott muß ihm etwas von Seinem Wesen offenbart haben, so daß Nehemia inmitten scheinbar hoffnungsloser Umstände mit Lob reagieren und Gott für Seine Treue preisen konnte.

WISSEN, WIE DIE WIRKLICHKEIT AUSSIEHT

Als Nehemia in jener schwierigen Situation Gott lobte, leugnete er damit nicht die Wirklichkeit der Situation, sondern er brachte sie in Verbindung mit DEM GOTT, DER DIE WIRKLICHKEIT IST, mit dem, der größer ist als alle Herausforderungen, die es auf der Erde gibt. Dadurch, daß Nehemia Gottes Wesen und Seine Werke im Lobpreis erhöhte, brachte er den Gott aller Möglichkeiten in eine unmögliche Situation hinein.

Die Bibel sagt uns, daß Gott im Lobpreis Seines Volkes wohnt, darum kommt Gott in unsere Mitte, wenn wir Ihn preisen, und wohnt unter uns. Wenn wir anfangen, Ihn zu sehen und Ihn zu berühren, dann wird unser Glaube gestärkt, und Hoffnung entsteht. Wir sehen die Situation, die zuvor unüberwindbar erschien, im Lichte Gottes und Seines Wesens, und dadurch schrumpft sie auf ihre richtige Größe zusammen.

Als Nehemia anfing, den Herrn zu preisen und anzubeten, wurde sein Herz von Glauben erfüllt. Er konnte sehen, wie Gottes Volk sich nach der göttlichen Richtschnur ausrichten und wie sich Gottes Verheißungen erfüllen würden. Nun konnte Nehemia zusammen mit Hiob sagen: „Vom Hörensagen hatte ich von dir gehört, aber jetzt hat mein (geistliches) Auge dich gesehen“ (Hiob 42,5).

Was meinte Hiob damit? Er hatte schon viel von Gott gehört und im Lichte dieser Wahrheit gelebt. Doch als Gott zuließ, daß er geprüft wurde, empfing Hiob eine Offenbarung über sich selbst. In der Tiefe überführt, tat er Buße in Staub und Asche. „Jetzt sehe ich mit meinen geistlichen Augen DICH selbst", war sein Ausruf. Hiob gab damit zum Ausdruck, daß er auf eine neue und herrliche Weise mit Gott, dem Vater, in Berührung gekommen war. Er hatte einen Punkt erreicht, wo sein Herz und sein Leben von Offenbarung überströmt wurden, einen Punkt, an den Gott uns alle führen möchte – doch oft gelangen wir nur inmitten schwieriger Umstände dorthin, so wie es bei Hiob und Nehemia der Fall war. Wenn wir in unseren eigenen Wüstenerfahrungen entsprechend mit Lobpreis reagieren, dann werden auch wir die Offenbarung empfangen, die wir brauchen, um die Prüfung zu bestehen.

In Bild 25 sehen wir das Fundament der ERLÖSUNG, mit Christus als dem Grundstein. Um die Mauer der Rettung beim Aufbau zu stützen, gibt es sieben eiserne Strebepfeiler. Am Beispiel Nehemias haben wir gesehen, daß der erste Pfeiler, der aus dem Grundstein herausragt, der Pfeiler der OFFENBARUNG ist.

Offenbarung ist nicht nur einfach neues Wissen oder tieferes Verstehen, sondern Einsicht, die so große Auswirkungen auf das Herz hat, daß daraus eine Veränderung des Lebensstils erfolgt. Offenbarung richtet sich nicht nach dem IQ, sondern wird denen gegeben, die Gottes Wort gehorchen. Ein kleines Kind mit einem offenen Herzen kann durchaus größere Offenbarung empfangen als ein Theologieprofessor mit hoher akademischer Bildung! Nach Aussagen von Psalm 119, 97-100 können diejenigen, die gehorsam sind, größere Offenbarung erlangen als ihre Lehrer, als die Alten und die Feinde. Ungehorsam, andererseits, führt zu Täuschung und dem Verlust von Offenbarung.

INNIGKEIT MIT DEM VATER

Im Johannesevangelium (Joh. 14,1-6) spricht Jesus mit Seinen Jüngern über Seinen Weggang. Die Jünger hatten geglaubt, Jesus habe darauf hingearbeitet, sich gegen die

DIE MAUER DER RETTUNG

NEHEMIA = WIEDERHERSTELLUNG
ESRA = VERSÖHNUNG

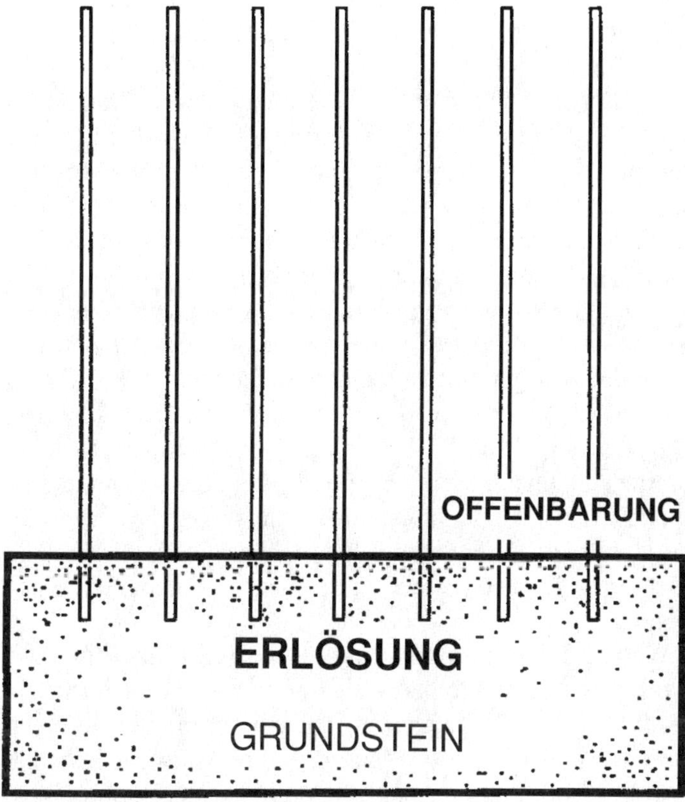

Bild 25

tyrannische Herrschaft der Römer aufzulehnen und Sein eigenes Königreich aufzurichten. Darum lösten Jesu Worte über Seinen bevorstehenden Weggang völlige Verwirrung bei ihnen aus. Was sollte nun aus ihren politischen Träumen werden? Thomas brach als erster das bedrückende Schweigen und hielt Jesus mutig die Tatsachen vor Augen. Woher sollten sie wissen, wohin Jesus ging und wie sie ihm dahin folgen konnten? Jesus durchkreuzte alle ihre vorgefaßten Gedanken mit den Worten: „Ich bin der Weg, die Wahrheit und das Leben, niemand kommt zum Vater außer durch mich" (Joh. 14,6).

Die Jünger wunderten sich. Was meinte Jesus? Dann sagte Er ihnen, daß Er an einen anderen Ort gehe, nicht in ein irdisches Königreich, sondern in ein himmlisches, dorthin, wo der Vater sei. Jesus versuchte den Jüngern zu sagen, daß sie nicht auf dem Weg anhalten, sondern den ganzen Weg gehen sollten, bis sie am Ziel angelangt wären, nämlich der vertrauten Nähe zum Vater. Jesus ist der Weg zum Vater, den auch wir immer mehr kennenlernen sollen. Es ist nicht Sein Wille, daß wir gerettet werden, dann jedoch als Waisen zurückbleiben. Vielmehr verlangt es den Vater danach, uns ganz nahe zu sein (Joh. 14,21.23). Er möchte zusammen mit Jesus kommen und in uns, Seinem Tempel, wohnen, als Freund und Vater. Das, was für die Jünger bisher nur Wissen gewesen war, wurde nun zur Offenbarung. Was vorher auf ihren Verstand beschränkt gewesen war, wurde nun zu einem Teil ihres Lebens.

Warum fällt es uns manchmal so schwer, Jesus zum Vater zu folgen? Warum bleiben viele von uns als Waisen zurück, obwohl Jesus das Verlangen hat, daß wir uns mit Ihm vereinen als Söhne und Töchter des Vaters? In der Seelsorge habe ich unzählige Male gesehen, daß wir durch Ängste, Hemmungen, Befürchtungen oder andere Ketten daran gehindert werden, die Liebe des Vaters in größerem Maße zu empfangen. Das folgende Beispiel wird uns helfen, die Gründe dafür zu verstehen.

HINDERNISSE

Lydia, die eine Jüngerschaftsschule von JmeM besuchte, war in den ersten Wochen still und aufmerksam. Als den Teilnehmern die Gelegenheit gegeben wurde, vor der Klasse von persönlichen Erfahrungen zu berichten, war sie eine der ersten, die sich meldeten.

„Ich komme aus einer großen Familie mit acht Kindern", sagte Lydia mit sanfter, aber klarer Stimme. In dem offenen Pavillon wurde alles still, nur die Vögel, die in den Kokospalmen zankten, unterbrachen die Stille.

„Als ich Teenager war, wurde bei meiner Mutter Krebs im Endstadium festgestellt", erklärte Lydia. „Ich mußte von der Schule gehen und mich um den Haushalt kümmern. Es war für mich eine große Enttäuschung, daß ich nicht die Schule beenden und zusammen mit meinen Freunden die Abschlußprüfung machen konnte. Meine Mutter starb einige Monate später, und weil ich die Älteste war, wurde mir die Aufgabe übertragen, für meine kleineren Geschwister zu sorgen. Immer wieder rang ich mit der Frage, warum Gott meine Mutter hatte sterben lassen. Doch mein Vater las uns jeden Tag aus der Bibel vor und betete mit uns. Das war ein großer Trost für mich."

Lydia hielt inne und ließ ihren Blick über den vollen Pavillon schweifen. „Eines Abends kam mein Vater zu mir und bat mich, in sein Zimmer zu kommen", fuhr Lydia zögernd fort. „Er sagte mir, meine neuen Pflichten würden auch beinhalten, daß ich die Rolle meiner Mutter als seiner Partnerin übernehmen müsse." Schockwellen liefen durch den Pavillon, während Lydia sich die Tränen abwischte und leise berichtete, daß sich zwischen ihr und ihrem Vater eine sexuelle Beziehung entwickelte. Als sie nach einiger Zeit schwanger wurde, erklärte ihr der Vater, daß ihr Kind ein Bruder, bzw. eine Schwester in der Geschwisterreihe der Familie sein würde.

Später während der Schwangerschaft sprach Lydia mit einer ihrer jüngeren Schwestern und erfuhr, daß auch sie sexuellen Kontakt zu ihrem Vater hatte. Beide wollten dem

Vater vertrauen, doch mußten sie gegen tiefe Schuldgefühle ankämpfen. Je mehr sie miteinander darüber sprachen, desto schuldiger fühlten sie sich. Die neun Monate von Lydias Schwangerschaft waren von Gefühlen der Schuld und der Scham überschattet und ließen keinerlei Vorfreude auf die Mutterschaft aufkommen.

„Ich fing an, meinem Vater zu grollen", fuhr Lydia fort. „Es gab Zeiten, wo ich ihm gegenüber sehr feindselig eingestellt war, es ging auf und ab, eine Beziehung der Haßliebe. Immer mehr wurde ich von dem Verlangen getrieben, den ganzen paradoxen Druck hinter mir zu lassen, der so verwirrend war und mich so sehr niederdrückte." Lydia erzählte, daß auch ihr Vater diesen Konflikt spürte und darum versuchte, sie mit Drohungen und Bestechungen einzuschüchtern. Die einzige Freude, die sie hatte, war ihre tiefe Liebe zu ihrem kleinen Sohn Joey. Als er heranwuchs, wurde ihm gesagt, er sei Lydias kleiner Bruder.

Schließlich kam der Tag, an dem Lydia es nicht mehr aushielt. Sie packte ein paar Habseligkeiten zusammen und nahm das wenige Geld, das sie heimlich für diesen Tag, der irgendwann einmal kommen mußte, zurückgelegt hatte. Sie kämpfte mit Schuldgefühlen, weil sie die Familie verließ, doch auf der anderen Seite stand das Grauen, auch nur noch einen Tag länger zu bleiben. Viele Fragen gingen Lydia durch den Kopf. Ihre Geschwister hatten sehr gelitten, als ihre Mutter starb, und nun sollte plötzlich die einzige „Mutter", die sie noch hatten, samt ihrem jüngsten „Bruder", aus ihrem Leben verschwinden.

„Wie konnte ich das tun? Doch auf der anderen Seite wußte ich auch nicht, wie ich zu Hause weiterleben sollte!" Lydia weinte vor der ganzen Klasse, sie durchlitt noch einmal den ganzen Schmerz. Ihre schlanke Gestalt wurde von Schluchzen geschüttelt, als sie erzählte, wie sie ihren Sohn genommen und heimlich die Familie und die vertraute Umgebung verlassen hatte.

Lydia ging in einen anderen Teil des Landes, wo sie bei einer alten Schulfreundin wohnen konnte, suchte sich eine

Arbeit und mietete sich dann eine kleine, eigene Wohnung. Erst dann schrieb sie ihrem Vater, um ihm zu erklären, warum sie fortgegangen sei und daß es ihr und ihrem „Bruder“ gut gehe.

Lydia erklärte, wie sie zu der Jüngerschaftsschule gekommen war. Doch sie sagte, daß sie mit tiefen Gefühlen der Schuld und der Scham zu kämpfen habe, die nicht weichen wollten, und mit der Angst, daß andere Menschen von ihrer schmutzigen Vergangenheit erfahren könnten und sie und Joey, der inzwischen ein Teenager war, ablehnen würden. Sie schaffe es nicht, das tiefe Gefühl der Unreinheit abzuschütteln, und habe immer noch Haßgefühle gegen sich selbst und gegen ihren Vater.

Während ich ihr zuhörte, staunte ich über die Widerstandsfähigkeit der menschlichen Seele, die in der Lage war, so schwere Angriffe zu überleben. Erneut stand mir vor Augen, welch große Bedeutung die Rolle der Eltern im Leben der jungen und unschuldigen Kinder hat, denen anscheinend nichts anderes übrig bleibt, als unter dem bitteren Nachgeschmack zu leiden, den die unreifen Trauben ihrer Eltern hinterlassen.

Während Lydia uns ihre Geschichte erzählte, hatte der Bus, mit dem ihr Sohn zur Schule gefahren war, eine Panne gehabt, was jedoch keiner von uns wußte. Joey war zum Pavillon gekommen, neugierig, was seine „Schwester“ dort lernte. Als er voll Verwunderung sah, daß sie aufstand und nach vorne ging, um etwas zu erzählen, hatte er sich hinter dem üppigen Laub versteckt, von dem der Pavillon umgeben war, und sich hingesetzt um zuzuhören.

Was er in den darauffolgenden Minuten erlebte, als er die ganze Geschichte zum ersten Mal hörte, wurde zum überwältigendsten Erlebnis seines ganzen Lebens. Als Joey zuhörte, was seine „Schwester“ erzählte, fing er vor Kummer und Erleichterung selbst an zu weinen. Endlich verstand er das Geheimnis, das seine frühe Kindheit umgab. Als seine Mutter fertig war, konnte sich Joey nicht länger beherrschen und rannte nach vorne. Er fiel der erschrockenen Mutter in die

Arme, und während er sie fest umschlang, weinten sie beide. Leises Schluchzen unterbrach die Stille im Pavillon, über viele Gesichter liefen Tränen, als wir Zeugen wurde, wie Mutter und Sohn sich zum ersten Mal „begegneten". Schließlich blickte Joey zu seiner Mutter auf, immer noch in Tränen. „Ich habe immer gespürt, daß zwischen dir und mir irgend etwas Besonderes ist, jetzt weiß ich, warum. Ich liebe dich, MAMA!"

DAS ZERBROCHENE HERZ DES VATERS

Während sie sich in den Armen lagen und weinten, war es, als würde Gott selbst sie in Seine liebevollen, väterlichen Arme schließen. Einer der Mitarbeiter, der in der Nähe saß, spürte, daß Gott eine Botschaft für die beiden hatte. Er sagte, daß der Vater mit ihnen weine, aus Kummer darüber, daß Seine Vaterschaft so schrecklich verfälscht worden war, und daß sie dadurch solche Qualen hatten erleiden müssen. Gott wolle ihnen sagen, so fuhr der Mitarbeiter fort, daß Seine Liebe rein sei und unverschmutzt, und daß Er nie aufhören würde, sie zu lieben. Wir, die wir zuschauten, hatten alle den Eindruck, auf heiligem Boden zu stehen. Wir sahen, wie Gott, der Vater, Mutter und Sohn Seine väterliche Liebe zeigte und sie dahin führte, die Wahrheit Seines Wesens und die Schönheit Seiner Liebe zu erfahren.

In jenen Augenblicken empfingt Lydia eine Offenbarung des Vaters, die ihr Leben so sehr veränderte, daß sie später in einen vollmächtigen Dienst an Opfern von Inzest hineingeführt wurde. Sie berichtete ihre Geschichte sogar im Fernsehen und im Radio und erzählte, wie Jesus sie zum Vater geführt und sie durch Seine Liebe geheilt hatte. Später heiratete sie einen sehr netten gläubigen Mann.

Lydias Bild von Vaterschaft, und entsprechend auch ihr Bild von Gott als dem Vater, war durch Lust grob verzerrt worden. Viele Menschen machen ähnliche Erfahrungen. Niemand ist jemals so falsch dargestellt, verleumdet und mit falschen Anklagen beschuldigt worden, über niemanden sind jemals soviel Lügen erzählt worden wie über Gott, den Vater.

Eine Verschwörung, die von Satan selbst initiiert wurde. Den irdischen Vätern ist die Rolle übertragen worden, Gott, den Vater, zu repräsentieren, doch tun sie oft alles andere als das, angefangen damit, daß sie ihre Kinder ignorieren, bis dahin, daß sie sie zu Tode prügeln! Da ist es kein Wunder, daß die Vaterschaft so in Verruf geraten ist.

In den vorausgegangenen Kapiteln haben wir von dem Liebesdefizit gesprochen, das als Folge einer falschen, menschlichen Richtschnur in unser Leben hineinkommt. Indem Jesus uns zum Vater führt, verwandelt Er dieses Defizit in ein Guthaben und versetzt uns in die Lage, unsere Sicherheit in Seiner Liebe zu finden und nicht mehr bei anderen Menschen danach suchen zu müssen. Wenn unser Bild von Gott, dem Vater, verzerrt bleibt, weil wir durch negative Erfahrungen verwundet wurden, dann wird sich das Liebesdefizit in unserem Leben nur noch vertiefen.

VERZERRTE BILDER

Die Notwendigkeit, den wahren Charakter des Vaters im Himmel zu erkennen, wurde mir schon sehr früh gezeigt, als eines Tages eine junge Frau namens Molly zu mir in die Seelsorge kam. Obwohl Molly und ihr Mann entschiedene Christen waren, hatten sie beschlossen, sich eine Zeitlang zu trennen, da sie mit einigen Konflikten in ihrer Ehe nicht fertig wurden. Molly berichtete, daß sich ihre Eltern getrennt hatten, als sie acht Jahre alt war. Sie lebte nach der Trennung bei ihrem Vater. Eines Tages teilte sie ihrem Vater mit, daß sie gern eine Weile bei ihrer Mutter leben würde. Ihr Vater befand sich in einem schlechten gesundheitlichen Zustand und sagte, sie solle nicht gehen, sonst würde er sterben. Molly war hin- und hergerissen. Auf der einen Seite stand der Wunsch zu gehen, auf der anderen Seite die Angst um den Vater. Daher schob sie den Gedanken an einen Umzug zunächst beiseite. Etliche Zeit später ging sie schließlich doch zu ihrer Mutter, aber zu ihrem Kummer starb ihr Vater, während sie fort war. Molly wurde von Schmerz, Schuld und Verzweiflung überwältigt und glaubte, ihr Vater sei gestorben, weil sie gegen seinen Wunsch weggegangen war.

DEM VATER VERTRAUEN

Viele Jahre lang war Mollys einziges Bild von Gott, dem Vater, dieses Bild von ihrem eigenen Vater gewesen. Anstatt Gott, dem Vater, zu vertrauen, hatte sie nur Angst vor Ihm, und als sie heiratete, kamen all die alten Ängste und das alte Mißtrauen an die Oberfläche. Sie sprach zwar so, wie ein Christ redet, aber die Worte kamen aus dem Kopf und nicht aus dem Herzen. Gott legt Seine Richtschnur an unser Herz an, nicht an unseren Kopf, denn das Herz bestimmt unsere Lebensweise.

Als Molly mit ihrer Geschichte zum Ende kam, war mir klar, daß das große Mißtrauen in ihrem Leben ihre Beziehung zu ihrem Mann stark beeinträchtigt hatte. Als wir gemeinsam auf den Herrn warteten, führte Er uns zu jenem Ereignis zurück, wo Mollys Vater ihre Liebe mit jenen Worten manipuliert hatte, und sehr behutsam rührte der himmlische Vater Mollys Herz an. Er zeigte ihr, wie sie einen Lebensstil des Mißtrauens entwickelt hatte und daß sie Verantwortung für ihre Reaktion übernehmen mußte, indem sie ihrem Vater und sich selbst vergab. Molly tat dies und bekannte unter Tränen ihre Schuld. Gott rührte sie in ihrem innersten Wesen an und heilte die tiefen Wunden in ihrem Geist.

Was war in dieser jungen Frau geschehen? Sie kannte Jesus und den Heiligen Geist, aber den himmlischen Vater sah sie nur durch die verzerrte Brille ihres irdischen Vaters. An jenem Tag als wir beteten, befreite Gott Molly von ihren Ängsten und ihrem Mißtrauen, und sie begab sich auf den spannenden Weg, Gott, den Vater, zu entdecken. Inzwischen ist sogar ihre Ehe wiederhergestellt.

Wenn wir anfangen, unseren Weg als Christ zu gehen, haben auch wir, so wie Lydia und Molly, sehr verschiedene Bilder von dem himmlischen Vater. Vielleicht starb unsere Mutter an Krebs, als wir noch Kind waren, oder unsere Eltern ließen sich scheiden und schickten uns in ein Kinderheim.

Vielleicht haben wir die schreckliche Erfahrung gemacht, mit einer alkoholsüchtigen Mutter aufzuwachsen, oder wir hatten einen arbeitssüchtigen Vater, der einen hohen Standard aufrichtete, sich jedoch nie die Zeit nahm, jene lebensnotwendige Beziehung aufzubauen, die für uns so wichtig gewesen wäre.

Welches Bild von Gott, dem Vater, entwickelt sich in uns, wenn wir solche und ähnliche Situationen erlebt haben? Welche Art von Richtschnur haben wir in unserem Herzen? In der Seelsorge stelle ich immer wieder fest, daß sich die Richtschnur nach der die Menschen sich ausrichten, in fast allen Fällen sehr von der Richtschnur unterscheidet, durch die Gott Seinen Charakter und Sein Wesen in uns zum Maßstab machen möchte.

UNSER TIEFSTES BEDÜRFNIS

Ich glaubte früher, daß Gott mir die Bestätigung und Annahme, nach der ich mich sehnte, niemals würde geben können. Dies war mein Bild von Gott, dem Vater, ein Bild, das von Seiner Richtschnur sehr weit abwich. Aufgrund meiner eigenen Erfahrungen glaubte ich den Lügen der falschen Propheten, bis Gott mich tief in meinem Herzen anrührte und mir schenkte, daß ich den himmlischen Vater kennenlernte. Erst von jenem Zeitpunkt an begann ich, wahre Sicherheit und Befreiung zu erfahren.

Jeder von uns braucht eine Offenbarung des Charakters und des Wesens von Gott, dem Vater. Wir wissen so viel in unserem Kopf, so viel ist über Gott geschrieben worden – aber kennen wir Ihn in unserem Herzen? Wie real ist Er für uns? Haben wir eine echte, tiefe Liebesbeziehung zu Ihm, die uns wichtiger ist als alles andere auf der Welt?

Jesus möchte, daß wir den himmlischen Vater kennenlernen. Wenn wir zulassen, daß Er uns leitet, dann wird der himmlische Vater in unserem Herzen und in unserem Leben zu einer Wirklichkeit werden. Als Nehemia zuließ, daß Gott ihm durch Seinen Geist eine Offenbarung seines eigenen Herzens gab, hatte er auch eine Offenbarung des Vaterherzens

Gottes. Nehemia brauchte diese Offenbarung, um die Aufgabe auszuführen, die Gott ihm gegeben hatte. Entsprechend braucht auch jeder von uns eine Offenbarung, damit wir die Pläne ausführen können, die Gott mit uns hat. Wenn wir erleben wollen, wie die Mauer der Rettung in unserem eigenen Leben aufgebaut wird, müssen wir den himmlischen Vater immer besser kennenlernen.

Gott, unser Vater, ist tief bekümmert über die Ereignisse, die Sein himmlisches Bild verzerren. Sein Plan war, daß sich durch alle Generationen hindurch Sein Bild in Familien und Völkern vollkommen widergespiegeln sollte. Doch Satan, der Vater der Lüge, hat auf raffinierte, verführerische Weise die Herzen von Gottes eigenen Kindern gegen Gott gewandt. Viele sprechen offen von ihrem Mißtrauen, ihrem Unglauben, ihrem Groll und Haß gegen Gott, ja, manche leugnen sogar Seine Existenz.

Jesus bleibt jedoch unerschütterlich der Weg zu der Wahrheit und dem Leben Gottes, unseres Vaters. Nur wenn wir unsere Hand in die Seine legen und Ihm erlauben, uns zur Gemeinschaft mit Gott und zu Seiner liebevollen Vaterschaft zurückzuführen, können unsere Ängste und unsere Unsicherheit hinwegschmelzen.

In Psalm 139 wird von dem wahren Wesen Gottes, unseres Vaters, gesprochen. Es werden hier einige wunderbare Seiten des Wesens unseres Vatergottes aufgezeigt, der gerecht ist in allen Seinen Wegen und gütig in allem, was Er tut. Die Bibel offenbart Ihn in diesem Psalm als:

ALL-MÄCHTIG	139,1-4
ALL-GEGENWÄRTIG	139,5
ALL-WISSEND	139,13-14
ALL-LIEBEND	139,15-18

Wenn wir über Gottes Wesen nachsinnen, können wir nur staunen, wie allumfassend Er ist. Wenn wir über Seine Schulter schauen und einen Blick auf Seinen Terminplan für die nächsten 24 Stunden werfen könnten, wären wir sicherlich sprachlos! Wenn wir diesen Plan genau unter die Lupe nähmen, würden wir feststellen, daß Er sogar die Anzahl der

Haare auf unserem Kopf kennt. (Er muß wohl ständig zählen!) Aber, so könnte man fragen, warum sollte sich jemand, der so unglaublich viel zu tun hat, mit jeder verzwickten Einzelheit meines Lebens befassen? Ich kann mir nur einen Grund vorstellen – Seine Liebe zu uns ist so stark und so tief, daß Er keine Einzelheit unseres Lebens unbeachtet läßt.

Gott sehnt sich danach, daß wir Ihn so sehen und so kennenlernen, wie Er wirklich ist. Sein Wunsch, uns diese Offenbarung Seines wahren Wesens zu geben, ist viel größer, als unsere Bereitschaft, sie zu empfangen. Sein Herz zerbricht, wenn Er die Grausamkeit der elterlichen Sünde sieht. Sein größtes Verlangen ist es, Seine Kinder zu sich zu führen und ihnen Seinen wahren Charakter zu offenbaren.

Der Offenbarung muß ein weiterer Schritt folgen. Ohne den nächsten Pfeiler in der Mauer der Rettung kann diese Offenbarung dahin führen, daß wir stolpern und stolz werden. Im folgenden Kapitel werden wir uns den entscheidenden Schlüssel zur Veränderung des Lebensstils eines Menschen ansehen und uns damit befassen, wie der Aufbau der Mauer der Rettung fortgeführt werden kann.

NEHMEN SIE SICH ZEIT

Beschreiben Sie das Bild von Gott, dem Vater, das Sie als Kind gehabt haben.

Beschreiben Sie, welches Bild von Gott, dem Vater, Sie jetzt haben.

Blicken Sie zurück, welche Offenbarungen Sie im Blick auf Gottes Vaterschaft in Ihrem Leben empfangen haben.

Kapitel 11

GOTTES STANDARD

D.L. Moody sagte einmal, der beste Weg, um zu beweisen, daß ein Stock krumm sei, bestünde nicht darin, ihn schlecht zu machen oder darüber zu streiten, sondern einen geraden Stock daneben zu legen. In diesem Kapitel wollen wir eine weitere Seite von Gottes Standard betrachten – Seinen geraden Stock, die unzerstörbare Liebe Christi und alles, was Liebe umfaßt.

„Tut Buße, denn das Reich der Himmel ist nahe gekommen“ (Mt. 3,2). In Klarheit und Vollmacht erschallten diese Worte und elektrisierten große Menschenmengen, die von nah und fern in die Wüste gekommen waren. Die asketische Figur, die in ein Sackgewand aus Kamelhaar gekleidet war, nahm kein Blatt vor den Mund, sondern stellte jeden in der Menge vor die Herausforderung, Gottes Standard zu ergreifen. Hunderte von Jahren vor diesem Ereignis hatte auch Nehemia Gottes Standard ergriffen, als Reaktion auf die niederschmetternde Nachricht über den verheerenden Zustand seiner Nation. Nachdem Nehemia gefastet und gebetet hatte, empfing er eine Offenbarung und tat Buße. Er sprach: „(Ich bekenne) die Sünden der Söhne Israels ..., die wir gegen dich begangen haben! Auch ich und meines Vaters Haus, wir haben gesündigt“ (Neh. 1,6).

Um die Mauer der Rettung zu bauen, von der in Jesaja 60,18 die Rede ist, müssen zunächst eiserne Strebepfeiler in den Grundstein eingefügt werden. Nur so kann eine starke, stabile und haltbare Mauer gebaut werden. Im letzten Kapitel haben wir gesehen, daß der erste Pfeiler Offenbarung lautet. Wir wollen nun unseren Blick auf den zweiten Pfeiler, die BUSSE, richten.

Während des Prozesses der Buße dachte Nehemia über die Sünden seiner Vorfahren nach, die der Auslöser dafür gewesen waren, daß sie ins Exil gehen mußten. Entsprechend müssen auch wir uns fragen, wer unsere Vorfahren sind, wobei sich dies meiner Meinung nach nicht nur wörtlich auf unsere Vorfahren bezieht, sondern auch auf Autoritätspersonen, die entscheidenden Einfluß in unserem Leben gehabt haben. Man kann sich fragen, ob es überhaupt einen Sinn hatte, daß Nehemia für die Sünden seiner Vorfahren genauso Buße tat wie für seine eigenen, denn schließlich waren jene zum Zeitpunkt seines Gebets fast alle schon tot. Doch während Nehemia vor dem Herrn wartete, erhielt er nicht nur eine Offenbarung über Gott, den Vater, sondern auch über seine Sünden und die Sünden seiner Vorfahren.

Nehemia erhob sich weder zum Richter über seine Vorfahren, noch suchte er nach einem „schwarzen Schaf". Aber er erkannte an, daß die Sünden der Väter an den Kindern und Kindeskindern heimgesucht werden. Er sah, daß seine Vorfahren, seine Väter, saure Trauben gegessen hatten und daß nun den Kindern die Zähne stumpf wurden. Was konnte er tun? Er übernahm nicht nur die Verantwortung für seine eigenen Sünden, sondern auch für die seines Volkes, und trat vor Gott für sie ein. Damit vollzog Nehemia symbolisch genau das, was Jesus später am Kreuz tat: Er trug unsere Sünde, damit wir befreit würden. Wenn auch wir diesem biblischen Prinzip folgen, können wir nicht nur unser eigenes Leben verändern, sondern auch das Leben zukünftiger Generationen.

Wenn Nehemias Vorfahren mit Buße reagiert hätten, wären sie und die nachfolgenden Generationen nicht ins Exil nach Babylon geführt worden, wo sie viele Jahre lang in Gefangenschaft leben mußten. Nur durch Buße, das heißt durch eine vollkommene Umkehr im Lebensstil, kann wirkliche Veränderung in unserem Leben geschehen.

Wahre Umkehr kann definiert werden als ein fester, innerer Entschluß oder eine Sinnesänderung. Wo im Neuen Testament das Wort „Buße tun" steht, findet sich im Griechischen normalerweise das Wort „metanoein", was „den Sinn ändern" bedeutet (Anm. 12). Es ist ein Entschluß – kein Gefühl.

Das hebräische Wort, das im Alten Testament meistens mit „Buße tun" übersetzt wird, bedeutet wörtlich „sich wenden, zurückkehren“ oder „umkehren“. Das Neue Testament hebt mehr die innere Seite der Buße hervor, das Alte Testament mehr den sichtbaren Ausdruck der Handlung, durch die sich die innere Veränderung zeigt. Buße ist daher eine innere Änderung des Sinnes, die eine äußere Rückkehr und Umkehr zur Folge hat – man fängt an, in eine vollkommen neue Richtung zu gehen.

Die Darstellung in Bild 26 zeigt, in welchem Verhältnis die Buße zu der Mauer der Ablehnung und der Rebellion steht. Wie wir gesehen haben, errichten wir diese Mauern, weil wir uns dadurch vor den verschiedenen Angriffen in unserem Leben schützen wollen. Wenn wir für unsere Sünde Buße tun, brechen die Mauern zusammen, und wir sind in der Lage, die Mauer der Rettung aufzubauen, die nach Gottes Richtschnur ausgerichtet ist.

Was hat Ablehnung mit Sünde in unserem Erbe zu tun? Wir sind nicht verantwortlich für die Ablehnung, die wir in unserer Kindheit erfahren haben. Doch wenn wir die negative, abwertende Programmierung in uns aufnehmen und diese Bewertung als Maßstab übernehmen, beginnt damit der Bereich unserer eigenen Verantwortung. Der nun folgende Kampf vom Unglauben zum Glauben ist ein Kampf zwischen der Wahrheit des Herrn und der Programmierung, die wir in unserer Kindheit empfangen haben.

DEN WERT FESTLEGEN

Um diese Dynamik darzustellen, wollen wir überlegen, wie man den Wert einer Casio-Armbanduhr festlegt. Wir bestimmen den Wert, indem wir den Preis nennen, den die Uhr gekostet hat. Entsprechend gehen wir bei den meisten anderen Gegenständen vor. Doch wie sieht es mit dem Wert des Lebens aus? Oder konkreter: Wie groß ist der Wert IHRES Lebens?

Als ich diese Frage einmal auf einem medizinischen Seminar in der Schweiz stellte, antwortete einer der Ärzte: „Ich bin 20 Schweizer Franken wert, plus die Goldfüllungen.“ Er erklärte, man habe erforscht, daß dies der gesamte Wert

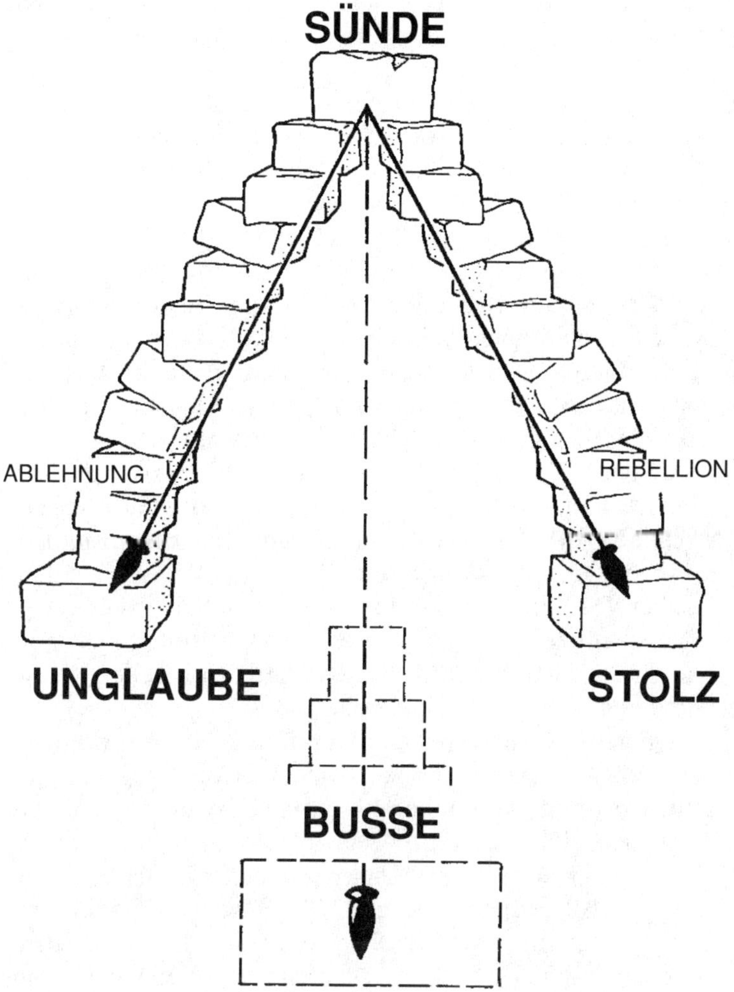

Bild 26

unseres Körpers sei! Wir lachten alle, bis sich ein anderer Arzt zu Wort meldete. „Nein, nein, wir sind zwei Millionen Schweizer Franken wert, weil wir Schweizer so tüchtig arbeiten!"

Dr. Harold Morowitz, Professor der molekularen Biophysik, berechnete den Durchschnittswert von einem Gramm Mensch und zog daraus die Schlußfolgerung, daß er 6.000.015,44 Dollar wert sei. Er war also der sechs Millionen Dollar Mann! Doch selbst nach dieser Berechnung des „Durchschnittsmenschen" erklärte Dr. Morowitz: „Wer kann aus den Zellen Gewebe machen, aus den Geweben Organe und aus den Organen Menschen?"

Allein schon der Gedanke an diese Aufgabe läßt uns taumeln. Eine Frage genügt, um unseren Versuch, den Wert des Menschen in Mark und Pfennig auszudrücken, vom Tisch zu wischen! Wir stehen vor der klaren Erkenntnis, daß jeder Mensch unbezahlbar ist. Von einem kleinen Häufchen gewöhnlicher Materie werden wir zu dem großartigen philosophischen Gedanken hingeführt – jeder Mensch ist unendlich kostbar. Der Psalmist kommt zu derselben Schlußfolgerung, als er darüber nachsinnt, wie er im Mutterleib „gewoben" wurde: „Ich danke dir, daß ich so herrlich bereitet bin, so wunderbar" (Ps. 139,14 – Zürcher).

Wenn wir ehrlich über den Wert unseres Lebens nachsinnen, müssen wir uns fragen, wie hoch der Preis unseres Lebens ist und wer ihn bezahlt hat. Die Bibel sagt, daß wir nicht uns selbst gehören, weil wir mit einem Preis erkauft wurden (1. Kor. 6,19-20)! Unsere Kalender bestätigen nach wie vor, daß Christus vor fast 2.000 Jahren starb und Sein Leben an einem grausamen Kreuz hingab, um uns mit dem Blut Seines eigenen Lebens zu kaufen und uns von Sünde und Tod zu retten. Der Preis, den Er bezahlt hat, läßt sich in keine irdische Währung umrechnen. Die Bibel sagt: „Größere Liebe hat niemand als die, daß er sein Leben hingibt für seine Freunde" (Joh. 15,13). Angesichts dieser Tatsache muß jeder einzelne für sich diese Wahrheit ergreifen: DER WERT UNSERES LEBENS IST UNBEZAHLBAR.

UNSEREN WERT SEHEN

„Doch loskaufen kann sich keiner, keiner Gott das Lösegeld für sich bezahlen – zu teuer ist der Kaufpreis für ihr Leben. Für immer muß er davon abstehen" (Ps. 49,8-9 – Zürcher). Gott sagt uns ganz deutlich, daß der gesamte Reichtum der Welt nicht ausreichen würde, um auch nur den Preis für einen einzigen Menschen zu zahlen. Nur das Blut Jesu ist kostbar genug. In Gottes Augen sind wir mehr wert als aller Reichtum auf der ganzen Welt. Wenn wir sagen, daß wir unwürdig sind, minderwertig oder ohne Wert, dann sprechen wir nicht von Gottes Sichtweise aus.

Als ich meine Studenten fragte, ob sie das Gefühl hätten, ihr Wert sei unbezahlbar, bejahten nur sehr wenige diese Frage. Als ich sie fragte, ob sie sich selbst jemals gesagt hätten, sie seien unbezahlbar, antworteten noch weniger mit ja. Was können wir daraus erkennen? Der Unglaube, der im Herzen wohnt, leugnet Gottes Sichtweise von unserem wahren Wert. Die Ablehnung, die wir erfahren haben, löst in uns vor allem die Sünde des Irrglaubens oder Unglaubens aus.

Vielen von uns fällt es viel leichter, der elterlichen oder gesellschaftlichen Programmierung in unserem Leben zuzustimmen und den tief verwurzelten Gefühlen, als Gottes Aussagen darüber, daß Er uns liebt. Wenn wir jenen Lügen glauben, haben wir uns der Sünde des Unglaubens hingegeben. Selbst verborgener Unglaube in unserem Herzen leugnet Gottes wahre Sichtweise von unserem unbezahlbaren Wert. Seine Liebe zu uns erscheint uns nur als eine ferne Theorie. Wenn wir in Unglauben schwelgen, pflichten wir unserer alten, menschlichen Richtschnur der Ablehnung bei, anstatt die göttliche Richtschnur zu ergreifen.

DIE SÜNDE DES UNGLAUBENS

Der Unglaube nahm seinen Ursprung im Garten Eden, als es Satan gelang, Eva zu verführen, so daß sie Gott in Frage stellte. Der Unglaube ist heute noch genauso trügerisch wie damals und bleibt die Hauptsünde oder der Grundstein, auf den alle anderen Steine der Mauer der Ablehnung aufgebaut werden. Sowohl der „Gefällige“ Christ, als auch der „Das kann ich nicht“ Christ, von denen wir in Kapitel sieben gesprochen haben, leben auf der Grundlage des Unglaubens.

Die Sünde des Unglaubens war in Gottes Augen so schwerwiegend, daß Er einer ganzen Generation von Israeliten das Recht entzog, in das Land hineinzukommen, das ihnen als Erbe verheißen worden war (Hebr. 3,16-19). Nur Josua und Kaleb wagten zu glauben, die anderen jedoch, die Gottes Vorsorge anzweifelten, kamen in der Wüste um.

Heute gelangen viele Menschen aus demselben Grund – aus Unglauben – nie dahin, daß sie ihr Erbe empfangen. Für sie ist das Leben eine Wanderung durch die Wüste, sie werden von Zweifeln geplagt, von Ängsten, Entmutigung, Selbstablehnung, ja sogar Selbsthaß. Sie sind nicht in der Lage, ihre Ziele, ihre Träume und Wünsche zu erreichen, sie irren umher in der Wüste der Enttäuschungen und Zweifel.

DIE SÜNDE DER REBELLION

Menschen, die sich in ihrem Leben nach der Richtschnur der Rebellion ausrichten, bauen die Mauer der Rebellion mit der Grundsünde des Stolzes auf. Der Stolz bildet das Fundament. „Ehrgeizige“ und „kritisierende“ Persönlichkeiten leben auf der Grundlage des Hochmuts des Lebens. Das heißt, es herrscht eine mangelnde Bereitschaft, zuzugeben, wer wir wirklich sind, oder wir täuschen vor, jemand zu sein, der wir in Wirklichkeit nicht sind. Gott widersteht dem Hochmut (1. Petr. 5,5) und wird ihn eines Tages zunichte machen (Jes. 2,12). Manchmal haben Menschen den Eindruck, Gott sei gegen sie, ja nicht nur das, sondern Er widerstehe ihnen. Doch in Wirklichkeit widersteht Gott dem Stolz, den sie nicht bereit sind, loszulassen.

Nehmen wir zum Beispiel Jack. Nachdem er Christ geworden war und sein Geschäft Gott übergeben hatte, erlebte er eine Krise nach der anderen. Die Beziehungsprobleme innerhalb der Familie nahmen immer weiter zu, die Kluft zwischen ihm und seiner Frau wurde immer tiefer. Als er dann einen großen Rückschlag erlebte, brachen sein Geschäft und seine Familie fast ganz zusammen. Doch schließlich erkannte Jack, daß Gott ihm aufdeckten wollte, in wie vielen Bereichen seines Lebens er noch Stolz hegte. Als Jack anfing, sich Gottes Wirken zu fügen und seinen Stolz zu bekennen, änderten sich seine Lebensumstände. Schon bald entstand in ihm eine neue Sichtweise des Lebens. Was Jack entdeckte, ist für unser Leben mit Gott von äußerster Wichtigkeit. Indem Jack begann, sich zu demütigen, hatte er den Schlüssel ergriffen, der ihn von der falschen, menschlichen Richtschnur befreien würde.

Wenn Sie erkennen wollen, ob sich auch in Ihrem Leben Stolz findet, stellen Sie sich die folgenden Fragen:

> *Wenn jemand in die Position gewählt wird, die Sie gern gehabt hätten, oder wenn die Gaben und Leistungen eines anderen Menschen Ihre eigenen in den Schatten stellen – wie reagieren Sie dann? Sind sie eifersüchtig? Zornig?*
>
> *In Augenblicken ehrlicher Selbstkritik sagen wir viel über uns selbst. Wie reagieren Sie, wenn jemand anderes dieselben Aussagen über Sie macht?*
>
> *Wenn Sie kritisiert werden, steigt dann Feindseligkeit und Groll in Ihnen auf? Rechtfertigen Sie sich selbst und kritisieren den Menschen, der Sie kritisiert hat?*

Wenn Sie Bereiche in Ihrem Leben entdecken, die auf den Grundstein des Stolzes aufgebaut sind, dann müssen Sie, wie Jack, den Schlüssel der Demut betätigen. Demut bedeutet, daß wir bereit sind, andere Menschen wissen zu lassen, wie wir wirklich sind, ganz gleich, welche Folgen dies hat. Demut ist der Schlüssel, der die Tür zu Gottes Gnade öffnet, so daß diese ungehindert in unserem Leben wirken kann (1. Petr. 5,5-6). Wenn wir offen und ehrlich in die Wahrheit und in das

Licht treten, die beide befreiend sind, dann kommt Demut in unser Leben.

DEMUT VERSTEHEN

Demut ist eine Haltung der Liebe. Wenn wir sagen, wir lieben Gott, aber nicht unseren Bruder oder unsere Schwester lieben, wie bleibt dann die Liebe Gottes in uns? Diese Frage wird uns in der Bibel gestellt (1. Joh. 3,17). So wie sich meine Liebe zu Gott in meiner Liebe zu meinen Brüdern und Schwestern zeigt, so erweist sich auch meine Demut gegenüber Gott in den Beziehungen, die ich zu anderen Menschen habe. Anstatt vor der Demut zurückzuschrecken und uns von ihr abzuwenden, müssen wir bereit sein, andere Menschen wissen zu lassen, wer wir wirklich sind.

Eines Tages fragte ich den Herrn: „Warum fällt es mir so schwer, andere Menschen wissen zu lassen, wer ich wirklich bin, obwohl ich Dir gegenüber da gar keine Schwierigkeiten habe?“ Die folgenden Worte bildeten sich sanft und still in meinen Gedanken: „Das liegt daran, daß du die Menschen mehr fürchtest als mich.“ Ich war überrascht, wußte aber, daß dies der Wahrheit entsprach. Aus Furcht davor, Ablehnung zu erfahren und verwundet zu werden, fiel es mir oft sehr schwer, anderen Menschen zu offenbaren, wer ich wirklich war. Ich hatte Angst vor dem, was sie über mich sagen und denken würden. Zum ersten Mal sah ich, daß wahre Buße auch wahre Demut beinhaltet, jene Bereitschaft, andere Menschen wissen zu lassen, wer ich wirklich bin.

Das griechische Wort für Demut heißt „tapeinos“, es bedeutet: „niedrig-liegend im Geist, auf einer niedrigen Stufe im Geist, erniedrigt“ (Anm. 13). Keiner von uns wird gern erniedrigt. Doch wenn wir in Demut leben, müssen wir Erniedrigungen bereitwillig annehmen. Wer wohnt in der Gegenwart Gottes? Psalm 51,19 spricht von dem, der ein „zerbrochenes und zerschlagenes Herz“ hat. Das ist der Mensch, der bei Gott in der Höhe, im Heiligtum wohnt, denn unsere Erniedrigung ist Gottes Schlüssel, um uns zu erhöhen. Buße ist ein Prozeß, der niemals aufhören sollte. Wir sollen ständig

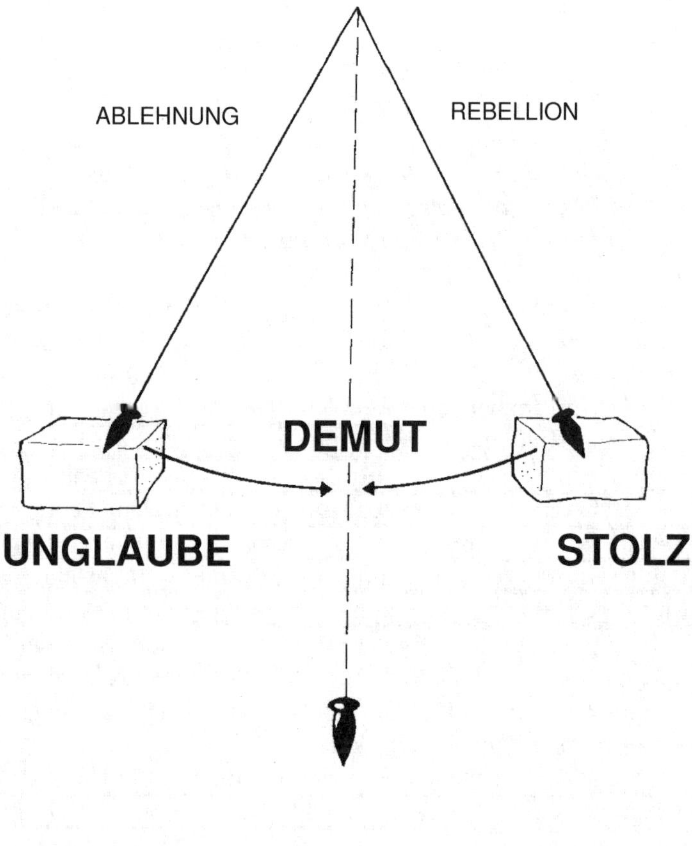

Bild 27

zerbrochen sein über die Sündhaftigkeit unseres Herzens und in dieser Haltung vor Gott leben. Wie können wir Tag für Tag in dieser Erfahrung leben? In der „Amplyfied Bible“ lautet Jakobus 5,16-17 so:

> *„Bekennt einander eure Fehler (eure Ausrutscher, eure falschen Schritte, eure Vergehen, eure Sünden) und betet (auch) füreinander, damit ihr geheilt und wiederhergestellt werdet (damit euer Sinn und euer Herz geistlich gesinnt sind). Das ernsthafte (von Herzen kommende, anhaltende) Gebet eines gerechten Menschen setzt ungeheure Macht frei (ist machtvoll in seiner Wirkung).“*

Wir müssen zum Herrn kommen und sowohl unseren Unglauben und unseren Stolz bekennen, als auch alle Früchte, die daraus hervorgewachsen sind. Wir müssen unser Herz in Demut vor Ihm beugen. Wenn wir dann anfangen, unser Herz und unser Leben zu öffnen und einem anderen Menschen Einblick zu gewähren, wird Gott in unserem Leben einen wunderbaren Heilungsprozeß in Gang setzen. Doch der erste Schritt ist die Bereitschaft, verletzbar zu sein und unsere Fehler, unser Versagen und unsere Sünden einem anderen Menschen zu bekennen, dem wir vertrauen. Wenn es sich um tiefliegende, schwerwiegende Probleme handelt, ist es natürlich ratsam, zu jemandem zu gehen, der eine Seelsorgeausbildung hat und glaubt, daß Gebet die Macht hat, Heilung und Wiederherstellung zu bewirken.

Wir haben gesehen, daß Nehemia uns vor die Herausforderung stellt, den Strebepfeiler der Buße tief in den Grundstein der Erlösung einzufügen. Um den Prozeß der Heilung und Wiederherstellung zu fördern, ist es nötig, ständig miteinander im Licht zu leben.

Bei dem Bau der Mauer der Rettung gibt es noch andere wichtige Strebepfeiler, die unbedingt in den Grundstein eingefügt werden müssen, damit die Struktur der Mauer stark genug ist, den Stürmen unserer Zeit standzuhalten. Im nächsten Kapitel werden wir sehen, wie Buße, als ein fortwährender Prozeß, unseren Lebensstil verändern und durch Glauben die ganze Fülle der Gottheit für uns freisetzen kann.

NEHMEN SIE SICH ZEIT

Prüfen Sie, wo Sie in Ihrem Leben Bereiche des Unglaubens und des Stolzes haben.

Beurteilen Sie die Wirksamkeit Ihrer Buße in diesen oder anderen Bereichen.

Kapitel 12

DAS GEQUÄLTE HERZ

Nachdem wir untersucht haben, wie die Buße ihren Anfang nimmt, wollen wir nun erforschen, was es bedeutet, in einem Prozeß der fortwährenden Buße zu leben und dadurch eine Veränderung unseres Lebensstils zu erfahren. Wir werden sehen, wie die biblische Buße alle anderen Wege zur Veränderung bei weitem übertrifft, und wie der Glaube als entscheidender Schlüssel wirken und uns die Tür zu der ganzen Fülle der Gottheit aufschließen kann.

Der erste entscheidende Bestandteil der Buße hat mit dem Kreuz zu tun. Jesus sagte: „Wenn jemand mir nachkommen will, verleugne er sich selbst und nehme sein Kreuz auf täglich und folge mir nach" (Lk. 9,23). Leider finden sich nur sehr wenige Christen, die diese Herausforderung Gottes willig ergreifen und die Wahrheit, die Jesus hier nennt, in ihrem Leben umsetzen. Was wollte Jesus mit diesen Worten sagen? Bild 28 zeigt, wie wir von dem alten Menschen zum neuen kommen können. Adam steht symbolisch für den Unglauben und den Stolz, den wir geerbt und in unserem Leben erworben haben. Es gibt nur einen Weg, um von Unglauben und Stolz frei zu werden, wir müssen sie an das Kreuz nageln, zusammen mit all den Sünden, die Christus dort getragen hat. Um dies zu tun, müssen wir uns als erstes all diesen Bereichen gegenüber als tot erachten. Zweitens müssen wir den Unglauben durch Gottes Aussagen über unseren wahren Wert ersetzen. Wir müssen durch den Glauben die Wahrheit über uns selbst ergreifen. Und schließlich müssen wir vorwärtsgehen und diese Wahrheit in unserem Leben umsetzen.

Jakobus sagt: „Der Glaube ohne die Werke ist nutzlos" (Jak. 2,20). Eine rein intellektuelle Zustimmung der Wahrheit hat wenig Wert, wenn die Wahrheit nicht täglich angewandt wird. Es ist sehr wichtig, den Glauben in Werke umzusetzen. Dadurch können wir die Richtschnur der Ablehnung hinter uns lassen und zur Richtschnur der Selbstannahme und des

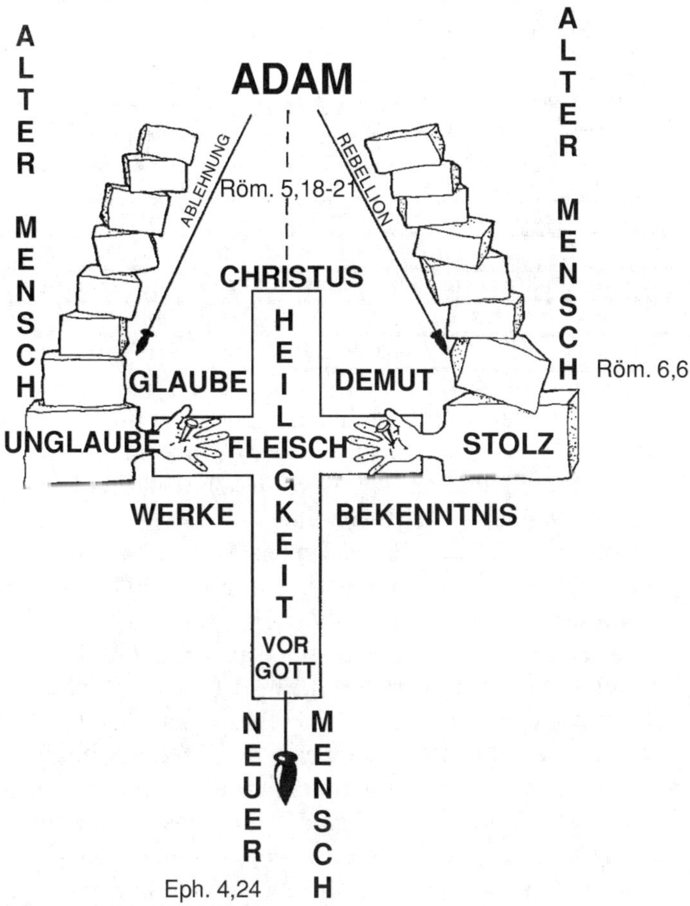
ALTER MENSCH
ADAM
ABLEHNUNG
Röm. 5,18-21
REBELLION
ALTER MENSCH
Röm. 6,6
CHRISTUS
GLAUBE
DEMUT
HEILIGKEIT VOR GOTT
UNGLAUBE
FLEISCH
STOLZ
WERKE
BEKENNTNIS
NEUER MENSCH
Eph. 4,24

Bild 28

Wertgefühls gelangen, die mit Gottes Richtschnur übereinstimmt. Wenn wir von dem Podium des Stolzes herunterkommen wollen, dann lauten die Schlüssel dazu Demut und Bekenntnis. Dadurch, daß wir unsere Sünden bekennen, schließen wir unser Herz in der Tiefe auf. Die Demut sorgt dafür, daß die Tür offen bleibt, damit das Herz verändert werden kann. Indem wir „transparent" sind, versetzen wir der Wurzel des Stolzes einen tödlichen Schlag. Wenn wir uns die Wirkung der Demut zunutze machen, die das Bekennen mit sich bringt, dann wir dem Stolz seine Macht geraubt, so daß er unser Leben nicht mehr beherrschen kann. Wir stehen vor der Herausforderung, die alten, unerwünschten Elemente des Stolzes und des Unglaubens abzulegen und die neuen, erwünschten Elemente anzuziehen (Eph. 3,8-10). Wir sprechen hier nicht von geistiger Akrobatik, sondern von einer Freisetzung von Macht, die Veränderung bewirkt durch den Sieg, der am Kreuz errungen wurde. Der Glaube an das Werk, das Christus endgültig am Kreuz vollbracht hat, gibt jedem, der diesen Glauben ergreift, den Sieg.

Wenn wir diese Veränderungen treffen, werden wir auf inneren Widerstand stoßen, wie wir in Bild 29 sehen können. In dieser Zeichnung stellt die Lokomotive unseren GEIST dar, der Kohlenwagen steht für den VERSTAND, und der Abteilwagen verkörpert die GEFÜHLE. Satan deichselt seine Fahrt von dem Wagen der GEFÜHLE aus. Aus der Art und Weise, wie wir heute in der westlichen Welt leben, schlägt er sehr großes Kapital. Anstatt daß wir uns von Prinzipien und von der Wahrheit führen lassen, bringt uns Satan durch meisterhafte Manipulation dahin, daß wir uns von Gefühlen leiten, ja sogar beherrschen lassen. Gefühle sind wichtige und hilfreiche Übermittler, doch sie sind äußerst gefährliche Herrscher. Sie sind uns gegeben, damit wir über sie herrschen, nicht damit wir unter ihrer Herrschaft stehen.

AUSSER KONTROLLE GERATENE GEFÜHLE

Vielleicht kennen wir auch Leute, die dem jungen Mann ähnlich sind, der in einem Zornanfall nach draußen stürmte,

N
S
BUSSE 10 km
LEBEN 20 km
SÜNDE 10 km
TOD 20 km
Denkst du nicht, daß du viel lieber nach Süden möchtest?

Bild 29

auf sein Motorrad stieg und mit aufheulendem Motor davonbrauste. Die Zeitungen berichteten am nächsten Morgen den Rest der Geschichte. Als Überschrift war zu lesen: „Vier Tote bei Frontalzusammenstoß mit Höchstgeschwindigkeit." Wenn wir zulassen, daß unsere Gefühle uns beherrschen, dann laufen auch wir auf eine Katastrophe zu. Überall in der westlichen Welt sehen wir, welche tragischen Folgen entstehen, wenn Gefühle außer Kontrolle geraten. Viele Länder berichten, daß bei ihnen Selbstmord die häufigste Todesursache von Jugendlichen ist. Depressionen haben seuchenartige Ausmaße angenommen und zeigen, welche Auswirkung diese Herrschaft der Gefühle in einer Gesellschaft hat, die den Gefühlen so viel Freiheit gibt.

Die nächste Zeichnung in Bild 30 wird uns helfen, den mächtigen Widerstand zu verstehen, dem wir begegnen, wenn wir versuchen, Buße zu tun und umzukehren.

Der oberste Zug, den man den „humanistischen Zug" nennen könnte, zeigt, in welchem Zustand wir uns befinden, wenn wir der Führung unserer Gefühle folgen. Der untere Zug zeigt den Zustand der Ausgewogenheit, nach dem wir uns sehnen. In diesem Fall wird der menschliche Geist von Gottes Heiligem Geist geführt, und die Gefühle folgen nach. Doch was geschieht bei dem Wechsel von dem einen zum anderen Zustand?

Der Zug, der versucht, um die Kurve zu fahren, zeigt, wie unsere Gefühle bei einer Richtungsänderung reagieren. Sie klammern sich an der alten Richtung fest wie eine Katze, die in die Enge getrieben ist, die faucht und knurrt, um den Angreifer zu bedrohen und sich zu verteidigen. Wenn dieser Reaktion kein Ende gesetzt wird, können uns unsere Gefühle sogar mit einem emotionalen Zusammenbruch drohen, weil sie sich in großer Unsicherheit befinden und voll Zorn darüber sind, daß sie die Herrschaft über uns verlieren.

Wenn wir uns das hebräische Wort ansehen, das mit „Buße" übersetzt wird, können wir verstehen, warum die Gefühle in dieser Weise reagieren. Das Wort „nawkham" bedeutet wörtlich „seufzen, stöhnen, nach Luft schnappen und zittern",

ZÜGE DES LEBENS

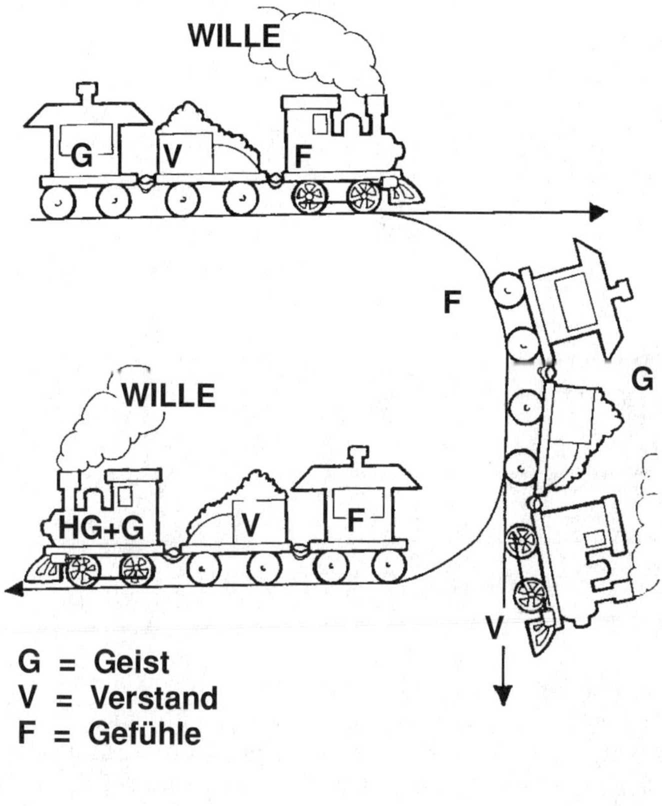

Bild 30

all dies deutet auf tiefen, leidenschaftlichen Aufruhr hin. Dies ist im Wesentlichen das, was mit unseren Gefühlen geschieht, wenn wir Buße tun. Wenn wir schließlich um die Kurve biegen (wenn wir es geschafft haben), wird der Heilige Geist unsere Gefühle mit Freude erfüllen.

Ein „rationalistischer Zug", der vom Verstand angetrieben wird, stellt uns vor eine ganz ähnliche Situation. Wenn wir versuchen, Buße zu tun, müssen wir einen heftigen Kampf gegen den Widerstand der „Vernunftsgründe" führen. Die Angst, in den Augen anderer närrisch, kindisch oder unvernünftig zu erscheinen, kann ein machtvoller Gegner unserer Veränderung sein.

RATIONALISTISCHER ZUG

Es gibt noch einen dritten, unausgewogenen Zustand. In diesem Fall wird der Zug zwar von unserem menschlichen Geist angeführt, doch steht er nicht unter dem Einfluß des Heiligen Geistes. Wir können dies einen „spiritistischen" oder „okkulten Zug" nennen. Bei Menschen, auf die dies zutrifft, kann es bei der Buße nötig sein, um Befreiung von bösen Geistern zu beten. Der Widerstand des Feindes kann manchmal sehr heftig und dramatisch sein.

GEISTLICHER ZUG

Auch wenn wir hier die unterschiedlichen Seiten getrennt behandelt und sie in den Zügen der Gefühle, des Verstandes und des Geistes dargestellt haben, können alle drei in verschiedener Kombination auftreten. Johannes der Täufer forderte uns auf, Buße zu tun, weil das Reich Gottes nahe herbeigekommen ist (Mt. 3,2). Um eine wahre Veränderung unseres Herzens und unseres Lebens zu erfahren, müssen wir Buße tun. Je mehr wir unser Leben in Übereinstimmung mit der göttlichen Richtschnur bringen, desto mehr werden wir in der Lage sein, das wahre Leben zu leben.

DURCH VERGEBUNG FREISETZEN

Wenn wir Veränderung erfahren wollen, müssen wir uns nun einen weiteren Aspekt der Buße ansehen. Er hat so große Bedeutung, daß ohne ihn die Buße null und nichtig ist. In Kapitel zwei von Nehemia finden wir den Bericht einer ungewöhnlichen Beziehung zwischen einem Sklaven und einem König, zwischen einem Juden und seinem heidnischen Herrscher, zwischen dem Unterdrückten und dem Unterdrücker.

Nehemia hatte schlechte Nachrichten über Jerusalem gehört. Als er vor dem König erschien, spiegelte sich auf seinem

Gesicht Traurigkeit wider. Nehemias Aufgabe als Mundschenk war, dem König sowohl Freude als auch guten Wein zu bringen. Seinen Kummer in der Gegenwart des Königs zu zeigen, bedeutete für Nehemia, sich der Todesgefahr auszusetzen. Doch Nehemias Sorge um sein Volk überwog die Sorge um sich selbst. Als König Artaxerxes Nehemias bedrücktes Gesicht bemerkte, forderte er ihn auf, zu erklären, was ihn beschäftigte.

In dem Geschehen, das nun folgte, zeigt sich eine tiefe Liebe des Königs für seinen Mundschenk Nehemia. Als der König von dem Zustand Jerusalems hörte, beurlaubte er Nehemia nicht nur von seinen Pflichten im Palast, sondern gab ihm auch die Erlaubnis und die Mittel, die Heilige Stadt wiederaufzubauen! Dieses Geschehen zeigt, daß es Gottes eigene Hand war, die Nehemia unterstützte. Aber es offenbart auch, wie Nehemias Herz in der Tiefe aussah. Offensichtlich hatte er den Punkt erreicht, wo er seinen Feinden von ganzem Herzen vergeben konnte, ja, er war sogar in der Lage, dem König der Feinde treu zu dienen. Er hatte die Unterdrücker FREIGESETZT von ihrer Schuld gegen sein Volk. In seinem Herzen war nicht der geringste Rest von Groll oder Bitterkeit geblieben. Dies ist also der nächste Strebepfeiler, der in den Grundstein der Erlösung eingefügt werden muß: FREISETZUNG.

Wenn wir jemandem vergeben, der uns verletzt hat, SETZEN wir ihn dadurch FREI, so daß er uns nichts mehr schuldet, uns nichts mehr erstatten muß, sich nicht einmal bei uns entschuldigen muß. Wenn wir dahin kommen, daß wir dem anderen von Herzen vergeben, geschieht gleichzeitig auch eine Freisetzung in uns selbst. Ich will dies anhand der folgenden Geschichte verdeutlichen.

Während der Seelsorgeausbildung bei JmeM geben wir unseren Studenten die Gelegenheit, aus ihrem eigenen Leben zu berichten. Kay, eine Frau Ende vierzig, fing an, uns zu erzählen, wer sie war, doch nach wenigen Minuten verstummte sie. Als zwei von uns zu ihr gingen und still für sie beteten, fing sie plötzlich an zu beben, begann uns zu be-

DIE MAUER DER RETTUNG

NEHEMIA = WIEDERHERSTELLUNG
ESRA = VERSÖHNUNG

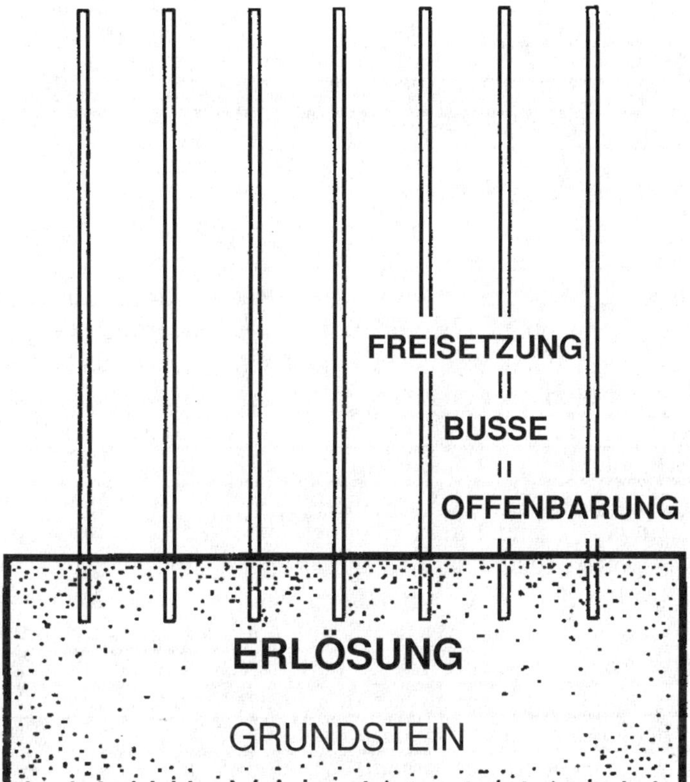

Bild 31

schimpfen und sogar tätlich anzugreifen. Wir erkannten sofort, daß wir es hier nicht mit einem normalen Gefühlsausbruch zu tun hatten, sondern auf dämonischen Einfluß stießen. Als wir unser Gebet verstärkten, wurden auch ihre Reaktionen heftiger. Als nach einer Weile immer noch keine Veränderung sichtbar war, beschlossen wir, uns nach der Unterrichtsstunde noch einmal mit Kay zu treffen.

Später, als wir im Gebet warteten, empfing einer von uns ein Wort der Erkenntnis vom Herrn, daß Kay nicht bereit sei, ihrer Mutter zu vergeben. Als wir sie danach fragten, gab sie zu, eine tiefe Wurzel der Bitterkeit im Herzen zu haben, und schrie: „Ich hasse dich! Ich hasse dich! Ich hasse dich!", so als wäre ihre Mutter im Raum.

VERGEBUNG GEWÄHREN

Als wir zusammen sprachen, kam Kay schließlich an den Punkt, wo sie bereit war, ihrer Mutter Vergebung auszusprechen. Als wir erneut zusammen beteten, wurde Kay von einem Augenblick zum anderen von den Folterknechten befreit, die sich hinter ihrer Unversöhnlichkeit versteckt hatten.

Im Matthäusevangelium (Mt. 18,21-35) wird die Geschichte eines Mannes erzählt, dem eine Schuld von „10 Millionen Dollar" erlassen wurde, der daraufhin jedoch nicht so vergab, wie er selbst es erfahren hatte. Als er sich auf dem Heimweg befand, traf er einen Mitknecht, der ihm schäbige „20 Dollar" schuldete. Anstatt barmherzig zu sein, so wie er selbst Barmherzigkeit empfangen hatte, ließ er den Mann ins Gefängnis werfen. Als der Schuldherr des ersten Mannes davon hörte, wurde er zornig und änderte seine freundliche Gesinnung. Er übergab ihn den Folterknechten, bis er die volle Summe von „10 Millionen Dollar" bezahlt hätte. Der Mann war nicht wegen seiner anfänglichen Schuld im Gefängnis gelandet, sondern wegen seiner Brutalität und seiner mangelnden Vergebungsbereitschaft. Jesus schließt das Gleichnis mit den Worten, daß Gott uns gegenüber genauso handeln wird, wenn wir unserem Bruder nicht von Herzen vergeben.

Aus dieser Geschichte ziehen wir die Folgerung, daß mangelnde Vergebung eine Grundlage für innere Folter schafft. Wir sind nicht dazu geschaffen, mit Groll, Bitterkeit oder Haß zu leben. Wenn wir darin beharren, öffnen wir damit sowohl geistlichen als auch körperlichen Erkrankungen in uns die Tür. Für die weiteren Ausführung wollen wir uns Bild 32 ansehen.

EIN EBENBILD WERDEN

Wir sehen in dieser Darstellung, daß eine Haltung der Unversöhnlichkeit in vielen Fällen durch Ungerechtigkeit ausgelöst wird, entweder wirkliche oder eingebildete, die wir in der Kindheit erfahren haben. Wenn wir heranwachsen, ist unser Blickpunkt oft negativ auf die betreffende Autoritätsperson fixiert, was Auswirkungen bis ins Erwachsenenalter hinein hat.

Nur Buße und Bekenntnis ermöglichen den Wechsel der Blickrichtung, weg von einer irdischen Autoritätsperson, hin zu Gott. Wir müssen unseren Groll bekennen und dem Menschen, der uns verletzt hat, bedingungslos vergeben. Dies ist der Anfang der Freisetzung und einer neuen Blickrichtung.

Eines Morgens, als ich in unserem Seelsorgezentrum in Hawaii arbeitete, suchte mich ein junger Mann mit Namen Neville auf. Er erzählte mir, er habe erst vor kurzem geheiratet, würde aber jetzt schon Eheprobleme haben. Unter Tränen bekannte er, daß er seinen Vater verachtete und ihm grollte, weil er durch Alkoholismus die Familie zerstört hatte. Zu seinem eigenen Entsetzen hatte Neville nun festgestellt, daß er jetzt, wie sein Vater, gegen die Flasche ankämpfen mußte.

Wenn wir andere Menschen verdammen und in unserem Herzen ein Urteil über sie aussprechen, lösen wir eine gefährliche Dynamik aus. Über kurz oder lang befinden wir uns in derselben Sünde, die wir verdammt haben. Da ist zum Beispiel Jane, ein Opfer von Inzest, die in ihrem Herzen das Urteil gefällt hatte, daß alle Männer, was Sex betraf, gleich waren. Sie meinte, alle Männer glaubten, Frauen wären nur da, um gebraucht und notfalls auch mißbraucht zu werden,

FREISETZUNG DURCH VERGEBUNG

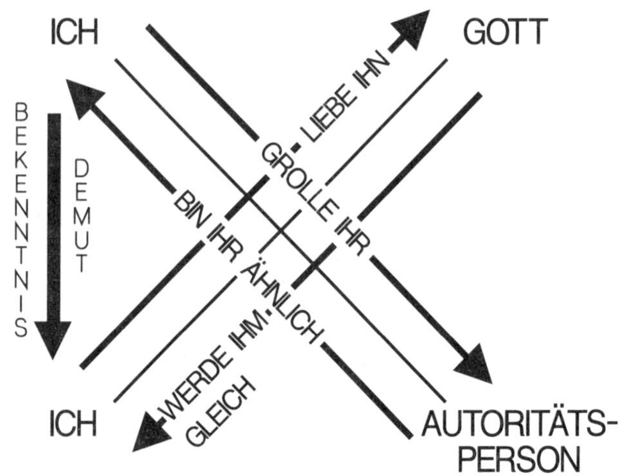

Bild 32

sie dienten zur Befriedigung ihrer eigenen Wünsche. Nachdem Jane dieses Urteil gefällt hatte, setzte die Dynamik ein. Jane wurde denen gleich, die sie haßte, sie gebrauchte und mißbrauchte Männer durch Prostitution. Ihr Urteilen und ihr Groll waren zu einem Bumerang geworden, der sie selbst traf, weil sie davon überzeugt war, alle Männer seien gleich, sie seien alle vom selben Schlag. Die einzige Liebe, die sie kannte, war Lust.

DIE EINZIGE ANTWORT

Wir haben bereits besprochen, wie der einzige Ausweg aus dieser zerstörerischen Spirale aussieht, wir müssen uns DEMÜTIGEN und unsere Schuld BEKENNEN. Zunächst müssen wir unseren Groll offen und ehrlich zugeben und dann ohne irgendwelche Bedingungen vergeben. Die Vergebung auszusprechen, was oft ein schwieriger Schritt ist, kann der Anfang davon sein, daß wir von Herzen vergeben.

Unsere größte Aufgabe besteht oft darin, uns selbst zu vergeben. Unter bitteren Tränen werden durch solches Vergeben die Verwundungen des Herzen geheilt. Die Narben werden niemals vollkommen verschwinden, und in den meisten Fällen hinterlassen die Tränen auf dem feinen Gewebe unserer Gefühle bleibende Flecken. Doch diejenigen, die sich hartnäckig weigern, zu vergeben, wählen ungewollt die Folter.

Auch wenn wir den Schritt der Vergebung bereits getan haben, ist der Kampf damit nicht unbedingt beendet. Wir müssen frei davon werden, unsere Ängste und unser Mißtrauen auf Gott zu projizieren, wie in Bild 33 dargestellt. Oft neigen wir immer noch stark dazu, Gott durch das verzerrte Bild der irdischen Autoritätspersonen in unserem Leben zu sehen (Pfeil 2). Anstatt auf der Suche nach Weisheit und Verständnis in diesen „Spiegel der Autoritätspersonen" zu schauen, müssen wir direkt zu Gott blicken (Pfeil 3), damit sich unser wahres Bild in uns widerspiegelt.

Je mehr wir sehen, wer Gott wirklich ist, desto mehr lieben wir Ihn und desto ähnlicher werden wir Ihm (Bild 32). Diese

GOTT KLAR SEHEN

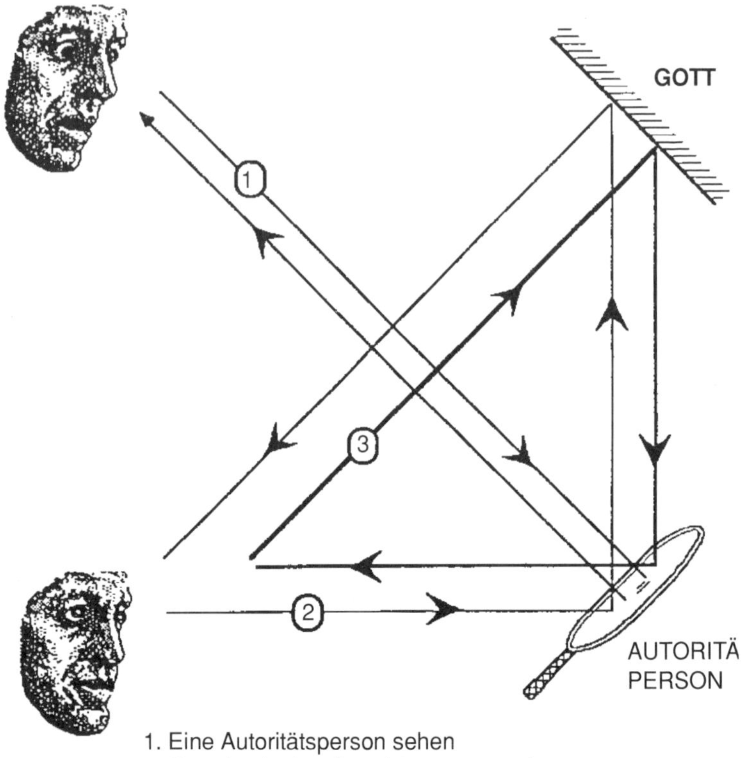

1. Eine Autoritätsperson sehen
2. Gott durch eine Autoritätsperson sehen
3. Gott sehen

Bild 33

Freisetzung erfahren wir durch Vergebung, wenn wir bedingungslos vergeben, oder mit den Worten Jesu, wenn wir 7 x 70 mal vergeben!

Wie wir gesehen haben, geben wir dann, wenn wir uns weigern zu vergeben, den Peinigern die Gelegenheit, uns zu quälen und uns, wenn möglich, sogar zu zerstören. Im nächsten Kapitel wollen wir uns weiter mit diesen Folterknechten beschäftigen. Wir werden sehen, wie sie gegen Nehemia kämpften und wie dessen Geschicklichkeit und Weisheit ihre Angriffe immer wieder zunichte machte.

NEHMEN SIE SICH ZEIT

Überlegen Sie, mit welcher Art von Zügen Sie in Ihrem Leben gefahren sind.

Berichten Sie von Erfahrungen, die Sie mit Buße gemacht haben.

Beschreiben Sie, welche Art von „Folter" Sie durch Nichtvergeben erlebt haben. Durch welche Schritte sind Sie frei geworden?

Kapitel 13

UNSEREN FEIND IN DIE FLUCHT SCHLAGEN

Der stärkste Gegner, der den Aufbau der Mauern der Rettung verhindern will, ist Luzifer persönlich. Manche meinen, er sei eine pure Einbildung, andere sehen ihn als den Herrn der Welt an und glauben, daß er eines Tages als solcher angebetet werden wird. Wie immer wir ihn betrachten, Satan bleibt ein gefährlicher Feind, der eine Spur niederträchtiger Taten hinterläßt! Die Bibel sagt klar, daß Satan lebt, daß er in dieser Welt aktiv ist und eine Unzahl von Nachfolgern hat, die seiner Gewalt unterstehen. Je mehr die Weltzeit ihrem Ende zugeht, desto treuer werden sich diese Menschen Satan ergeben und desto größere Macht werden sie ihm einräumen. Gleichzeitig wird die Liebe vieler Christen erkalten (Mt. 24,11-13).

Als Nehemia dem Ruf Gottes gehorchte und die Mauern Jerusalems wiederaufbaute, mußte er sich mit der List des Feindes auseinandersetzen. Wenn wir uns Nehemias Kämpfe ansehen, werden wir einige der Strategien Satans erkennen, mit denen er versuchte, den göttlichen Plan, dem Nehemia folgte, zu verhindern und zunichte zu machen. Wir werden sehen, daß der nächste Strebepfeiler, der im Grundstein verankert werden muß, ERKENNEN heißt. Wenn wir Satan abwehren wollen, müssen wir vor allem lernen, wie wir seine Strategien erkennen können. Nur so können wir sein Unternehmen zerstören.

ZORN UND ANGST

In Nehemia 3,33 – 4,1 lesen wir von Satans Hauptagenten Sanballat, Geschem und Tobija. Sie reagierten voll Zorn, als sie hörten, Nehemia habe den Plan, die Mauern von Jerusalem wiederaufzubauen. Sie trafen ihn, als er sich auf der Reise zur Stadt befand und griffen ihn mit Drohungen und Beschuldi-

DIE MAUER DER RETTUNG

NEHEMIA = WIEDERHERSTELLUNG
ESRA = VERSÖHNUNG

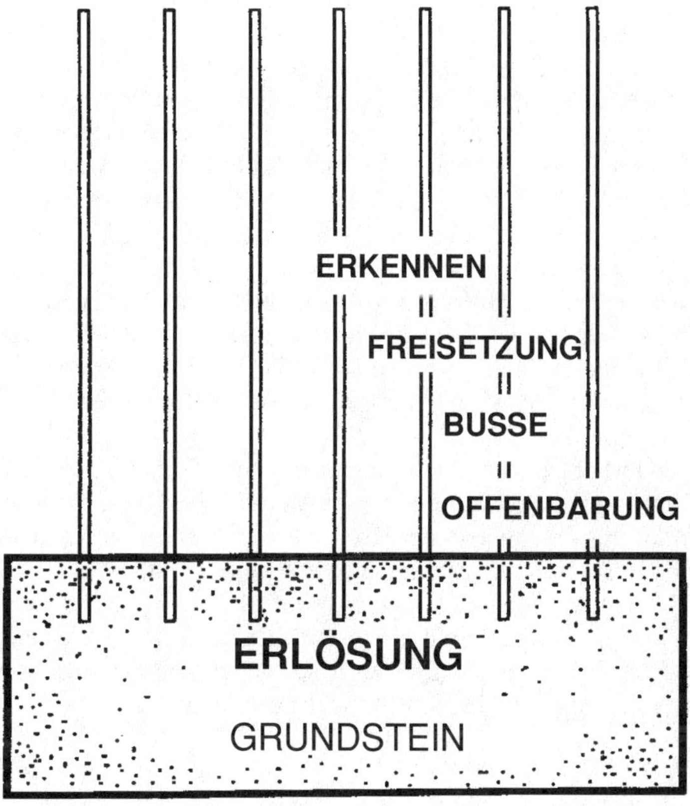

Bild 34

gungen an. Viele von Nehemias Vorgängern und Nachfolgern ließen sich durch Furcht von ihrem Werk abbringen und einschüchtern, doch Nehemia war standhaft und ließ sich nicht abschrecken.

„Menschenfurcht ist eine Falle; wer aber auf den Herrn vertraut, ist in Sicherheit" (Spr. 29,25). Nehemia glaubte diese Worte nicht nur, sondern er lebte in dieser Wahrheit und vertraute dem Herrn.

Wie auf Nehemia, so wird Satan auch auf uns seinen Zorn loslassen, durch geliebte Menschen, durch Ausfall von Geräten, durch widrige Umstände, Regierungen, Krankheit, seelischen und körperlichen Zusammenbruch und viele andere Dinge. Doch Joseph, Hiob und besonders Jesus sind hervorragende Beispiele dafür, wie Gott Satans Zorn zu seinem eigenen Vorteil nutzt. Stephanus wurde von Männern gesteinigt, deren Zorn direkt von Satan entflammt worden war – doch wenn Satan gewußt hätte, welche Dynamik er dadurch auslöste, hätte er sofort mit seinem Wüten aufgehört. Einer der Zuschauer des Geschehens war Saulus, der schon bald zum Apostel Paulus werden sollte. Stephanus' Tod brachte eine Qualität der Vergebung zutage, die Saulus bis ins Innerste erschütterte.

„Gott hat uns nicht einen Geist der Ängstlichkeit gegeben – der Feigheit, der Furcht, die vor anderen kriecht –, sondern Er hat uns einen Geist der Kraft und der Liebe gegeben und den Geist eines ruhigen und ausgewogenen Sinnes" (2. Tim. 1,7 – Übersetzung nach der „Amplified Bible"). Satan versucht, uns durch Furcht einzuschüchtern, doch für die, die vertrauen, kommt das Brüllen des Feindes von einem zahnlosen Löwen, der sie nicht verschlingen kann.

SPOTTEN

Eine weitere Strategie des Feindes ist SPOTT. Spott entsteht, wenn ein Mensch unterdrückte Feindseligkeit hegt. Die Feinde schmähten und verhöhnten Nehemia und beschuldigten ihn fälschlicherweise, sich gegen den König Artaxerxes aufzulehnen (Neh. 2,19), der doch in Wirklichkeit seinen

Segen für dieses Unternehmen gegeben hatte. Sanballat beschuldigte Nehemia sogar, er würde versuchen, Gott zu bestechen (Neh. 3,33-35)! Dies war ein heimtückischer Angriff, der Nehemias eigenen Glauben als Waffe einsetzte, ähnlich wie Satans Taktik bei Jesus, als er bei der Versuchung in der Wüste Bibelstellen falsch zitierte (Mt. 4,3.6). Immer wieder hat Satan Wahrheiten genommen und sie verdreht und von Zeit zu Zeit die Gemeinde Jesu auf diese Weise gespalten und ihre Schlagkraft durch Zerstörung der Einheit geschwächt. Genauso versuchte er es auf seine listige Art auch bei Nehemia.

Während Sanballat höhnte, die Arbeit des Volkes sei hoffnungslos und vergeblich, versuchte Tobija, das Zutrauen der Leute zu ihrer Geschicklichkeit und ihren Fähigkeiten zu untergraben. Doch er hatte vergessen, daß die meisten von ihnen jahrelang Zwangsarbeit geleistet und Ziegel gebrannt und Mauern gebaut hatten! Dem „Ankläger der Brüder" ist es nicht wichtig, ob seine Aussagen der Wahrheit entsprechen. Mit seinem Spott legt er alles darauf an, uns an einen Ort des Zweifels und des Unglaubens zu führen, so daß wir uns von den Absichten und Plänen Gottes für unser Leben abbringen lassen.

Wenn ich um die Welt reise, um Seminare durchzuführen und an Schulen zu sprechen, begegne ich oft dem Wirken Satans – doch ein Erlebnis werde ich nie vergessen. Maida war auf der Suche nach Liebe in die Falle der Lust geraten und durch viele Beziehungen mit Männern verwundet worden. Leider habe ich schon zahllose Menschen wie Maida kennengelernt, die mit schwerem Gepäck beladen waren und dies mit ins Ehebett hineinnahmen. Bevor sie tiefe Erfüllung und wahre Intimität erfahren können, müssen sie die Lasten der Vergangenheit abladen. Wenn sich solche Menschen bekehren, nehmen sie ihre schweren Last oft auch mit hinein in ihre Beziehung zu Christus und verhindern dadurch ebenso das Entstehen einer innigen Beziehung zu Gott.

Maida stellte keine Ausnahme dar, und wir erklärten ihr dies. Doch als wir für sie um Befreiung von den Lasten ihres alten Lebensstils beteten, krampfte sich ihr Körper plötzlich zusammen. Was dann geschah, zeigte uns deutlich, daß wir gegen Dämonen ankämpften, die nicht bereit waren, zu weichen.

Maidas Mundwinkel verzogen sich zu einem spöttischen Grinsen, und eine fremdartige Stimme machte sich über unsere Versuche, ihr zu helfen, lustig. Das höhnische Gelächter, das über ihre Lippen kam, jagte uns Schauer über den Rücken. Inzwischen hatten wir erkannt, daß Satan mit seinem Wirken tief in Maidas Leben eingedrungen war, und daß er nicht bereit war, das Feld kampflos zu räumen. Im Laufe der folgenden Wochen traf ich mich zusammen mit einem Ehepaar immer wieder mit Maida zu seelsorgerlichen Gesprächen und zum Gebet. Jedes Mal, wenn der Feind uns erneut verhöhnte, ermutigen wir Maida, Verantwortung zu übernehmen und das böse Wirken des Feindes in ihrem Leben zurückzuweisen. Langsam wuchs Maidas geistliche Kraft, bis sie schließlich Vollmacht über die Mächte der Finsternis hatte.

VERWIRRUNG UND TÄUSCHUNG

Der Vater der Lüge hat noch andere Methoden, die er gern einsetzt, um uns aus dem Gleichgewicht zu bringen und uns zu lähmen: VERWIRRUNG UND TÄUSCHUNG.

Nehemia 4,2 berichtet davon, wie Sanballat, Geschem und Tobija sich mit Verbündeten aus den Nachbarvölkern zusammenschlossen, um den Juden, die am Aufbau tätig waren, Schaden zuzufügen, sie zu verwirren und irrezuführen. Doch trotz vieler Versuche von seiten der Feinde weigerte sich Nehemia standhaft, den Irreführungen nachzugeben. Er blieb fest in seinem Vertrauen auf Gott und vollendete die Arbeit an der Mauer. Wir müssen erkennen, daß Satan der Urheber von Verwirrung ist. Wenn sich über uns Wolken der Verwirrung zusammenbrauen, müssen wir warten, bis der Wind des Geistes Gottes die Wolken fortbläst und die Sonne wieder hell scheint und uns auf unserem Weg klar die Richtung zeigt. Nehemia berichtet von einer Prophetin mit Namen Noadja und anderen Propheten (Neh. 6,14), die durch FALSCHE

PROPHETIE versuchten, Nehemia in Furcht zu versetzen und ihn von Gottes Berufung, die Mauern Jerusalems wieder aufzubauen, abzubringen.

Wie wir bereits in früheren Kapiteln besprochen haben, kann Satan solche FALSCHEN PROPHETEN gebrauchen, um uns von der Wahrheit Gottes abzuwenden. Solche Angriffe können verheerende Wirkung haben, besonders wenn sie durch den Ehepartner, die Eltern oder ein Gemeindemitglied kommen. Manchmal ergeht es uns wie Hiob, der während der größten Krise seines Lebens, in der er sehr verletzbar war, von seiner Frau den Rat bekam: „Fluche Gott und stirb" (Hiob 2,9).

Wir wollen auch nicht wie der junge Prophet in 1. Könige 13 sein, der nicht das tat, was Gott ihm gesagt hatte, sondern auf den Rat eines älteren Propheten hörte und als Folge davon dem Rachen eines Löwen zum Opfer fiel. Wir müssen die Geister prüfen und wachen und beten, damit wir nicht auf falsche Wege geführt werden.

FALSCHE FREUNDE

FALSCHE FREUNDSCHAFTEN sind eine weitere Falle des Feindes. Sie werden schnell geschlossen, doch genauso schnell wirken sie sich auch zu unserem Schaden aus. Als Nehemia nicht im Lande war, hinterging ihn der Priester Eljaschib. Er gab Nehemias Feind Tobija eine große Kammer im Tempel als Schlafzimmer (Neh. 13,4-9). Diese Geschichte schildert beispielhaft eine klassische Strategie Satans, der unsere Beziehungen zur Welt dazu ausnutzt, um in unserem Herzen einen Ort zu errichten, von dem aus er agieren kann. Wir können nicht Gott und die Welt lieben, denn Freundschaft mit der Welt bedeutet Feindschaft mit Gott (1. Joh. 2,15-16).

Wenn wir in Nehemia 13 weiterlesen, sehen wir, daß Nehemia sofort handelte, als er von dem Kompromiß Eljaschibs erfuhr. Er warf die Habseligkeiten Tobijas auf die Straße. Entsprechend müssen wir ohne Kompromiß handeln und kein Erbarmen mit dem Feind haben, denn schließlich hat auch er kein Erbarmen mit uns. Satan ist der Widersacher, der uns verschlingen will, und seine Arbeit besteht darin, unser Herz zu umgarnen. Dadurch, daß Menschen falsche Verbindungen eingegangen sind, hat der Feind schon viele Menschen und vollmächtige Dienste in Verruf gebracht.

DÄMONISCHER EINFLUSS

Das Endziel Satans ist, uns zu DÄMONISIEREN, indem er uns dazu verführt, üble Verbindungen einzugehen, wobei die Bandbreite der Möglichkeiten sehr groß ist, sie kann Hilfsmittel, Menschen oder bestimmte Wünsche betreffen. Das Wort „dämonisieren" ist eine relativ wörtliche Übersetzung des griechischen Wortes „daimonizomai", das wir im Neuen Testament finden. Es bedeutet, von einem Dämon beeinflußt zu sein oder unter seiner Herrschaft etwas zu tun (Anm. 14). Wenn wir davon sprechen, „dämonisiert" zu werden, ist damit einfach der Prozeß gemeint, den Satan vorantreibt, um in unserem Herzen Land zu gewinnen und schließlich die Herrschaft zu übernehmen. Je mehr Zutritt wir ihm gewähren, desto mehr Land wird er einnehmen und desto größer wird seine Macht in unserem Leben sein. Wenn wir in irgendeinem Teil unseres Herzens den Einfluß oder die Anwesenheit Satans spüren, müssen wir, wie Nehemia, sofort etwas unternehmen. Wir dürfen Satan kein Recht geben, sich irgendwo festzusetzen. Wir dürfen ihn auch nicht eine Minute lang als Gast bei uns bewirten! Behüten Sie ihr Herz, MEHR als alles, was Sie bewahren, denn in unserem Herzen entspringt die Quelle des Lebens (Spr. 4,23).

ABSAGEN

Nun, wo wir uns einige der bösen Kriegslisten des Feindes angesehen haben, vor denen wir auf der Hut sein müssen, stellt sich die Frage, wie wir dem Feind entgegentreten sollen, nachdem wir seine Anwesenheit in unserem Leben entdeckt haben. Wir haben bereits besprochen, daß dann, wenn wir das Wirken Satans zunichte machen wollen, der erste Schritt darin besteht, seine Aktivitäten in unserem Leben zu erkennen. In einem zweiten Schritt müssen wir ihm und allen seinen Aktivitäten in unserem Leben absagen. Damit haben wir den nächsten Strebepfeiler, der in den Grundstein eingefügt werden muß – ABSAGEN.

NEHEMIA WARTETE AUF GOTT

Wir sehen, daß Nehemia von Anfang an, schon gleich als er zum ersten Mal von dem Zustand Jerusalems hörte, mit Fasten und Beten den Herrn suchte. Auch später, als Nehemia hörte, daß sich seine Feinde gegen ihn verschworen hatten, betete er sofort und stellte eine Wache auf (Neh. 1,4; 4,3). Schemaja wurde gedungen, um Nehemia mit List dahin zu bringen, sich im Tempel zu verbergen. Sie wollten ihn einfach aus dem Wege schaffen. Doch Nehemia durchschaute den Plan und gab seine Feinde in die Hand des Herrn.

In welcher Phase einer Krise suchen wir den Herrn? Suchen wir ihn überhaupt? Wie Nehemia müssen wir Gott SOFORT suchen und die beste Hilfe in Anspruch nehmen, die uns für jede Situation zur Verfügung steht. Es kommt vor, daß der Feind leichtes Spiel mit uns hat und uns überlistet, aber unser Gott ist ihm immer überlegen!

NEHEMIA WAR BEHARRLICH UND FÜRCHTETE DEN HERRN

Nehemias Feinde versuchten, ihm Furcht einzujagen, er sollte den Wiederaufbau der Mauern Jerusalems aufgeben (Neh. 6,8-14). Doch Nehemia fürchtete nicht um sein eigenes Leben, er hatte es in Gottes Hände gegeben. Seine größte Furcht bestand vielmehr darin, daß er dem Herrn nicht gefallen könnte. Nehemia lebte in Ehrfurcht vor Gott, er wußte, welche Aufgabe ihm Gott übertragen hatte. Menschen fürchtete er nicht. „Menschenfurcht stellt eine Falle, wer aber auf den Herrn vertraut, ist in Sicherheit" (Spr. 29,25). Wenn wir irgend etwas mehr fürchten als den ehrfurchtgebietenden, allmächtigen Gott, geraten wir in die Falle der Menschenfurcht. Wenn uns die Meinung der Menschen, ihre Beurteilung, ihr Rat oder ihre Gedanken über uns oder eine Situation wichtiger sind als Gottes Gedanken, dann sind wir bereits in

DIE MAUER DER RETTUNG

NEHEMIA = WIEDERHERSTELLUNG
ESRA = VERSÖHNUNG

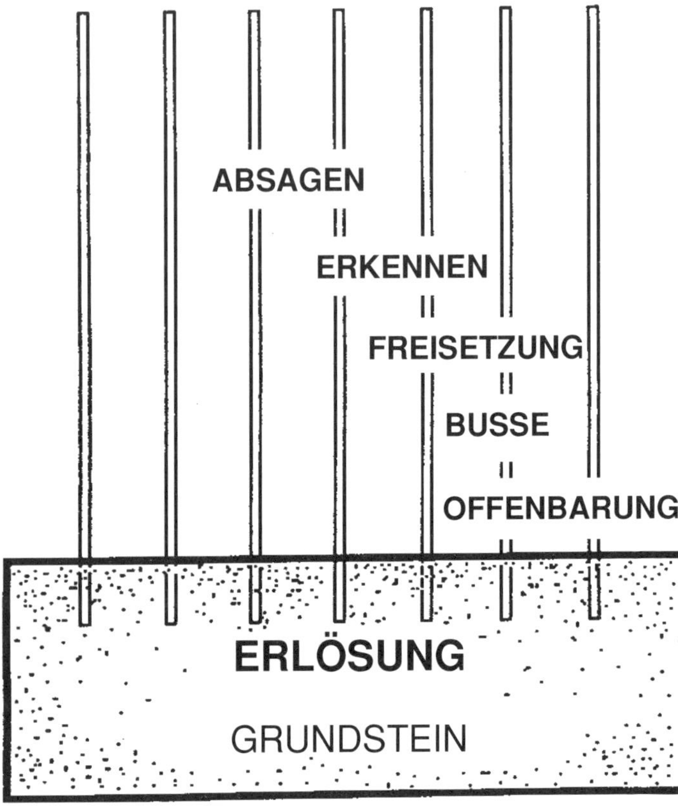

Bild 35

die Falle der Menschenfurcht geraten. Gott ist die einzige Rettung vor Furcht. „Die Furcht des Herrn (die Anerkennung dessen, wer Er ist, und das Hassen des Bösen) ist der Anfang der Weisheit“ (Spr. 1,7 – Übersetzung nach der „Amplified Bible“). Nach Aussage der Bibel bewies Nehemia mehrfach, daß er ein Mann der Weisheit war.

Unterwerfen wir uns der Menschenfurcht und geraten so in die Falle? Wenn wir von Furcht überwunden werden, glauben wir, daß derjenige oder dasjenige, was wir fürchten, stärker und größer ist als Gott. Aber keiner ist größer oder stärker als Er.

NEHEMIA BAUTE WEITER

In Nehemia 3,33 und 4,1 lesen wir, wie zornig Sanballat und Tobija wurden, als sie sahen, daß jemand an dem Wohlergehen der Juden interessiert war. Doch selbst angesichts dieser starken Opposition fuhr Nehemia fort, die Trümmer zu inspizieren, die einmal die stolzen, mächtigen Mauern Jerusalems dargestellt hatten. Er war nicht bereit, sich von dem Werk ablenken zu lassen, zu dem Gott ihn berufen hatte. Selbst durch das Spotten der lautstarken Feinde ließ er sich nicht abbringen. Er hatte die Situation dem Herrn übergeben und fuhr fort, zu bauen und die anderen Mitstreiter zu ermutigen, gleichfalls ihre Hand nicht sinken zu lassen.

Auch durch die drohende Kriegsgefahr wurde das Werk nicht aufgehalten (Neh. 4,15). Die Hälfte der Männer, die zusammen an der Fertigstellung der Mauer arbeitete, stand mit der Lanze in der Hand bereit, für den Fall, daß ein Kampf ausbräche. Der Rest der Männer arbeitete weiter. Entsprechend müssen auch wir bereit sein zu kämpfen, während wir arbeiten. Denn wir haben einen Feind, der vor keinem Mittel zurückschreckt. Er will Gott hindern, Seine Gemeinde aufzubauen. Doch selbst die Mächte der Hölle werden sich eines Tages vor der Macht und Kraft des lebendigen Gottes beugen müssen. Wir müssen Nehemia nacheifern, der trotz schwierigster Umstände und verständnisloser Ratgeber an seiner Seite weiter auf das Ziel hingearbeitet hat. Laßt uns „fest (sein), unerschütterlich, allezeit überströmend in dem Werk des Herrn“ (1. Kor. 15,58).

NEHEMIA HIELT AUSSCHAU NACH DEM FEIND

„Da beteten wir zu unserem Gott und stellten eine Wache gegen sie auf, Tag und Nacht (zum Schutz) vor ihnen. ... Und weder ich noch meine Brüder, noch meine Diener, noch die Männer der Wache, die in meinem Gefolge waren – wir zogen unsere Kleider nicht aus. Jeder hatte seine Waffe zu seiner Rechten“ (Neh. 4,3.17).

Nehemia wartete nicht nur im Gebet auf den Herrn, sondern nahm sich auch vor allen Feinden in acht, die das Volk abschrecken und es davon abhalten wollten, den Willen Gottes zu tun. Ganz gleich, ob der Feind als ein Engel des Lichts zu uns kommt oder sich wie ein Löwe heranschleicht, seine Absicht ist immer, das Werk Gottes in uns und durch uns zum Stillstand zu bringen. Seine listigen Taktiken haben schon viele zu Fall gebracht, weil sie unachtsam waren. Doch wenn wir Nehemia nacheifern, werden wir wachen und beten, damit wir nicht in Versuchung fallen.

NEHEMIA ZOG SICH ZURÜCK

Nehemia wurde von einem Horoniter, einem Ammoniter und einem Araber angefochten (Neh. 2,19). Um die Juden von der Vollendung ihres Werkes abzuschrecken, lachten sie sie aus, verspotteten und beschuldigten sie, sich gegen den König aufzulehnen.

Wie reagierte Nehemia? Er zog sich zurück und weigerte sich, sich mit den Anklägern abzugeben. Er sagte ihnen, sie hätten kein Recht und kein Anteil in der Stadt, sie müßten sich von der ganzen Sache fernhalten.

Später bewegte die Anwesenheit Tobijas im Tempel Nehemia erneut zum Handeln (Neh. 13,7-9). Wieder setzte er sich von seinen Feinden ab, reinigte den Tempel von Tobijas Besitztümern und hielt sich fern von dem Einfluß böser Menschen.

Es gibt eine Zeit, wo man in die Konfrontation gehen muß, es gibt auch eine Zeit, wo man sich zurückziehen und sich von dem negativen Einfluß im eigenen Leben absetzen muß. Viele Christen stehen unter Druck von Freunden und Kameraden, weil sie sich zu lange ihrem Einfluß ausgesetzt haben. Selbst König Saul beugte sich vor dem Druck der Menschen und verlor als Folge davon seine Herrschaft über Israel (1. Samuel 14,13-15). Man könnte viele andere Könige und Richter nennen, die gleichfalls unachtsam waren, die an ihrer Verbindung mit dem Feind festhielten und als Folge davon ihre Berufung verfehlten. Es gibt eine „Zeit fürs Umarmen und (eine) Zeit fürs Fernhalten vom Umarmen" (Pred. 3,5). Wir stehen ständig vor der Herausforderung, in der jeweilig neuen Situation zu erkennen, wie die richtige Reaktion aussieht.

NEHEMIA KÄMPFTE WEITER

Die Feinde der Juden drohten, zu kommen und die Juden bei der Arbeit an der Mauer umzubringen. Wie wir bereits besprochen haben, ließ sich Nehemia durch ihr Drohen nicht abbringen, sondern stellte sich vielmehr auf Kampf ein. Die Hälfte der Männer und einige der Familien mußten voll bewaffnet Wache stehen, während die anderen mit umgürtetem Schwert weiter mauerten.

Wir sehen hier, daß Nehemia nicht nur entschlossen war weiterzuarbeiten, sondern daß er auch erkannt hatte, daß er WEITERKÄMPFEN mußte. Nehemia hatte eine Wahrheit verstanden, die wir alle begreifen müssen – die Tatsache, daß wir uns in einem Krieg befinden. Der Feind wartet nur auf die Gelegenheit, jeden von uns zu überwinden. Ein Friedensvertrag mit ihm ist nur möglich, wenn wir uns seinen Bedingungen beugen. Es gibt nur einen Weg, um zu gewinnen, wir müssen erstklassige Kämpfer werden, von Christus ausgerüstet, nicht verwickelt in die Beschäftigungen dieses Lebens, sondern bereit zu wachen, zu kämpfen und unter Seiner Leitung zu bauen (2. Tim. 2,3-4).

Weil wir unseren Kampf nicht so sehr in der sichtbaren, sondern vielmehr in der unsichtbaren, geistlichen Welt ausfechten, brauchen wir Waffen, die für diese Art des Kampfes geeignet sind. Paulus sagt, daß diese Waffen nicht fleischlich, sondern mächtig sind, um die Festungen des Feindes niederzureißen (2. Kor. 10,3-5). Wir wollen uns einige dieser Waffen ansehen und lernen, wie wir sie benutzen können.

DER NAME JESU

Wenn wir den Namen Jesu gebrauchen, verbinden wir uns mit Seinen Heerscharen. Dann kämpfen wir für Wahrheit, Recht und Gerechtigkeit. In dem Namen Jesu ist Macht über alle Mächte des Feindes (Lk. 10,19; Phil. 2,9-10; Eph. 1,21).

DAS BLUT JESU

In Offenbarung 12,11 lesen wir: „Sie haben ihn überwunden um des Blutes des Lammes willen", damit ist der große Sieg Jesu gemeint, den Er am Kreuz über Sünde, Tod und Teufel errang. Als Jesus Sein Blut für uns vergoß, tat Er dies stellvertretend für uns. Er eröffnete uns einen Weg, wie wir aus dem Reich des Teufels gerettet werden können. Sein Blut wurde für uns vergossen, und vor diesem Blut flieht der Feind.

DAS WORT UNSERES ZEUGNISSES

Die andere Waffe zum Sieg, die in Offenbarung 12,11 erwähnt wird, ist das „Wort unseres Zeugnisses". Als Jesus 40 Tage lang in der Wüste fastete, zeigte Er, welche Macht das Wort Gottes hat. Mit ihm kämpfte Er gegen die Versuchungen des Teufels an (Mt. 4,1-11). Mit gekonntem Schlag schwang Jesus das Wort wie ein Schwert. Anstatt den Versuchungen des Feindes nachzugeben, jagte er ihn in die Flucht. Gottes Wort ist die Wahrheit. Wenn wir Seinem Wort glauben und dieses Wort vor unserem Feind bekennen, dann wird die Wahrheit uns frei machen (Joh. 8,32).

DIE WAFFENRÜSTUNG GOTTES

Im Epheserbrief Kapitel sechs wird uns gesagt, wir sollen die ganze Waffenrüstung Gottes anziehen, damit wir am Tag des Kampfes gegen die Mächte der Finsternis bestehen können. Jedes Teil der Rüstung ist wichtig:

der Helm des Heils;
der Panzer der Gerechtigkeit;
der Gürtel der Wahrheit;
die Schuhe des Evangeliums;
der Schild des Glaubens und
das Schwert des Geistes.

Wenn wir diese Rüstung täglich anziehen und lernen, die einzelnen Teile zu gebrauchen, dann werden wir den Feind immer wieder zurückdrängen können.

Vor mehreren Jahren beteten wir mit einer kleinen Gruppe für einen älteren Herrn, der selbstmordgefährdet war. Die zunächst schlichte Gebetszeit entwickelte sich plötzlich zu einem Geschehen, das uns die Haare zu Berge stehen ließ. Der Feind zeigte, daß er tatsächlich ein durch und durch heimtückischer Fronherr ist. Der ältere Mann sprang mit Gebrüll auf und stieß tiefe, kehlige Laute aus, sein Gesicht war vor Zorn verzerrt. Er griff nach einem Stuhl, hielt ihn über seinen Kopf und bewegte sich langsam auf uns zu. Man konnte die Spannung im Raum förmlich spüren. Einige von unserer Gruppe standen vor Angst wie gelähmt da, doch die anderen ergriffen die Waffen des geistlichen Kampfes. Während wir den Namen Jesu anriefen und die Macht Seines Blutes rühmten, sahen wir, wie der Mann ein paar Schritte vor uns plötzlich stillstand, er wurde von unsichtbaren Händen gehalten. Dann krachte der Stuhl auf den Boden nieder. Mit einem Schrei sackte der Mann auf dem Teppich zusammen und schluchzte wie ein Kind.

Als wir neben ihm niederknieten, bekannte er, daß er Ehebruch begangen hatte. Er tat Buße vor dem Herrn. Wir wurden eins im Gebet mit ihm, und er widersagte den Werken des Feindes in seinem Leben und errang endlich die Befreiung, nach der er sich gesehnt hatte. Wir erfuhren später, daß die Schlafbeschwerden, die Depressionen und Selbstmordgedanken schon bald nach diesen Ereignissen aufhörten. Der Mann beharrte im Sieg und widerstand der Herrschaft des Bösen in seinem Leben.

Der Teufel ist in der Tat ein gefährlicher Feind. Wir haben dies bei seinem Angriff auf Nehemia gesehen. Im nächsten Kapitel werden wir eine völlig andere Taktik des Feindes betrachten. Es ist schwer, mit Ungerechtigkeit umzugehen, ganz gleich ob sie wirklich geschehen oder eingebildet ist. Besonders schwer ist es, wenn sie von Menschen kommt, denen wir vertraut haben. Satan weiß, wie er dieses Schwert einsetzen kann und hat mit dessen Schneide schon viele niedergemetzelt. Wir werden darstellen, wie wir uns vor diesen Schlägen des Feindes schützen, ja sogar, wie wir dem Feind diese Waffe abnehmen können.

NEHMEN SIE SICH ZEIT

Denken Sie über einige der starken satanischen Angriffe nach, die Sie in Ihrem Leben schon erfahren haben.

Machen Sie sich an Ihrem eigenen Leben klar, welche Strategien Nehemias Sie schon einmal eingesetzt haben, um Satan zu besiegen.

Kapitel 14

EIN NEUER ANFANG

Sowohl von innen, als auch von außen hatten die Israeliten eine Ungerechtigkeit nach der anderen erlitten. Sie waren verwundet und verletzt worden, das Leben, das sie im Exil führten, war mehr schlecht als recht gewesen (Jes. 1,5-6). Eine Ortsveränderung bedeutet jedoch nicht immer eine Veränderung des Herzens, und schon bald merkten die zurückgekehrten Exulanten, daß innerhalb ihres sozialen Netzes alte Ungerechtigkeiten wieder aufflammten.

In Nehemia 5,1-7 lesen wir, daß eine Gruppe reicher, privilegierter Juden Wucher trieb und übermäßig hohe Zinsen forderte und damit die Lage der Heimgekehrten noch verschlimmerte. Dadurch, daß bei der Rückzahlung der Schulden so hohe Zinsen gefordert wurden, waren die Armen gezwungen, nicht nur ihre Häuser und Äcker durch Hypotheken zu belasten, sondern auch ihre eigenen Kinder in den Sklavendienst zu geben. Nur so konnten sie genug Getreide kaufen, um zu überleben. Einige hatten bereits ihre Töchter verkauft, um die Schuldherren zu bezahlen, und in seiner Not fing das Volk an zu schreien.

Durch alle Jahrhunderte hindurch ist dieser Schrei von vielen Völkern der Welt aufgestiegen, der gequälte Ruf: „UNGERECHTIGKEIT!“ Es ist derselbe Schrei, der von der Erde aufstieg und Kain anklagte, als er aus Neid und Eifersucht Abels unschuldiges Blut vergossen hatte. Es ist derselbe Schrei, der von den Juden aufstieg, die durch die Hand von Hitlers Handlangern in dem grauenhaften Holocaust umkamen. Es ist derselbe Schrei, der von den Kambodschanern aufstieg, die einen fast vollständigen Völkermord erlebten, als sie hintereinander zweimal einer Welle von Massakern ausgesetzt waren, einmal durch Pol Pot, dann durch die Armee der Vietkong. Es ist derselbe Schrei, der heute von den Afghanis aufsteigt, die zwar dem Mord entkamen, doch nun gezwungen sind, als Flüchtlinge und Abtrünnige zu leben.

DER SCHREI UNSERES HERZENS

Vielleicht steigt aus der Tiefe unseres eigenen Herzens derselbe Schrei auf. Wenn wir uns mit der Frage der Ungerechtigkeit beschäftigen, müssen wir uns drei grundlegende Wahrheiten vor Augen halten:

1. Gott ist gerecht in allen Seinen Wegen.
2. Satan ist ungerecht in allen seinen Wegen.
3. Der Mensch ist ungerecht in vielen seiner Wege.

Viel Ungerechtigkeit folgt in unserer Welt heute aus der Unmenschlichkeit des Menschen gegen den Menschen. Sehr viele sind besessen von einem unstillbaren Verlangen nach einflußreichen Positionen und Besitz, sind verdorben durch Gier und Lust, so daß andere Menschen nur als Gegenstände betrachtet werden, die man benutzen kann und die letztlich austauschbar sind. Diese zwanghafte Verdrehung hat seuchenartige Ausmaße angenommen und bewirkt, daß überall auf der Welt Menschen verletzt werden.

„Eines Mannes Geist erträgt seine Krankheit; aber einen niedergeschlagenen (verwundeten – engl. Übersetzung) Geist, wer richtet den auf?" (Spr. 18,14). Was heißt es, verwundet zu sein, und welche Wirkung hat dies in unserem Leben? Wenn ein Mensch durch die Haltung, durch Taten oder Worte anderer Menschen Lieblosigkeit erfahren hat, ist sein Herz oder Geist verwundet und schmerzt. Man kann diesen Zustand als einen chronischen, unablässigen Schmerz beschreiben, der aus der Tiefe des Menschen aufsteigt und nicht durch das organische System zu erklären ist. Derjenige, der niemals einen so tiefen Herzensschmerz empfunden hat, kann sich in der Tat glücklich schätzen.

Bei einem eher passiven Menschen äußert sich die erlittene Verwundung in Form von Selbstmitleid, Selbstverdammnis, krankhafte Selbstbeobachtung, Selbsthaß, Depression und sogar Selbstmordgedanken. Der eher aggressive Mensch wird zornig, kritisiert andere, verdammt, ist haßerfüllt und wird sogar gewalttätig gegenüber Menschen, die ihm nahestehen. Diese Symptome offenbaren oft, daß der betreffende Mensch durch die Art seines Schmerzes einen „verwundeten

Geist" in sich hat. Wenn man einen verwundeten Geist hat, kann dies dahin führen, daß die Struktur des eigenen Lebens angegriffen wird, daß es schwerer wird, Beziehungen zu anderen Menschen aufzubauen. Und die Fähigkeit unseres Geistes, uns mit neuer Kraft zu versorgen, wird zerstört.

Wenn wir nicht dazu geschaffen sind, Verwundung in unserem Herzen zu tragen, wie sollen wir dann damit umgehen? Gibt es einen anderen Weg, um mit diesem Räuber des Lebens fertig zu werden? Es wird geschätzt, daß wir 50 % unserer geistigen und emotionalen Kraft allein dafür einsetzen, um Wunden aus der Vergangenheit zu unterdrücken. Wie können wir frei werden und die Fülle des Lebens erfahren? Können unsere Erinnerungen ausgelöscht, erneuert oder neu programmiert werden?

DIE AUFZEICHNUNGEN DES HERZENS

Um die Funktion unseres Gehirns besser zu verstehen, wollen wir uns ansehen, was Dr. Wilder Penfield erforscht hat. Er ist Neurochirurg an der „McGill University" in Montreal (Anm. 15). Bei der Behandlung von Patienten, die an Epilepsie mit focalen Anfällen litten, machte Penfield erstaunliche Beobachtungen über die Reaktion des Gedächtnisses und der Gefühle während der Gehirnoperation. Unter örtlicher Betäubung und bei vollem Bewußtsein stimulierte er mit schwachen Stromreizen die Hirnrinde des Schläfenlappens.

Die Ergebnisse waren erstaunlich! Aus dem Unterbewußtsein der Patienten tauchten Ereignisse aus der Vergangenheit und die damit zusammenhängenden Gefühle auf und wurden bis in Einzelheiten noch einmal im Bewußtsein der Patienten „abgespielt". Penfield zog die Schlußfolgerung, daß die Ereignisse und die entsprechenden Gefühle untrennbar miteinander verbunden sind und im Schläfenlappen der Patienten wie auf einer „Kassette" gespeichert werden. Der elektrische Impuls bewirkte nicht nur, daß sich die Patienten bis in Einzelheiten an die Ereignisse erinnerten, sondern diese auch in ihrem Geist noch einmal durchlebten.

Nachfolgende Beobachtungen haben gezeigt, daß äußere Impulse im täglichen Leben dieselbe Wirkung haben können. Auch sie bringen manchmal Ereignisse aus der Vergangenheit und die damit verbundenen Gefühle zurück. Die Erinnerungen können bis in die Zeit im Mutterleib zurückgehen. Was tun wir, wenn solche Erlebnisse und die damit zusammenhängenden Gefühle wieder auftauchen? Ist es möglich, Heilung von Wunden aus der Vergangenheit zu erfahren und den Schmerz zu verringern? Um Antwort auf diese Fragen zu bekommen, wollen wir uns ansehen, was unser Schöpfer in Seinem Kommentar zu unserem Leben aufgeschrieben hat.

Unser Schöpfer spricht zum Beispiel durch Paulus und weist uns an, uns verwandeln zu lassen „durch die Erneuerung eures Sinnes ...“ und erneuert zu werden „in dem Geist eurer Gesinnung“ (Röm. 12,2; Eph. 4,23). Doch was ist „der Geist unserer Gesinnung“, und wie können wir diese Aufforderung praktisch umsetzen?

Vincent definiert dies als „das höhere Lebensprinzip im Menschen, durch das die menschliche Vernunft, das Organ des moralischen Denkens und Wissens, informiert wird“ (Anm. 16). Die Veränderung, um die es hier geht, bezieht sich nicht einfach nur auf eine Änderung der Meinung oder Lehrauffassung. Vincent sagte: „Wenn der Geist der Gesinnung erneuert wird, verändert er dadurch sowohl die Neigung der Gesinnung, als auch das Material der Gedanken.“

ERNEUERUNG DES HERZENS

Aus diesen Gedanken und Schriftstellen können wir ersehen, daß der nächste Strebepfeiler, den wir in den Grundstein einfügen müssen, die ERNEUERUNG ist. Um Wunden im Geist des Menschen zu heilen, ist ein Erneuerungsprozeß lebenswichtig.

„Also spricht der Herr: Unheilbar ist dein Schaden, bösartig deine Wunde“ (Jer. 30,12 – Zürcher). Der Herr spricht von der Unfähigkeit des Menschen, das Problem aus eigener Kraft zu lösen. Dann sagt der Herr: „Ich will dir Genesung bringen und dich von deinen Wunden heilen“ (Jer. 30,17). Aber wie

DIE MAUER DER RETTUNG

NEHEMIA = WIEDERHERSTELLUNG
ESRA = VERSÖHNUNG

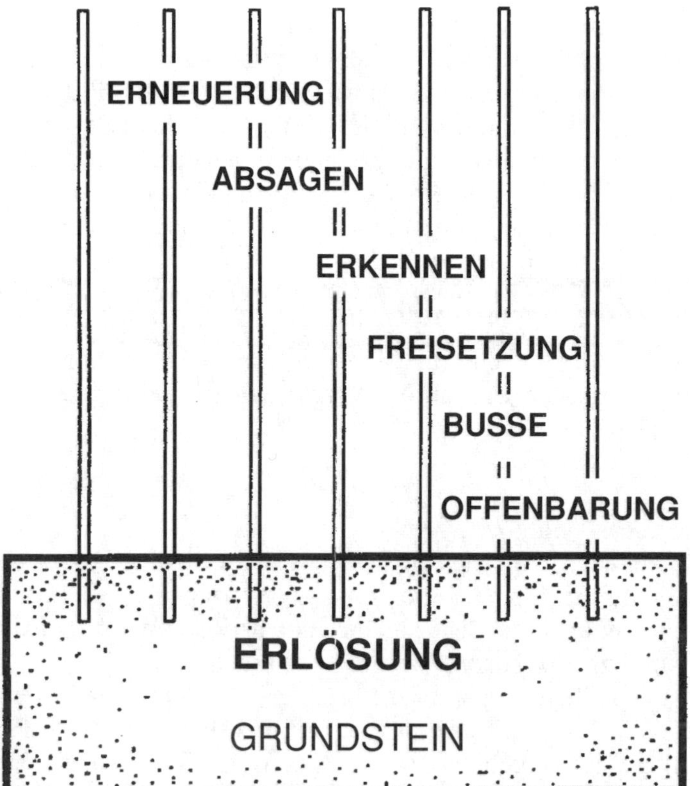

Bild 36

heilt Gott unsere Wunden, und wie erneuert Er den Geist unserer Gesinnung? Welche Verantwortung haben wir in diesem Prozeß?

Wir wollen das Wort ERNEUERN näher betrachten. Eines der griechischen Verben, das mit „erneuern“ übersetzt wird, lautet „ANAKAINOO“.

In „Vine's Expository Dictionary of New Testament Words“ wird das Wort in zwei Hälften unterteilt: „ana“ bedeutet zurück oder noch einmal; „kainos“ bedeutet neu, noch nicht dagewesen, anders (Anm. 17).

Erneuerung bedeutet daher, wieder neu gemacht werden, eine neue „Vergangenheit“ haben. Die EREIGNISSE der Vergangenheit können wir nicht verändern, aber wir können die Reaktionen und Haltungen ändern, die durch jene Ereignisse ausgelöst wurden und die nach wie vor den Geist unserer Gesinnung beeinflussen. Zusätzlich kann mit diesem Wort auch Heilung von Wunden aus der Vergangenheit gemeint sein, die zu einem neuen Leben führt, so daß wir, wie es in Römer 12,2 heißt, verwandelt werden können. Durch die Erneuerung unseres Sinnes werden wir frei von dem zerstörerischen Einfluß der Vergangenheit und der Gegenwart.

HEILUNG DES HERZENS

Manche Menschen in unserer Zeit stellen in Frage, ob Heilung des Herzens ein biblisches Konzept sei. Als David über die Rückkehr der Exulanten und über den Wiederaufbau Jerusalems nachdachte, zweifelte er nicht:

„Er heilt, die zerbrochenen Herzens sind, er verbindet ihre Wunden“, er heilt ihre Schmerzen und ihren Kummer (Ps. 147,3; siehe auch Ps. 34,18; Jes. 61,1; Lk. 4,18). In der Offenbarung wird uns von einem kristallklaren Strom berichtet, der vom Thron Gottes ausgeht und an dessen Ufer die Bäume des Lebens wachsen, deren Blätter „Heilung und Wiederherstellung für die Völker“ bringen (Offb. 22,2 – „Amplified Bible“).

Es kann keinen Zweifel daran geben, daß Gott diejenigen heilen will, die verwundet sind und ein zerbrochenes Herz haben. Manche Leute sagen, die Christen seien die einzigen, die ihre Verwundeten erschießen würden, und leider trifft diese Bemerkung in sehr vielen Fällen zu. An jenem Stamm, an dem Christus hing, hat Gott nicht nur Vorsorge für die Sünde getroffen, sondern genauso auch für die Verwundungen. So wie die Blätter vom Baum des Lebens in der Offenbarung auf Wiederherstellung hindeuten, so sind wir wiederhergestellt durch Christi Stamm, durch das Kreuz, an dem Er verwundet wurde, um unsere Wunden zu heilen. Das Kreuz ist Gottes Vorsorge für uns, und Christi Werk am Kreuz ist der Schlüssel, durch den jeder Christ Heilung von seinen Schmerzen erfahren kann, ganz gleich, wie tief sie sind.

Um dieses Geheimnis zu verstehen, wollen wir Seine Erlösung betrachten, wie sie in der Übersetzung von Jesaja 53,5 und 1. Petrus 2,24 in der „Amplified Bible" beschrieben wird:

> *„Er war verwundet um unserer Übertretungen willen, Er wurde geschlagen für unsere Schuld und Missetat, und durch die Striemen, die ihn verwundet haben, sind wir geheilt und ganz wiederhergestellt."*

> *„In Seinem (eigenen) Leib hat Er persönlich unsere Sünden ans Kreuz getragen (wie zu einem Altar, auf dem Er sich selbst geopfert hat), damit wir der Sünde sterben (aufhören, für sie zu existieren) und der Gerechtigkeit leben. Durch Seine Wunden seid ihr geheilt worden."*

Diese Verse offenbaren zwei wichtige Aspekte, die das Werk des Kreuzes umfaßt. Sie stehen in Zusammenhang mit unserer früheren Betrachtung über die Pendelbewegung von Schmerz und Vergnügen. In Bild 37 ist diese Pendelbewegung dargestellt, die Richtschnur bewegt sich von lustvollem

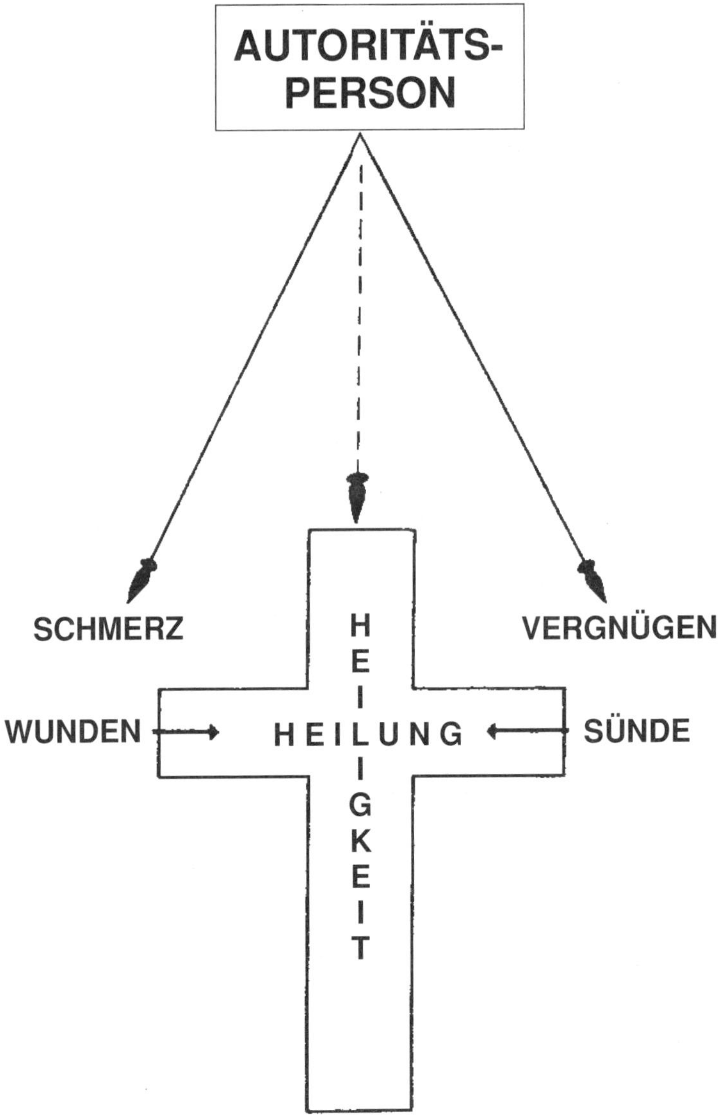
AUTORITÄTS-
PERSON
SCHMERZ
VERGNÜGEN
WUNDEN
HEILUNG
SÜNDE
HEILIGKEIT

Bild 37

Vergnügen, das mit Sünde verbunden ist, hin zum inneren Schmerz, der mit unseren Wunden in Zusammenhang steht. Das Hin- und Herpendeln von Schmerz zu Vergnügen kann nur am Kreuz zum Stillstand kommen, wo wir Reinigung von unseren Sünden und Heilung für unsere Wunden erfahren. Diese Lasten sind zu schwer für uns, wir brauchen sie nicht zu tragen. Wenn wir trotzdem versuchen, sie zu tragen, werden wir überwältigt werden von der Scham und dem Schmerz unserer Sünde und der Schuld und der Bitterkeit unserer Verletzungen. Jesus kam, damit wir durch Seinen Tod am Kreuz das Leben hätten. Er erlitt die Ungerechtigkeit, die Not und den Schmerz am Kreuz, Er selbst trug unsere Ungerechtigkeiten an Seinem Leibe und bewirkte dadurch Heilung für alle, die in ihrem Geist verwundet sind.

DER PROZESS DER ERNEUERUNG

Nachdem wir nun einige Prinzipien des Erneuerungsprozesses untersucht haben, wollen wir uns ansehen, was geschieht, wenn wir diese in die Praxis umsetzen. Welche Schritte können wir tun, um Heilung für unser Herz zu ergreifen? Wie können wir uns in Richtung Heilung und Heiligkeit in Bewegung setzen?

ANERKENNEN

Wenn wir eine innere Wunde leugnen, manipulieren wir in gewisser Weise uns selbst. Das gleiche trifft zu, wenn wir einen Schmerz unterdrücken. In diesem Falle schließen wir eine ungesunde emotionale Kraft in uns ein, was zu Depressionen oder anderen psychosomatischen Störungen führen kann. Wenn wir wirklich verletzt sind, ist es wichtig, dies zu akzeptieren und es ehrlich vor uns selbst zuzugeben. Manche glauben, ein Christ dürfe keinen Schmerz empfinden, doch dies ist nur eine super-geistliche Form der Verdrängung, die dieselben Folgen hat wie eine Verleugnung. Auch Jesus empfand Schmerz und weinte sogar, als er am Grab des Lazarus stand (Joh. 11,35). Später im Garten Getsemane äußerte sich Jesu innerer Schmerz nicht nur in Tränen, sondern in

Schweiß, der wie Blut auf die Erde tropfte (Lk. 22,39-45). Daraus wird deutlich, daß Schmerz an sich keine Sünde ist, erst die Art und Weise, wie wir damit umgehen, kann zur Sünde werden.

GLAUBEN

Christus hat unseren Schmerz und unsere Not am Kreuz getragen. Wir müssen glauben, daß Er bereit und fähig ist, auch den Schmerz und die Not zu tragen, die wir heute erfahren. „Denn aus Gnade seid ihr errettet durch Glauben, und das nicht aus euch, Gottes Gabe ist es" (Eph. 2,8). So wie wir Gott vertraut haben, daß Er uns von unserer Sünde erlöst, so müssen wir Ihm auch in einem Schritt des Glaubens vertrauen, daß Er uns heilt. Den Kampf gegen den Unglauben können wir gewinnen, wenn wir dem, was wir durch unsere Sinne in uns aufgenommen haben, Seine Wahrheit gegenüberstellen.

Aber vielleicht denken Sie immer noch: „Kann Gott mich in diesem Bereich meines Lebens wirklich erneuern und heilen? Dieser Zustand ist doch schon so viele Jahre alt!" Ja, Er kann, und der Glaube gibt uns den Sieg!

BEKENNEN

In Römer 10,9-10 lesen wir, daß wir durch das Bekenntnis unseres Mundes Errettung oder Heilung erfahren. Aber wir müssen beides bekennen, unsere Sünden und unsere Wunden und die Verantwortung für unser eigenes Leben übernehmen. Es ist so leicht, einen Sündenbock für unsere Wunden zu suchen und Eltern, Lehrer oder den Mann von nebenan für schuldig zu erklären. Natürlich sind unsere Eltern nicht vollkommen. Auch sie müssen Rechenschaft für ihr Handeln ablegen. Aber selbst wenn das Verhalten unserer Eltern in unserem Leben Narben hinterlassen hat, müssen wir die Verantwortung für unsere Sünden übernehmen.

Bevor wir im Gebet unser Bekenntnis aussprechen, müssen wir zurückblicken und uns die Erlebnisse ansehen, durch die wir verwundet worden sind. Heilung ist das Werk und die

Aufgabe des Heiligen Geistes, darum ist es wichtig, daß wir uns von Ihm führen lassen und nicht einfach den Methoden eines Menschen folgen. Nehmen Sie sich Zeit, im Gebet bei den einzelnen Stadien und Phasen Ihres Lebens zu verweilen. Lassen Sie zu, daß der Heilige Geist durch Sein übernatürliches Wirken wichtige Ereignisse ans Licht bringt. Vielleicht führt Er Sie zu Erlebnissen im Mutterleib, in der Kindheit, in der Jugendzeit, zu Erlebnissen in Freundschaften oder in der Ehe. Eine emotionale Äußerung ist oft ein guter Einstiegspunkt für das Gebet um Heilung, und ein Bekenntnis unter Tränen bewirkt mehr als nur Reinigung. Wenn wir unter Tränen, jedoch gleichzeitig mit Glauben, unsere Verletzungen Gott bekennen, dann können die schmerzlichen Erinnerungen durch die heilende Salbe der Liebe und des Verständnisses Jesu verändert werden. Jesus kann und wird unsere Wunden tragen, wenn wir bereit sind, Ihm auch die tiefsten Tiefen unseres Herzen zu öffnen.

VERLANGEN

Ich habe immer wieder gesehen, daß wir aufrichtig nach Heilung verlangen müssen, bevor unser Geist geheilt werden kann. Manchen Menschen gefällt es, daß sie durch ihre Verwundung immer wieder Zuwendung erfahren. Ganz tief in ihrem Inneren wollen sie sich von ihrem Schmerz gar nicht trennen. Sie sind vielleicht sogar bereit, sich äußerlich auf das Gebet um Heilung einzulassen, aber sie wollen dieses Mittel, mit Hilfe dessen sie Aufmerksamkeit gewinnen, ihr „Lieblingsgebrechen", nicht verlieren, weil sie Angst haben, allein gelassen oder nicht mehr beachtet zu werden. Oft gehen sie von Seelsorger zu Seelsorger und sprechen immer wieder dieselben Fragen durch, bis sie schließlich zu der Überzeugung kommen, daß es für sie keine Hilfe gibt. Sie können nicht zugeben, daß sie in Wirklichkeit nicht bereit sind, die Hilfe, die ihnen geboten wird, anzunehmen. „Glückselig, die nach der Gerechtigkeit hungern und dürsten, denn SIE werden gesättigt werden" (Mt. 5,6). Leider werden wir oft erst dann richtig durstig, wenn wir in eine Krise oder in Bedrängnis geraten!

ÜBEN

In 1. Timotheus 4,7 lesen wir, daß leibliche Übung durchaus einen gewissen Wert hat, daß wir uns aber in der Gottseligkeit üben sollen. Dies ist von viel größerem Wert. In Zusammenhang mit Erneuerung oder Heilung beinhaltet dieses Üben, die alten Reaktionen abzulegen und sie durch neue zu ersetzen.

> *„Entkleidet euch eurer früheren Natur – legt euer altes, nicht erneuertes Selbst ab –, die Natur, von der eure frühere Lebensweise geprägt war und die verdorben wird durch Lüste und Begierden, die Täuschungen entspringen; und laßt euch im Geist eurer Gesinnung ständig erneuern – habt eine neue geistige und geistliche Einstellung; und zieht die neue Natur an (das wiederhergestellte Selbst), die nach Gottes Bild geschaffen ist, (Gott ähnlich) in wahrer Gerechtigkeit und Heiligkeit" (Eph. 4,22-24 – nach der „Amplified Bible").*

Wie können wir ganz praktisch das alte Wesen ausziehen und das neue anlegen? In seinem Buch RATIONAL CHRISTIAN THINKING bespricht Dr. Garry Sweeten, wie wir zu unsere ganz persönlichen Glaubensüberzeugungen kommen, aber auch, wie wir diese ändern können (Anm. 18).

Sweeten sagt, daß wir zunächst ein auslösendes Erlebnis (E) haben, das bestimmte Gefühle auslöst (G), die wiederum zu entschlossenem Verhalten führen (V). Aufgrund dieser Kettenreaktion entwickeln wir ein bestimmtes Glaubenssystem (GS), das mit dem Erlebnis verbunden ist. Diese vier Schritte beeinflussen, welchem Verhaltensmuster wir folgen. Wir wollen ein Beispiel nennen, um dies zu veranschaulichen.

A. AUSLÖSENDES ERLEBNIS
Wir stellen uns vor, daß ein schwarzer Hund aus dem Schatten herausgesprungen kommt und einem Kind ein Loch in die Hose reißt.

G. DARAUS AUSGELÖSTE GEFÜHLE
Angst, Furcht und Spannung wird hervorgerufen.

V. ENTSCHLOSSENES VERHALTEN
Das Kind rennt so schnell wie möglich von dem Hund weg. Solch ein Erlebnis in der Kindheit kann so traumatisch sein, daß Jahre später der Erwachsene immer noch folgendes Glaubenssystem haben kann:

GS. GLAUBENSSYSTEM
Aufgrund des Geschehnisses glaubt der Erwachsene, alle schwarzen Hunde seien aggressiv und gefährlich. Wenn ein schwarzer Hund auftaucht, werden die damaligen Gefühle und der Fluchtimpuls wieder lebendig.

Wenn dieser Mensch seine Gefühle und sein Verhalten im Blick auf schwarze Hunde ändern will, muß er zunächst seine Überzeugung, seinen Glauben ändern. Nur, wenn er die Wahrheit annehmen kann, daß viele schwarze Hunde freundlich sind, wird er Heilung von seiner früheren Erfahrung erlangen. Dann wird er in der Lage sein, bei schwarzen Hunden andere Gefühle zu haben und anders zu reagieren.

In gleicher Weise können wir unsere alten, erlernten Reaktionen, unser altes Verhalten ablegen und das neue anziehen. Wir müssen dafür unseren Blick auf die Wahrheit des Wortes Gottes richten, es in unserem Herzen glauben und es mit unserem Mund bekennen. (Siehe auch die Bemerkungen unter „Nehmen Sie sich Zeit“ am Ende des Kapitels.)

Wenn wir uns noch einmal 1. Timotheus 4,7 ansehen, stellen wir fest, daß WIR diejenigen sind, die sich in Gottseligkeit üben sollen. WIR legen das Alte ab und ziehen das Neue an.

Die Wahrheit muß ausgesprochen werden.
Der Zorn muß beherrscht werden.
Der Dieb darf nicht mehr rauben.
Die Zunge muß gezähmt werden.
Und Freundlichkeit soll von uns ausgehen.

Um dies in die Praxis umzusetzen, muß die Erneuerung von Buße, anhaltendem Bekennen und Ehrlichkeit begleitet sein, sonst hat sie in unserem Leben keinen Bestand. Die Israeliten sehnten sich danach, daß Gott ihre Wunden heilen möge. Aber Gott antwortete ihnen, daß Er nicht wisse, was Er mit ihnen tun solle (Hos. 6,1-4)! Er vergleicht ihre Buße mit einer Wolke oder dem Morgentau, der schneller verschwindet, als er entsteht. Wie kann Gott Seinem Volk auf dieser Basis Heilung geben? Eines der größten Probleme, die Gott mit uns hat, ist nicht unser Verlangen nach Seinen Gaben der Gnade, sondern unsere Weigerung, in Sein Bild umgestaltet zu werden. Wenn unsere Heilung nicht davon begleitet wird, daß wir die alten Reaktionen ablegen und neue anziehen, dann wird sie nicht lange anhalten. Nur wenn wir uns selbst in der Gottseligkeit üben, können wir wachsen und wahre Heilung erfahren.

VERGEBEN

Wir sollen einander bereitwillig, ohne Bedingungen und reichlich vergeben, so wie Gott uns in Christus vergeben hat (Eph. 4,32). Doch allzuoft geraten wir in die Falle der Bitterkeit und des Grolls gegen andere. Das klassische Beispiel für diese Haltung ist die Geschichte vom unbarmherzigen Knecht in Matthäus 18,23-35. Dieser Knecht, dem der Herr seine Schuld vergeben hatte, wandte sich um und weigerte sich, eine viel kleinere Schuld zu vergeben und ließ den Mann ins Gefängnis werfen.

Die meisten von uns übersehen, daß der erste Knecht die bedingungslose Vergebung des Herrn nie wirklich angenommen hatte. Er hatte nur das empfangen, worum er gebeten hatte, nämlich einen Zeitaufschub, um die Schuld von „10 Millionen Dollar" zurückzuzahlen. Weil er in seinem Herzen die Vergebung nicht angenommen hatte, konnte er keine Vergebung weitergeben – der, dem nicht vergeben war, war nicht bereit, zu vergeben; der, der nicht angenommen war, konnte nicht annehmen. Darum konnte der Knecht nicht einmal die kleine Schuld von „20 Dollar“ vergeben und ließ seinen Schuldner ins Gefängnis werfen.

Viele bekennen, daß ihnen vergeben ist, aber in ihrem Herzen haben sie die Vergebung nicht empfangen, und daher erfahren sie in ihrem Leben auch keine Freiheit. Vielmehr sammeln diese Menschen Beschwerden, sie horten alle Reizungen, Kränkungen und Verletzungen auf. Von jedem Unrecht wird ein Bericht angefertigt und sicher aufbewahrt, jede Ungerechtigkeit wird auf der Rückseite mit dem Namen des Schuldners versehen. Solche Menschen sind in einem Spinnennetz von Verletzungen gefangen und verletzen andere; sie haben das Gefühl, daß ihnen nicht vergeben ist, und darum fällt es ihnen schwer, anderen zu vergeben; sie kommen sich als Versager vor, darum lassen sie auch andere im Stich; sie glauben, sie seien abgelehnt, darum lehnen sie andere ab und so weiter. „Uns selbst zu vergeben“ hat nur dann einen Wert, wenn wir vorher Gottes Vergebung empfangen haben. Wenn wir Gottes Vergebung nicht IN UNSEREM HERZEN empfangen haben, dann können wir auch nicht VON HERZEN VERGEBEN, weder anderen noch uns selbst. Wir müssen unsere Schuld und Scham zu Gott bringen und Seine Begnadigung empfangen. Wenn wir dies nicht tun, sind wir wie der junge Mann, der von einer lebenslänglichen Gefängnisstrafe freigesprochen wurde, dies tragischerweise jedoch nicht glauben konnte und darum nicht durch die offene Gefängnistür hinaus in die Freiheit ging. Um geheilt zu werden, müssen wir lernen, uns selbst bedingungslos und von Herzen zu vergeben.

WACHSEN

Paulus fordert uns heraus, nicht mehr nach Milch zu verlangen, sondern das Fleisch der wahren geistlichen Nahrung in uns aufzunehmen (Hebr. 5,11-14). „Werdet erwachsen!“ sagt er und fordert uns auf, Christus ähnlich zu werden und einander die Wahrheit in Liebe zu sagen. Manche sprechen in aller Freiheit Wahrheiten aus, die zerstören, andere dagegen versuchen, in Stille zu lieben und Frieden zu bewahren. Wenn Wachstum der Gottseligkeit stattfinden soll, brauchen wir beides, jedoch in Ausgewogenheit. Alte Wunden, die immer noch eitern, können in unserer Persönlichkeit häßliche Narben hinterlassen und hindern unser geistliches Wachstum und die Entwicklung unseres Charakters.

HELFEN

Wenn wir empfangen haben, sollen wir auch weitergeben. Gott verheißt, daß unsere Heilung schnell voranschreitet, wenn wir uns darum kümmern, daß die Gefangenen befreit werden, wenn wir die Hungrigen speisen, den Heimatlosen ein Zuhause geben, die Nackten bekleiden und wenn wir uns selbst als ein Opfer der Liebe hingeben (Jes. 58,8). Ein Chirurg in Afrika stand einmal vor einem Problem. Die Verwandten eines der Patienten wollten täglich vorbeikommen und sich die Operationswunde ansehen. Um eine Infektion zu verhindern und die Heilung der Wunde nicht zu stören, machte der Arzt dem Patienten schließlich ein Kleidungsstück mit einem Fenster darin. Manche von uns sind wie jene Verwandten: wir betrachten ständig die Wunden unseres Herzen und halten Innenschau. Wenn der Große Arzt eine geistliche Operation an uns vorgenommen hat, dann sollen wir die Genesung Ihm überlassen. Wenn wir uns um die Nöte der Armen und Unterdrückten kümmern, dann werden wir heil. Dies hat der Herr versprochen: „...dann wird dein Licht aufgehen in der Finsternis, und dein Dunkel wird sein wie der Mittag. Und beständig wird der HERR dich leiten, und er wird deine Seele sättigen an Orten der Dürre und deine Gebeine stärken. Dann wirst du sein wie ein bewässerter Garten und wie ein Wasserquell, dessen Wasser nicht versiegen“ (Jes. 58,10-11).

Alle Schritte, die wir bisher betrachtet haben, sind für den Prozeß der Erneuerung sehr wichtig. Nur dann, wenn wir sie entschlossen ergreifen und in unser Leben umsetzen, werden wir Heilung erfahren! Wir haben bisher sechs eiserne Strebepfeiler in den Grundstein eingefügt. Dadurch bekommen die Mauern der Rettung, die wir aufrichten, Stabilität. Im letzten Kapitel werden wir den letzten Pfeiler in den Grundstein einsetzen und sehen, wie durch die Mauern der Rettung und die Tore des Ruhms der Bau der Mauern der Persönlichkeit fertiggestellt wird.

NEHMEN SIE SICH ZEIT

Denken Sie über Ereignisse in Ihrem Leben nach, die ein Trauma bei Ihnen ausgelöst (aktiviert) haben.

Gibt es negative Gefühle und Verhaltensmuster, von denen Sie seit jenen Erlebnissen nach wie vor nicht frei sind?

Welchem falschen Glaubenssystem haben Sie als Folge der einzelnen Ereignisse in sich Raum gegeben?

Wenn Sie merken, daß Sie Veränderung brauchen und diese auch wünschen, dann:

1. erlauben Sie dem Herrn, die Erinnerungen an jenes Ereignis zu heilen;
2. sagen Sie Gott, daß Sie Ihre alte Glaubensvorstellung ablehnen; nehmen Sie die neuen und wahren Glaubenswahrheiten an und bekennen Sie diese mehrmals täglich laut vor Gott und sich selbst (Röm. 10,9-10).

Kapitel 15

EIN NEUER CHARAKTER ENTSTEHT

Mit Hilfe des letzten Strebepfeilers, der in den Grundstein eingelassen werden muß, werden wir in der Lage sein, die restlichen Steine zusammenzufügen, die zu der Mauer der Rettung gehören. Im Licht der Wahrheit, daß Rettung ein Prozeß ist, daß Rettung bedeutet, immer mehr in Jesus einzutauchen, deutet der eiserne Pfeiler des WIEDERAUFBAUENS darauf hin, daß der Bau der Mauer weiter fortgesetzt werden wird. Paulus drückt in seinem Brief an die Galater aus, wie unser Ziel aussieht: „Nicht mehr ich lebe, sondern Christus lebt in mir“ (Gal. 2,20).

In Nehemia 2,18 lesen wir: „Und ich berichtete von der Hand meines Gottes, die gütig über mir (gewaltet hatte), und auch von den Worten des Königs, die er zu mir geredet hatte. Da sagten sie: Wir wollen uns aufmachen und BAUEN! Und sie stärkten ihre Hände zum Guten.“ Da fingen Nehemia und seine Helfer mit dem Wiederaufbau an. Schließlich waren sie fertig, kein Riß fand sich mehr in der Mauer (Neh. 6,1). Ihnen blieb nur noch übrig, die Torflügel in die Tore zu hängen.

Bevor wir uns weiter mit der Symbolik der fertiggestellten Mauern Jerusalems beschäftigen, wollen wir uns ansehen, was jene Tore darstellen und welche Bedeutung sie für uns heute haben. Die Tore Jerusalems waren die Ein- und Ausgänge der Stadt, durch sie kam alles hinein und ging alles heraus, was für den Unterhalt und das Wohlergehen der Bürger nötig war. Oft beobachteten Wachtposten den Verkehr und achteten im Auftrag der Regierenden der Stadt darauf, daß das, was durch die Tore hineinkam und herausging, zulässig war. Wenn wir nun die besonderen Merkmale der einzelnen Tore betrachten, wollen wir sie als Tore zu unserem eigenen Leben ansehen.

DIE MAUER DER RETTUNG

NEHEMIA = WIEDERHERSTELLUNG
ESRA = VERSÖHNUNG

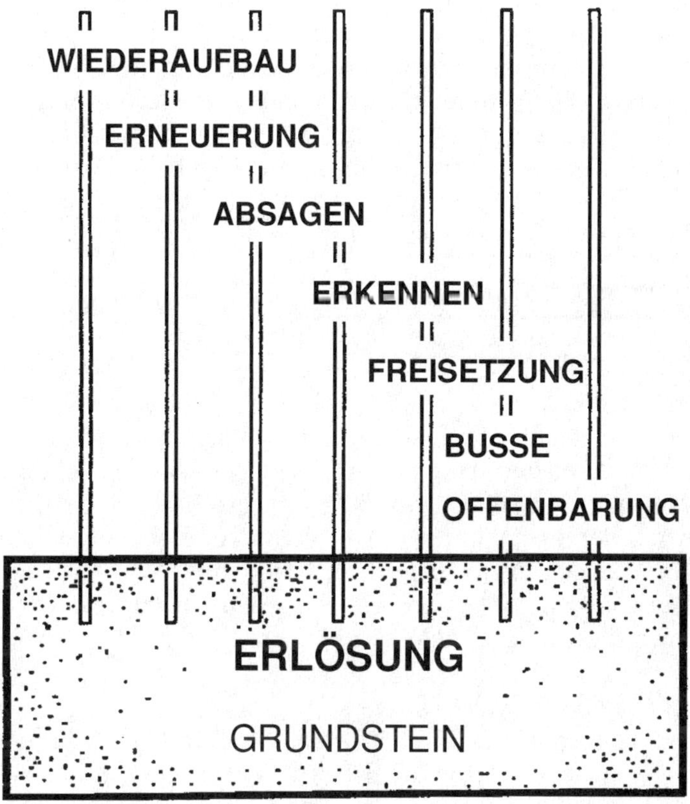

Bild 38

DIE TORE BEWACHEN

Wenn Tore in Trümmern liegen, wenn sie ungeschützt oder unbewacht sind, kann der Feind leicht eindringen, eine Stadt überfallen, sie plündern oder zerstören. Das Leben vieler Menschen ist geplündert, ja sogar zerstört worden, weil die Tore der Augen und der Ohren nicht bewacht wurden. Auf der anderen Seite gibt es auch verrostete oder verschlossene Tore. Sie verhindern, daß der Müll der Stadt beseitigt werden kann und schaffen eine Umgebung für Krankheiten, Seuchen, ja sogar den Tod. Die kritische Lage kann sich noch dadurch verschlechtern, daß nicht genügend Nahrungsmittel und Wasser durch die Stadttore hineinkommen können. Wir müssen die Tore in unserem Leben sorgsam bewachen, denn das, was durch sie hineinkommt, kann unser Herz leicht in Gebundenheit führen und es sogar verderben. Wir werden aufgefordert: „Mehr als alles, was man (sonst) bewahrt, behüte dein Herz! Denn in ihm (entspringt) die Quelle des Lebens“ (Spr. 4,23). Um unser Herz zu behüten, müssen wir die TORE bewachen, denn sie sind der Eingang zu unserem Herzen.

In Bild 39 sehen wir eine Liste der Tore rund um die Mauer Jerusalems, die Nehemia 3 entnommen ist. Dieses Kapitel enthält nicht nur eine Liste der Tore, sondern auch eine Liste der Namen derer, die freiwillig beim Bau halfen. Auch die Namen der Vornehmen des Volkes, die glaubten, diese Arbeit wäre unter ihrer Würde, werden aufgeführt. Bei der Betrachtung der einzelnen Tore werden wir untersuchen, welche Bedeutung die Namen der Tore haben und wie wir die gewonnenen Erkenntnisse in unserem Leben anwenden können.

SCHAFSTOR – EINTRITT

„Jesus sprach nun wieder zu ihnen: Wahrlich, wahrlich, ich sage euch: Ich bin die Tür der Schafe ... wenn jemand durch mich eingeht, so wird er errettet werden und wird ein- und ausgehen und Weide finden“ (Joh. 10,7-9). Wenn wir in Johannes 10 weiterlesen, sehen wir, wie Jesus Seine Rolle als der Gute Hirte dem Werk der Diebe und Räuber gegenüberstellt, die versuchen, die Schafe zu vernichten. Jesus sagt, daß

DIE TORE JERUSALEMS

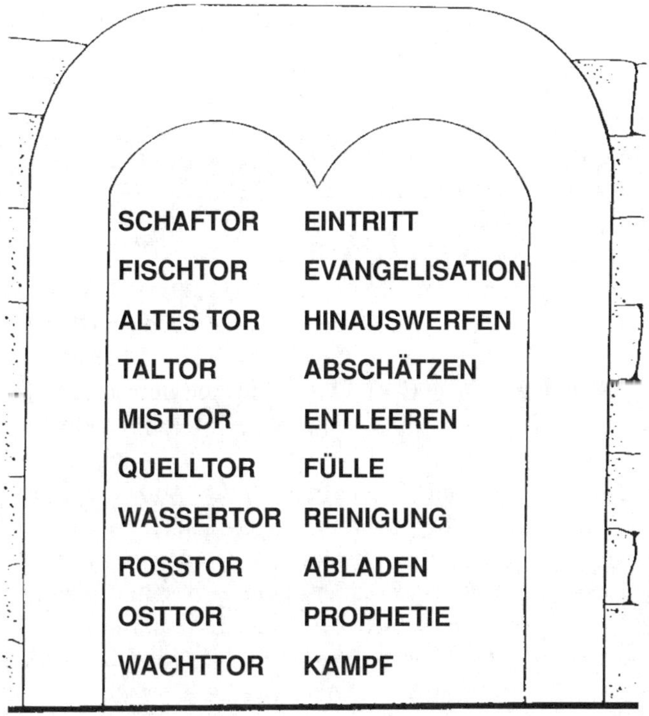

Bild 39

die Diebe nicht durch Sein Tor der Rettung hineingehen werden, vielmehr werden sie versuchen, heimlich durch die Mauer einzudringen und danach trachten, denen, die unachtsam und ungeschützt sind, das Leben und das Erbe zu rauben.

Ebenso müssen auch wir das Leben durch das Schafstor betreten, sonst haben wir keinen Anteil an unserem Erbe. Durch das Werk der Erlösung, das Jesus am Kreuz vollbracht hat, können wir durch das Tor ein- und ausgehen, um Gemeinschaft mit dem Vater zu haben. Jesus muß diesen Platz in unserem Herzen haben und dort als unser Herr und Heiland regieren. Das Schafstor steht symbolisch für den EINTRITT in das Erbe unseres Lebens.

FISCHTOR – EVANGELISATION

Als Jesus ganz am Anfang Andreas, Petrus, Jakobus und Johannes begegnete, waren diese gerade dabei, ihre Fischernetze im See Genezaret auszuwerfen. Jesus sagte ihnen, sie sollten Ihm folgen und Er würde sie zu Menschenfischern machen (Mt. 4,18-22). Sie verließen sofort ihre Netze und folgten Ihm.

Jesus ruft uns mit demselben Ruf, Er gibt uns dieselbe Verheißung, uns zu Menschenfischern zu machen. Das Fischtor steht symbolisch für den Missionsbefehl, der in Matthäus 28,18-20 steht und in dem es heißt, daß wir in alle Welt gehen und allen Stämmen und Völkern das Evangelium predigen sollen. Wir sollten jede Gelegenheit ergreifen, die sich uns bietet, und die gute Nachricht von Jesus Christus verkündigen. Gott sagt: „Der Weise gewinnt Seelen" (Spr. 11,30). Selbst ein ganz junger Christ kann andere Menschen zu seinem neuen Freund und Retter führen.

An der „Pacific and Asia Christian University" (PACU), wo ich als Dekan der „Schule für Seelsorge und Gesundheitspflege" tätig bin, sehen wir unseren Hauptauftrag darin, die heutige Generation mit dem Evangelium von Jesus Christus zu erreichen. Alle Schulungsprogramme und Kurse sind um dieses eine, zentrale Thema herum aufgebaut. Von der Gesundheitspflege bis hin zur Theologie ist es unser Ziel, die

Verlorenen zu erreichen. In unserer Ausbildung zur Evangelisation lehren wir, zunächst den vordergründigen, sichtbaren Nöten der Menschen abzuhelfen, dabei jedoch langsam zu den tieferen Nöten des Herzens vorzudringen, die mit der Ewigkeit zu tun haben.

ALTES TOR – HINAUSWERFEN

Das Alte Tor steht symbolisch für unser „altes Ich", das zornig wird, flucht, verleumdet, lügt und viel Böses tut. Dieses alte, nicht erneuerte Ich muß HINAUSGEWORFEN werden, es muß abgetan werden, wir müssen es loswerden (Kol. 3,8-9). Stattdessen sollen wir den neuen Menschen anziehen, der „erneuert wird zur Erkenntnis nach dem Bild dessen, der ihn geschaffen hat" (Kol. 3,10).

Dieses Ablegen des alten Menschen ist der Punkt, an dem die Erneuerung oft behindert wird. Solange wir diesen Prozeß nicht von ganzem Herzen bejahen, werden wir kein wirkliches Wachstum erfahren. Die folgenden Gleichungen veranschaulichen diese Wahrheit.

Ausziehen – Anziehen = Keine Veränderung
Anziehen – Ausziehen = Kurz anhaltende Veränderung
Ausziehen + Anziehen = Wirkliche Veränderung

Viel zu viele Christen betrügen sich selbst und kämpfen viele Jahre lang ganz unnötig. Wahre Veränderung ist möglich, doch sie wird nur dann anhalten, wenn das alte Ich mit Christus am Kreuz in den Tod gegeben ist, wenn die Macht der sündigen Natur zerstört ist, die uns zu Sklaven der Sünde macht (Röm. 6,6). Die meisten von uns schrecken vor dem Kreuz zurück, selbst Jesus tat dies. Doch Er sagte sehr deutlich, daß wir nur dann Seine Jünger sein können, wenn wir täglich unser Fleisch töten. Wir werden stolpern und fallen, wenn wir versuchen, Christ zu sein, ohne das Kreuz zu bejahen, durch das unser altes, sündiges Ich HINAUSGEWORFEN wird.

TALTOR – ABSCHÄTZEN

„Auch wenn ich wandere im Tal des Todesschattens, fürchte ich kein Unglück, denn du bist bei mir“ (Ps. 23,4). Jeder von uns kommt in seinem Leben durch Täler, durch Orte der Prüfung. Hier erfahren wir, wie es um unser eigenes Herz bestellt ist.

1980, auf dem Höhepunkt des Flüchtlingsstromes aus Vietnam und Kambodscha, arbeitete ich in Thailand in einem Flüchtlingshospital in der Nähe der kambodschanischen Grenze. Eines Morgens, als ich meine Runde auf der Station machte, sah ich, wie zwei amerikanische Ärzte das Krankenhaus betraten. Sie sahen müde und zerzaust aus. Sie erzählten mir, sie hätten den Auftrag gehabt, einen anderen Arzt in einem kleinen kambodschanischen Buschkrankenhaus abzulösen. Doch man habe sie mit Gewehren bedroht, und sie hätten die ganze Nacht nicht schlafen können, weil ununterbrochen geschossen wurde. Schließlich sagten sie sich, Vorsicht sei die Mutter der Porzellankiste, gaben nach nur zwei Tagen in Kambodscha wieder auf und kehrten nach Thailand zurück.

Während ich dem Bericht voll Mitgefühl folgte, hörte ich, wie mir eine leise, sanfte Stimme den Impuls gab, mich als Ersatzmann anzubieten. Da ich wußte, daß dies die Stimme Gottes war, gehorchte ich und sagte den beiden Ärzten, daß ich an ihrer Stelle gehen würde. Kaum hatte ich diese Worte ausgesprochen, da befand ich mich im Tal des Todesschattens. Ich mußte damit rechnen, von den Vietkong getötet oder gefangengenommen zu werden, und wußte, daß ich meine Frau und meine beiden Söhne vielleicht nie wieder sehen würde.

Diese Erkenntnis traf mich wie ein Schlag, und ich fing an zu weinen. Ein mächtiger Kampf tobte in mir. Wen liebte ich am meisten – Gott oder meine Familie? Liebte ich Gott wirklich von ganzem Herzen? Konnte ich Ihm vertrauen? War Er mit mir? Bei dieser Prüfung ging es um meinen Gehorsam, das wußte ich.

Ich ging zurück zu dem kleinen, vollgestellten Zimmer, das mir als Schlafraum diente, und fing an, einen Brief zu schreiben: „Ihr Geliebten, meine kostbare Familie ...“ Plötzlich verlor ich die Beherrschung und weinte hemmungslos, die Tränen tropften auf das Papier, während ich daran dachte, daß ich meine Familie vielleicht nie wieder sehen würde. In meinem Kopf wußte ich, daß ich Gott gehorchen sollte, doch mein Herz und meine Gefühle lehnten sich voll Verzweiflung dagegen auf.

Vielleicht sollte ich ja auch gar nicht gehen. Vielleicht sollte ich bleiben, wo ich war! Doch schließlich beendete ich den Brief, auf dem die Tränen Flecken hinterlassen hatten. Als ich einem Freund Anweisungen gab, wie er ihn meiner Familie schicken sollte, weinte ich erneut. Noch einmal wurde ich gepackt von den möglichen Folgen meines Gehorsams, doch ich wog die Kosten ab und beschloß zu gehorchen und den Arzt in dem Krankenhaus in Kambodscha abzulösen. Gott ging mit mir, und obwohl das Buschkrankenhaus bombardiert wurde, nachdem ich aufgebrochen war, brachte Gott mich sicher zu meiner Familie in Hawaii zurück.

Ich lernte aus eigener Erfahrung, daß Zeiten der Prüfung unsere Entschlossenheit stärken und unser Herz und unsere Motive reinigen. Jene Tränentäler werden zu einer Pilgerreise nach Zion. „Sie gehen durch das TränenTAL und machen es zu einem Quellgrund ... Sie gehen von Kraft zu Kraft ...“ (Ps. 84,7-8).

MISTTOR – ENTLEEREN

„Aber was auch immer mir Gewinn war, das habe ich um Christi willen für Verlust geachtet; ja wirklich, ich achte auch alles für Verlust um der unübertrefflichen Größe der Erkenntnis Christi Jesu, meines Herrn, willen, um dessentwillen ich alles eingebüßt habe und es für DRECK achte, damit ich Christus gewinne“ (Phil. 3,7-8).

Es ist offensichtlich, daß Paulus kein Müllmann war, er sammelte keinen Dreck! Alles, was nicht zweckdienlich war, dessen entleerte er sich und warf es aus seinem Leben.

Manche von uns sammeln auf ihrem Lebensweg so viel Müll an, daß sie dadurch bewegungsunfähig werden. Wir sind gebunden von unserem Besitz, von dem, was uns gehört, und vergessen, daß wir in erster Linie Christus angehören. Paulus legte alles ab, was ihn beschwerte, einschließlich der Sünde, so daß nichts ihn daran hindern konnte, den Preis des Lebens zu gewinnen. Wann immer wir über Müll in unserem Leben stolpern, sollten wir ihn zum Misttor bringen und ihn für immer dort lassen.

Medizinische Hilfsgruppen von JmeM arbeiten in den Philippinen auf der großen Müllhalde am Rande Manilas, wo täglich mehrere Tausend Dorfbewohner die Müllberge mit kleinen Hacken durchsuchen und alles sammeln, was sich noch irgendwie wiederverwerten läßt. Wer von uns ist ebenfalls in der Müllaufarbeitung tätig und durchsucht den Müll in seinem Leben in der Hoffnung, einiges davon noch einmal verwenden zu können? Wir sollten allen Müll entfernen und unser Leben davon ENTLEEREN.

QUELLTOR – FÜLLE

„Wenn jemand dürstet, so komme er zu mir und trinke. Wer an mich glaubt, wie die Schrift sagt, aus dessen Leibe werden Ströme lebendigen Wassers fließen“ (Joh. 7,37-38).

Jesus spricht hier vom Heiligen Geist, der in Strömen des lebendigen Wassers aus uns herausfließen wird, wenn wir Ihm am Quelltor den Eintritt in unser Leben erlauben. Jesus wußte, daß die Jünger ohne die FÜLLE des Heiligen Geistes keine Kraft haben würden, um Seine Zeugen zu sein und Seine Werke zu tun. Darum wies er sie an, in Jerusalem auf die verheißene Fülle zu warten (Apg. 1,4). Die Apostelgeschichte berichtet uns, wie der Heilige Geist durch die wirkte, die sich Ihm zur Verfügung gestellt hatten. Wir werden außerdem dazu aufgefordert, uns „beständig“ mit dem Heiligen Geist „füllen zu lassen“ und uns nicht mit dem Wein der Weltlichkeit vollzutrinken (Eph. 5,18). Wenn wir das Quelltor unbeachtet lassen, können wir Gott nur aus eigener Kraft dienen und sind nicht ausgerüstet für die vielen Herausforderungen eines Lebens, das in Seinen Dienst gestellt ist. „... Nicht durch Macht und nicht durch Kraft, sondern durch meinen Geist, spricht der Herr der Heerscharen“ (Sach. 4,6).

WASSERTOR – REINIGUNG

„Ihr Männer, liebet eure Frauen, wie auch Christus die Gemeinde geliebt und sich für sie dahingegeben hat, um sie zu heiligen, nachdem er sie durch das Wasserbad im Wort gereinigt hat, um so die Gemeinde für sich selbst in herrlicher Schönheit hinzustellen, ohne Flecken und Runzeln oder irgendeinen derartigen Fehler, vielmehr so, daß sie heilig und ohne Tadel sei“ (Eph. 5,25-27 – Menge).

Das Wort Gottes ist wie Wasser, das uns reinigt. Wir müssen täglich in der Wahrheit von Gottes Wort baden, es auswendig lernen und darüber nachsinnen. Wenn wir dies tun, wird unser Herz von dem täglichen Schmutz der Sünde rein bleiben.

Einmal hatte ich in den Ferien während meines Medizinstudiums einen Job, wo ich mit einer Gruppe von ungehobelten Straßenarbeitern Abwasserrohre verlegte. Es dauerte nicht lange, bis ich feststellte, daß die Münder dieser Männer genauso dreckig waren wie die Abwässer, für die wir die Rohre legten. Nach ein paar Tagen merkte ich, daß ich anfing, in ihrer Sprache zu denken, und voll Besorgnis schrie ich zum Herrn. Er gab mir den Gedanken, mich intensiv mit dem Auswendiglernen von Bibelversen zu beschäftigen. Wann immer mir ein dreckiges Wort in den Sinn kam, sagte ich mir stattdessen einen Bibelvers vor. Ich stellte fest, daß das Wort Gottes nicht nur so mächtig ist, daß es meine Gedanken und mein Herz während der Arbeit den ganzen Tag über reinhielt, sondern es war auch wie ein scharfes Schwert, das die Angriffe des Feindes abwehrte.

ROSSTOR – ABLADEN

„Kommt her zu mir alle, die ihr mühevoll arbeitet, die ihr schwere Lasten tragt und überladen seid, ich werde euch zur Ruhe führen (ich will eure Seelen erleichtern, befreien und erfrischen)“ (Mt. 11,28 – Übersetzung nach der „Amplified Bible“).

Pferde können schwere Lasten tragen und haben dem Menschen in den unterschiedlichsten Situationen durch alle Jahrhunderte hindurch bei seiner Arbeit geholfen. Am Roßtor sollen wir unsere Lasten abladen, die Lasten der Sorge, der Sünde, der Schuld, des Grolls, der Verletzung und vieles mehr. Wir sollen sie in Jesu Hände geben. Matthäus 11 fährt fort mit Jesu Verheißung, daß Er unsere schwere Last gegen Sein leichtes Joch austauschen will. Und trotzdem sind immer noch so viele Menschen von ihren Lasten niedergedrückt. Jesus sehnt sich danach, sie von uns zu nehmen. Er will uns ein leichtes Joch geben. Dieses Joch bedeutet, daß wir Ihm gehorchen und Ihm bei allem vertrauen sollen, was uns Sorgen macht. Auch an anderer Stelle wird uns gesagt, daß wir uns um nichts sorgen sollen, vielmehr möchte Gott, daß wir uns in allen Dingen durch das Gebet Seinen Händen anvertrauen (Phil. 4,6). Allzuoft vergessen wir dies und machen uns Sorgen. Das Gebet fällt uns erst in der Krise ein. „Seht hin auf die Vögel des Himmels, daß sie nicht säen noch ernten, noch in Scheunen sammeln, und euer himmlischer Vater ernährt sie (doch). Seid ihr nicht viel vorzüglicher als sie? Wer aber unter euch kann mit Sorgen seiner Lebenslänge eine Elle zusetzen?“ (Mt. 6,26-27).

Je mehr Lasten wir tragen, desto weniger Leben haben wir. Doch auf jeden von uns wartet eine Ruhe: „Da nun die Verheißung des Eingehens in seine Ruhe noch immer besteht, so wollen wir ängstlich darauf bedacht sein, daß es sich bei keinem von euch herausstelle, er sei zurückgeblieben ... Wir dagegen, die wir zum Glauben gekommen sind, gehen in die Ruhe ein ...“ (Hebr. 4,1-3 – Menge).

OSTTOR – PROPHETIE

Viele prophetische Aussagen der Bibel sprechen vom Nahen Osten, und wir müssen kenntnisreiche Fürbitter für Israel sein. Die Verläßlichkeit der biblischen Prophetien ist durch viele Ereignisse im Leben Jesu und in der Geschichte der Juden bestätigt worden. Wir müssen die Bibel studieren, um Prophetien, die die Zukunft betreffen, richtig zu verstehen und für die Pläne Gottes beten zu können, die diese Weltzeit zum Ende führen und ein neues Zeitalter herbeibringen werden. „Dein Reich komme, dein Wille geschehe wie im Himmel, so auf Erden“ (Mt. 6,10).

WACHTTOR – KAMPF

„Auf deine Mauern, Jerusalem, habe ich Wächter bestellt. Den ganzen Tag und die ganze Nacht werden sie keinen Augenblick schweigen. Ihr, die ihr den Herrn erinnert, gönnt euch keine Ruhe und laßt ihm keine Ruhe, bis er Jerusalem (wieder) aufrichtet und bis er es zum Lobpreis macht auf Erden“ (Jes. 62,6-7).

In diesen Versen liegt die größte Herausforderung für die Gemeinde Jesu heute. Wenn wir uns nicht durch Gebet an dem Kampf in der himmlischen Welt beteiligen, haben wir keine Chance, alle Angriffe Satans gegen die Gemeinde zu überwinden. Gott hat uns mit Waffen ausgestattet, die nicht fleischlich sind, sondern mächtig und mit denen wir die Festungen des Feindes niederreißen können (2. Kor. 10,3-5). Aber wenn wir sie nicht einsetzen – werden wir den Kampf verlieren.

Was die Gemeinde Jesu heute am dringendsten braucht, sind Fürbitter, die dem Herrn keine Ruhe lassen, bis Er antwortet. Wir bei „Jugend mit einer Mission“ haben erkannt, daß wir nur dann Gottes Berufung als Missonswerk erfüllen können, wenn wir der Fürbitte einen festen Platz in unserem Leben einräumen. In gleicher Weise wird auch die Gemeinde Jesu nur dann Erneuerung erleben, wenn eine Kette von „Wächtern“ und „Wächterinnen“ bereit ist, durch Fasten, Glauben und Gebet in der himmlischen Welt zu kämpfen. Auch als einzelne werden wir die Erfüllung der Verheißungen Gottes in unserem Leben nur dann erfahren, wenn wir selbst regelmäßig beten und den geistlichen Kampf aufnehmen. Wachet, betet und steht fest!

Wir wollen noch einmal zum Schafstor zurückkehren. Wenn alle anderen Tore in die Mauer der Rettung eingehängt sind und ihren Dienst tun, können wir durch das Schafstor in eine reiche und gesegnete Beziehung mit Jesus eintreten. „Wenn er seine eigenen (Schafe) alle herausgebracht hat, geht er vor ihnen her, und die Schafe folgen ihm, weil sie seine Stimme kennen“ (Joh. 10,4).

Wenn wir wissen, daß Jesus vor uns hergeht und wenn wir Seine Stimme von den vielen anderen Stimmen unterscheiden können, dann haben wir den Stand im Leben erreicht, der spannender und erfüllender ist, als irgendeiner sonst. Wenn wir willig und gehorsam sind, so kann jeder von uns diese Freude und dieses Vorrecht erleben.

Wenn wir Psalm 24 aufschlagen, sehen wir eine weitere Stelle, in der von TOREN die Rede ist. David sagt hier, daß nur die in Seinen Tempel treten dürfen, die unschuldige Hände und ein reines Herz haben. David fordert uns auf, Gottes Angesicht zu suchen und nach Ihm zu trachten, damit wir vor Ihm stehen können. Dann folgt die zentrale Aussage des Psalmes. David ruft aus: „Erhebt, ihr Tore, eure Häupter, und erhebt euch, ihr ewigen Pforten, daß der König der Herrlichkeit einziehe! Wer ist dieser König der Herrlichkeit? ...“ (Ps. 7-8).

Wir müssen die Torflügel einhängen, wir müssen den Toren ihren Platz in der Mauer geben, um dem König der Herrlichkeit den Weg zu bereiten, so daß Er einziehen kann. Davids Frage erklingt:

„WER IST DIESER KÖNIG DER HERRLICHKEIT?“

Die Antwort darauf finden wir, wenn wir Stein um Stein aufeinandersetzen, und so die MAUER DER RETTUNG vollenden.

„Denn so hat Gott die Welt GELIEBT, daß er seinen eingeborenen Sohn gab, damit jeder, der an ihn glaubt, nicht verloren gehe, sondern ewiges Leben habe“ (Joh. 3,16).

Diese Worte offenbaren, wer unser König der Herrlichkeit in Wahrheit ist. Es ist deutlich, daß in Gottes großem Erlösungsplan die Liebe der Grundstein ist, auf den alle Mauern aufgebaut werden. Denn Gott ist Liebe. Christus hat das höchste Opfer gebracht, damit wir nicht verloren gehen. Solange wir diese Liebe nicht erfahren, können wir die Mauer der Rettung nicht zu Ende bauen.

„Harre, Israel, auf den Herrn! Denn bei dem Herrn ist die Gnade, und viel Erlösung bei ihm“ (Ps. 130,7).

Der König der Herrlichkeit ist:

LIEBE
FREUDE
FRIEDE
LANGMUT
FREUNDLICHKEIT
GÜTE
TREUE
SANFTMUT
SELBSTBEHERRSCHUNG

Der einzige, auf den diese Beschreibung zutrifft, ist der König der Herrlichkeit! Wenn dieser König der Herrlichkeit in unserem Leben wohnt und regiert, dann fangen wir an, Ihm ähnlich zu werden. Dann bildet sich die Mauer der Rettung Stück für Stück in der Vollständigkeit unseres Charakters heraus:

„... Damit (wir erlangen mögen) die wahre Mannesreife (die vollkommene Persönlichkeit, die nichts anderes ist, als Christi eigene Vollkommenheit – das Maß der Fülle Christi und die Vollkommenheit, die in Ihm gefunden wird“ (Eph. 4,13 – Übersetzung der „Amplified Bible“).

SCHLUSSFOLGERUNG

Wir haben beleuchtet, was es bedeutet, die Mauern unseres Herzens in Übereinstimmung mit der göttlichen Richtschnur wiederaufzubauen. Wir haben uns den gesamten Prozeß angesehen, und ich vertraue darauf, daß Gott Ihr Leben auf neue Weise geöffnet hat. Wir haben dargestellt, wie der Feind uns oft dazu verleitet, unstabile Mauern der Ablehnung und der Rebellion zu bauen, indem wir uns nach einer falschen menschlichen Richtschnur ausrichten. Stolz und Unglauben

DIE MAUER DER RETTUNG

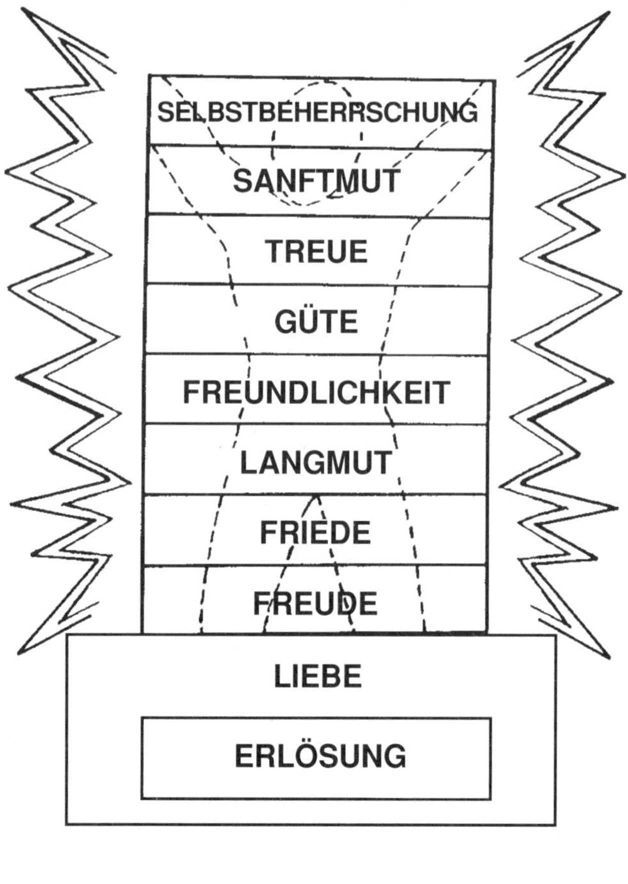

Bild 40

müssen bekannt werden, bevor diese Mauern niedergerissen und in unserem Herzen durch neue, stabile ersetzt werden können, durch Mauern, die in Übereinstimmung mit Gottes Richtschnur sind. Diese Mauern der Rettung spiegeln das wahre Bild Gottes wieder, Sein wahres Wesen, und wenn wir ständig neu Gottes Richtschnur bejahen und unser Leben danach ausrichten, werden wir Söhne und Töchter Gottes.

Wenn die Mauer unseres Herzens beständig in Übereinstimmung mit der göttlichen Richtschnur gebaut wird, werden wir feststellen, daß die Quellen unseres Herzens voll sind und von Heil überfließen. Es wird nicht lange dauern, dann werden andere Menschen kommen und von diesen Quellen des Heils trinken, und wir selbst werden ein Maß des Heilseins und der Heiligung erfahren, das wir bisher nicht gekannt haben.

Wir lesen, daß die Augen des Herrn die Erde durchforschen auf der Suche nach denen, deren Herz ungeteilt auf Ihn gerichtet ist, deren Herz in Übereinstimmung mit Seiner Richtschnur ist (2. Chron. 16,9). Wollen Sie nicht auch den Entschluß fassen, zu denen zu gehören, die Gott die Erlaubnis geben, das eigene Leben neu aufzubauen? Wenn wir dies tun, werden wir nicht nur Stärkung und Segen erfahren, wir werden nicht nur unser volles Erbe empfangen, sondern auch von Gott dazu gebraucht werden, daß an uns die Herrlichkeit Seines Bildes sichtbar wird und daß sich durch uns Seine Pläne hier auf der Erde erfüllen. Unser Leben wird dann so sein, wie die Stadt, die der Prophet Jesaja beschrieb, eine Stadt, die nicht nur stark ist, sondern von Seiner Herrlichkeit funkelt:

„Du Gebeugte, über die alle Wetter gehen, du Ungetröstete, siehe, ich will deine Grundfeste aus Malachit bilden und deine Fundamente aus Saphiren. Ich will deine Zinnen von Rubinen machen und deine Tore aus Karfunkeln und deinen ganzen Wall aus köstlichem Gestein“ (Jes. 54,11-12).

ANMERKUNGEN

1 New Scofield Reference Bible, S.932.
2 Douglas, J.D. ed. „New Bible Dictionary“, (Grand Rapids, Eerdmans, 1962), S.1375.
3 National Academy of Science, 10. Dezember 1986.
4 Die Schätzungen über die Herpes- und Chlamydia-Infektionen stammen vom „Center For Disease Control“, Atlanta, Georgia. Die Zahlen über AIDS sind aus „AIDS Weekly Surveilance Report“ (CDC), 15. Oktober 1988.
5 Deitz, William, ehemaliger Vorsitzender der „American Academy of Pediatric's Task Force on Children and Television“.
6 a) Armand, M. Nicholi II M.D. „Fractured Family“ in: Christianity Today, 25. Mai 1979, S.10.
b) Archives of General Psychiatry
7 The Concise Oxford Dictionary of Current English, (Oxford, University Press, 1954).
8 The Concise Oxford Dictionary, op. cit.
9 The Concise Oxford Dictionary, op. cit.
10 Shostrom, Everett L., „Man the Manipulator“, (Nashville, Abingdon Press), S.45-46,50-51.
11 Solomon, Richard L., „The Opponent-Process Theory of Acquired Motivaton“ in: American Psychologist, August 1980, S.691-712.
12 Vine, W.E., „The Expandet Vine's Expository Dictionary of New Testament Words“, (Minneapolis, Bethany House Publishers, 1984), S.251-252.
13 Vine's Expository Dictionary, op. cit., S.568-569.
14 Vine's Expository Dictionary, op. cit., S.238.
15 Memory Mechanisms, A.M.A. Archives of Neurology and Psychiatry, 67(1952), S.178-198.
16 Vincent, Marvin, „Word Studies in the New Testament“, Band 3, (Grand Rapids, MI, Eerdmans), S.395.
17 Vine's Expository Dictionary, op. cit., S.950.

18 Sweeten, Gary; Petersen, Alice und Geverdt, Dorothy, „Rational Christian Thinking“, (Cincinnati, Christian Information Committee, 1986), S.67.

EMPFEHLUNGEN

Dr. Thompson legt uns eine ausgezeichnete Studie vor. Er zeigt auf, wie es dazu kommt, daß wir Schutzmauern um uns herum aufrichten und welche Folgen diese Mauern haben. Freiheit, so sagt er sehr deutlich, entsteht nicht dadurch, daß wir einen Stein nach dem anderen niederreißen. Vielmehr geht es darum, von den Bindungen an das Fleisch (dem wahren Gefängnis) befreit zu werden. Dies geschieht, indem der Heilige Geist das Kreuz (Galater 2,20) in unserem Leben zu einer Wirklichkeit werden läßt.

Charles R. Solomon, Ed.D.
Präsident und Gründer der
„Grace Fellowship International"

Dr. Thompson nimmt den Leser auf eine Reise mit und zeigt ihm den Zustand des Heil-Seins. Er vergleicht unsere psychische Abwehr mit selbsterrichteten Mauern, die wir durch verschiedenen Einflüsse — er nennt sie falsche Propheten - aufgebaut haben. An diese Mauern hält der Autor das göttliche Lot des Gebotes Gottes. Er zeigt dem Leser, wie er durch Buße Veränderung erfahren kann, und beschreibt, wie das erneuerte Leben aussieht. Ausführliche Behandlung findet das Problem des falschen Glaubens, der sich in unseren Gedanken über uns selbst findet — wie er entsteht und wie wir ihn durch die Wahrheit des Wortes Gottes ersetzen können. Dr. Thompson hat das Buch mit Zeichnungen versehen, die auf dem Hintergrund biblischer Bilder helfen, die Aussagen besser zu verstehen.

William Backus, Ph.D.
Autor von „Befreiende Wahrheit",
Gründer und Direktor des
„Center For Christian Psychological Services",
St. Paul, Minnesota

Mit dem sicheren Griff eines Arztes seziert Dr. Thompson in „Wiederherstellung der Persönlichkeit“ die tiefsten Probleme der menschlichen Persönlichkeit. Dies dient jedoch als Gnadenmittel und bildet den Auftakt zu Heilung und Wiederherstellung.

Derek Prince
Internationaler Bibellehrer
Jerusalem

Aus einem Herzen voller Liebe hilft „Dr. Bruce“, wie wir ihn liebevoll nennen, anderen Menschen, wahres Leben zu erfahren. Ob nun durch seinen Vortragsdienst oder seine Schriften, er findet immer einen Zugang zur Seele, diagnostiziert das Problem und verschreibt für jede Not die „richtige Medizin“. Er hat schon auf allen Kontinenten gesprochen, zu Menschen aus ganz unterschiedlichen Gesellschaften, und durch dieses Buch, wird er auch Ihnen weiterhelfen.

Loren Cunningham
Internationaler Präsident von
„Jugend mit einer Mission“

Ich hatte das Vorrecht, viele Jahre lang den Lebensweg und die Entwicklung des Dienstes von Dr. Bruce und Barbara Thompson zu beobachten, und schreibe mit Freude eine Empfehlung anläßlich der Veröffentlichung dieses neuen Buches „Wiederherstellung der Pesönlichkeit“. Auf meinem ausgedehnten Reisedienst um die ganze Welt bin ich vielen Menschen mit unterschiedlichstem kulturellem Hintergrund begegnet, deren Leben durch den Dienst der beiden verwandelt wurde. Auch bin ich Menschen begegnet, die durch die Anwendung der vorliegenden praktischen und biblisch fundierten Prinzipien eine bessere Ausrüstung für ihren Seelsorgedienst erfahren haben.

Ken Wright
Lehrer für Pastoren
Neuseeland

Bruce Thompson hat besondern Einblick in das, was uns davon abhält, die ganze Liebe unseres himmlischen Vaters zu empfangen. Seine Lehre enthält machtvolle Wahrheiten, die mein Leben und das Leben vieler Menschen in meiner Umgebung beeinflußt haben. Aus tiefstem Herzen bin ich dankbar für Dr. Thompsons Sensibilität gegenüber dem Herrn und seine Bereitschaft, durch das vorliegende Buch diese lebensverändernde Botschaft an andere Menschen weiterzugeben.

Melody Green
Präsidentin von
„Last Days Ministries"